应用型本科院校"十三五"规划教材

Pratical Course of Applied Writing

应用文写作实用教程

(第2版)

主　编　陈秋雷
副主编　孙鸿飞　邓维娜　魏　娜

哈尔滨工业大学出版社
HARBIN INSTITUTE OF TECHNOLOGY PRESS

内容简介

本书从应用型本科院校学生的主要特点出发,注重实用性、应用性、创新性,更注重公共基础课的作用,分别从应用文概述、应用文写作的过程、公文类文体、事务类文体、财经类文体、大学生实用文体、日常礼仪类文体、新闻类文体等方面,详细地介绍了应用文文体的发展脉络以及各种实用文体的框架结构和写法。

本书对学生今后生活以及工作具有较强的实用性,也可作为公务员、企事业单位工作人员的工具书。

图书在版编目(CIP)数据

应用文写作实用教程/陈秋雷主编. —2 版. —哈尔滨:哈尔滨工业大学出版社,2014.7(2018.7 重印)
应用型本科院校"十三五"规划教材
ISBN 978-7-5603-4732-5

Ⅰ.①应… Ⅱ.①陈… Ⅲ.①汉语-应用文-写作-高等学校-教材 Ⅳ.①H152.3

中国版本图书馆 CIP 数据核字(2014)第 095206 号

策划编辑	杜 燕 赵文斌
责任编辑	苗金英
出版发行	哈尔滨工业大学出版社
社 址	哈尔滨市南岗区复华四道街 10 号 邮编 150006
传 真	0451-86414749
网 址	http://hitpress.hit.edu.cn
印 刷	哈尔滨市工大节能印刷厂
开 本	787mm×960mm 1/16 印张 19 字数 411 千字
版 次	2012 年 12 月第 1 版 2014 年 7 月第 2 版 2018 年 7 月第 6 次印刷
书 号	ISBN 978-7-5603-4732-5
定 价	38.00 元

(如因印装质量问题影响阅读,我社负责调换)

《应用型本科院校"十三五"规划教材》编委会

主　任　修朋月　竺培国
副主任　王玉文　吕其诚　线恒录　李敬来
委　员　（按姓氏笔画排序）
　　　　丁福庆　于长福　马志民　王庄严　王建华
　　　　王德章　刘金祺　刘宝华　刘通学　刘福荣
　　　　关晓冬　李云波　杨玉顺　吴知丰　张幸刚
　　　　陈江波　林　艳　林文华　周方圆　姜思政
　　　　庹　莉　韩毓洁　蔡柏岩　臧玉英　霍　琳

序

哈尔滨工业大学出版社策划的《应用型本科院校"十三五"规划教材》即将付梓,诚可贺也。

该系列教材卷帙浩繁,凡百余种,涉及众多学科门类,定位准确,内容新颖,体系完整,实用性强,突出实践能力培养。不仅便于教师教学和学生学习,而且满足就业市场对应用型人才的迫切需求。

应用型本科院校的人才培养目标是面对现代社会生产、建设、管理、服务等一线岗位,培养能直接从事实际工作、解决具体问题、维持工作有效运行的高等应用型人才。应用型本科与研究型本科和高职高专院校在人才培养上有着明显的区别,其培养的人才特征是:①就业导向与社会需求高度吻合;②扎实的理论基础和过硬的实践能力紧密结合;③具备良好的人文素质和科学技术素质;④富于面对职业应用的创新精神。因此,应用型本科院校只有着力培养"进入角色快、业务水平高、动手能力强、综合素质好"的人才,才能在激烈的就业市场竞争中站稳脚跟。

目前国内应用型本科院校所采用的教材往往只是对理论性较强的本科院校教材的简单删减,针对性、应用性不够突出,因材施教的目的难以达到。因此亟须既有一定的理论深度又注重实践能力培养的系列教材,以满足应用型本科院校教学目标、培养方向和办学特色的需要。

哈尔滨工业大学出版社出版的《应用型本科院校"十三五"规划教材》,在选题设计思路上认真贯彻教育部关于培养适应地方、区域经济和社会发展需要的"本科应用型高级专门人才"精神,根据前黑龙江省委书记吉炳轩同志提出的关于加强应用型本科院校建设的意见,在应用型本科试点院校成功经验总结的基础上,特邀请黑龙江省9所知名的应用型本科院校的专家、学者联合编写。

本系列教材突出与办学定位、教学目标的一致性和适应性,既严格遵照学科体系的知识构成和教材编写的一般规律，又针对应用型本科人才培养目标及与之相适应的教学特点，精心设计写作体例，科学安排知识内容，围绕应用讲授理论，做到"基础知识够用、实践技能实用、专业理论管用"。同时注意适当融入新理论、新技术、新工艺、新成果，并且制作了与本书配套的PPT多媒体教学课件，形成立体化教材，供教师参考使用。

《应用型本科院校"十三五"规划教材》的编辑出版，是适应"科教兴国"战略对复合型、应用型人才的需求，是推动相对滞后的应用型本科院校教材建设的一种有益尝试，在应用型创新人才培养方面是一件具有开创意义的工作，为应用型人才的培养提供了及时、可靠、坚实的保证。

希望本系列教材在使用过程中，通过编者、作者和读者的共同努力，厚积薄发、推陈出新、细上加细、精益求精，不断丰富、不断完善、不断创新，力争成为同类教材中的精品。

第 2 版前言

写作是一种借助于书面语言抒情言志、纪事明理、进行信息传递的动态的行为过程,也就是用语言符号创造精神产品(文章的思维活动过程)。

写作分为广义和狭义两种,包括文学写作和非文学写作。文学写作是以文学为媒介,或表情达意,或宣事明理,或传播知识的、有篇章组织的、传递信息的载体。非文学写作就是指应用性较强的写作,应用文写作就是后一种。

随着时代的发展以及社会的进步,国家对于应用文写作提出了更高的要求,各个高校几乎都把"应用文写作"作为一门公共基础课,目的就是提高学生的人文素养以及应用文写作能力。纵观很多教材的编写,有的是从国家行政机关工作流程的角度出发,有的是从实用性文体出发,有的是从秘书与实务的角度出发,各有特色。我们试图编写一本既有应用文写作的应用性,又有学生应用的实用性的应用文写作教材。鉴于此目的,这本《应用文写作实用教程》就应运而生了。本书的编写主要注重如下两方面的特色。

一、强调应用性

本书在要求学生掌握应用文写作的基本理论知识的同时,更注重学生的应用,例如第六章"大学生实用文体",介绍了大学生关心的公务员考试中的申论写作、就业合同的签订、毕业论文的撰写等。

二、强调实用性

本书严格按照国家对于公文写作的要求来界定其逻辑体系,分别介绍了工作中常见的公文以及事务文书的写作,对大学生今后的工作以及学习都有较强的指导意义。

本书的编写是哈尔滨剑桥学院中文系全体教师智慧的结晶。本书由该系教师陈秋雷提出编写原则以及撰写该书大纲,并且担任该书的主编,由全体人员共同讨论修订。编写分工如下:陈秋雷:第一章、第二章、第八章;孙鸿飞:第三章、第四章及第六章第五节;邓维娜:第六章三至四节及附录一、二;宋晗:第五章;魏娜:附录三至五;周莹:第六章一至二节;王婷婷:第七章。具体编写字数如下:陈秋雷17.1万字;孙鸿飞8万字;邓维娜5万字;魏娜5万字;宋晗

3万字;王婷婷2万字;周莹1万字。

此外,还要感谢该书的主审哈尔滨商业大学基础教育学院的王桂清教授,王教授认真与无私的态度让我们全体编写人员深感钦佩。

由于编者水平有限,加之时间仓促,书中难免有疏漏之处,敬请专家和同仁批评指正。

编 者

2014年5月

目　　录

第一章　应用文概述 …………………………………………………………… 1
　　第一节　应用文的界定和分类 ……………………………………………… 1
　　第二节　应用文的历史沿革 ………………………………………………… 2
　　第三节　应用文的特点和作用 ……………………………………………… 3
　　本章练习题 …………………………………………………………………… 6
第二章　应用文写作的过程 …………………………………………………… 7
　　第一节　概述 ………………………………………………………………… 7
　　第二节　应用文写作的立意和材料 ………………………………………… 9
　　第三节　应用文写作的结构和语言 ………………………………………… 12
　　第四节　应用文写作的表达与修改 ………………………………………… 17
　　本章练习题 …………………………………………………………………… 21
第三章　公文类文体 …………………………………………………………… 24
　　第一节　公文概述 …………………………………………………………… 24
　　第二节　决议、决定与命令 ………………………………………………… 34
　　第三节　公报和公告 ………………………………………………………… 45
　　第四节　通告 ………………………………………………………………… 52
　　第五节　通知和通报 ………………………………………………………… 56
　　第六节　报告和请示 ………………………………………………………… 64
　　第七节　批复 ………………………………………………………………… 70
　　第八节　意见 ………………………………………………………………… 73
　　第九节　议案 ………………………………………………………………… 75
　　第十节　函 …………………………………………………………………… 77
　　第十一节　会议纪要 ………………………………………………………… 83
　　本章练习题 …………………………………………………………………… 87
第四章　事务类文体 …………………………………………………………… 92
　　第一节　事务类文书概述 …………………………………………………… 92
　　第二节　计划 ………………………………………………………………… 93

第三节　总结 ·· 97
　第四节　调查报告 ··· 100
　第五节　规章制度 ··· 107
　第六节　述职报告 ··· 113
　第七节　简报 ··· 117
　本章练习题 ·· 120

第五章　财经类文体 ·· 122
　第一节　财经类文体概述 ·· 122
　第二节　市场调查报告 ··· 124
　第三节　经济合同 ··· 139
　第四节　广告 ··· 150
　本章练习题 ·· 158

第六章　大学生实用文体 ·· 160
　第一节　实习报告 ··· 160
　第二节　毕业论文 ··· 165
　第三节　求职信 ·· 173
　第四节　劳动合同 ··· 178
　第五节　申论 ··· 183
　本章练习题 ·· 199

第七章　日常礼仪类文体 ·· 200
　第一节　书信类 ·· 200
　第二节　便条类 ·· 205
　第三节　聘邀类 ·· 209
　第四节　交往类 ·· 212
　第五节　哀祭类 ·· 222
　第六节　联帖类 ·· 229
　本章练习题 ·· 232

第八章　新闻类文体 ·· 234
　第一节　新闻类文体概述 ·· 234
　第二节　消息写作 ··· 235
　第三节　通讯写作 ··· 243
　第四节　新闻特写 ··· 253

  本章练习题……………………………………………………………… 255
附录 ………………………………………………………………………… 257
  附录一 党政机关公文处理工作条例…………………………… 257
  附录二 国家行政机关公文格式………………………………… 264
  附录三 国务院公文主题词表……………………………………… 269
  附录四 标点符号用法……………………………………………… 280
  附录五 校对符号及其用法………………………………………… 287
参考文献 ……………………………………………………………………… 292

第一章
Chapter 1

应用文概述

第一节　应用文的界定和分类

一、应用文的界定

在界定应用文的概念之前,首先明确何为"写作"。

就普通词义来说,"写作"就是指写文章。《现代汉语词典》中对"写作"词条的解释为:"写文章(有时专指文学创作)。"从字面上来解释,"写"是用笔(借助于语言文字)在纸或其他东西上表述思维的成果;"作"是制作,即创造精神产品——文章。

因此,我们可以对"写作"这一概念作这样的表述:写作,是将思维和语言文字联结在一起的精神劳动,其成果就是文章,其目的在于传播——传递信息,交流思想。从制作精神产品这个意义上说,写作是创建人类精神文明,发展文化、科学的一种不可缺少的活动。

写作可分为两大类:一是文学创作,又称艺术写作,是指语言艺术中的诗歌、散文、小说、剧本等文学作品的创作;二是实用写作,又称应用文写作,广义上是指党政机关、社会团体、各行各业、企事业单位和人民群众在处理公务和日常生活、交往中产生的社会性认识和书写实践活动。

本书对"应用文"的界定为:国家机关、企事业单位、社会团体以及个人用以办理公、私事务,传递信息,解决实际问题时常用的一种具有惯用格式的文体的总称。应用文的性质见表1.1。

表1.1 应用文的性质

使用对象	机关、团体、企事业单位、个人
使用目的	处理公、私事务
文体特征	有惯用格式
文体归类	实用性文章

二、应用文的分类

对于应用文的分类还没有统一的标准,各种教材对于应用文的分类也是千差万别,为了突出应用性的特点,本书将应用文分为以下几类:①公文类文体;②事务类文体;③财经类文体;④大学生实用文体;⑤日常礼仪类文体;⑥新闻类文体。

第二节 应用文的历史沿革

一、应用文溯源

应用文有其产生、发展的过程。应用文在我国已有3 000多年的历史,我国最早的文字殷墟甲骨文,就其内容和形式来看,就是原始应用文的雏形。

随着社会经济的发展和国家的产生,除了民间的应用文日益丰富外,国家机关等适应公务需要的应用文发展更快。

例如,周代的《尚书》文告,秦代的制诏谕奏,汉代的表疏律令,魏晋的简牍署书,唐宋的条文律令,明清的史册文翰都是应用文。

此外,书信、书契、碑碣志铭、法律条例等也是应用文。

宋代的张侃在《拙轩集·跋陈后出再任校官谢启》中首次提及"应用文"一词。

在我国应用文发展的历史上,在长期的写作实践中,曾经产生了不少优秀作品,如李斯的《谏逐客书》、司马迁的《报任少卿书》、贾谊的《论积贮疏》、诸葛亮的《出师表》、魏征的《谏太宗十思疏》、王安石的《答司马谏议书》等,都是千古名篇。

1911年辛亥革命后,南京临时政府颁布了一个公文程式条例,专门规定了公文名称和使用范围,废除了几千年封建王朝使用的制、诏、诰、刺、题、奏、表、笺等名目,表现了革命党人反对封建专制的思想,也是公文制度上的一次重大改革。1928年"国民党中央政府"对公文程式又作了一些新规定,其中比较重要的一点是规定公文的写作要用白话文,使用新式标点符号。

总之,应用文起源于"五帝"时代。《尚书》是我国最早的一部应用文汇编。秦汉时期是我国应用文的形成和发展时期。唐宋时期是我国封建时代应用文比较完备的时期。明清时期是我国封建应用文由稳定发展到没落的时期。

二、应用文的改革

中国共产党成立后,从建立自己的机关开始,就相应地有了自己的公文。

1931年由瞿秋白起草、周恩来批示的我党历史上第一个关于公文处理的文件《文件处理办法》对应用文建设有着重要意义。

1936年7月,中国共产党发表了《关于改变公文格式的通知》,1938年4月、7月分别颁布了《改革公文程式的理论与实践》、《公文程式再加改革令》。1942年整风运动,对公文进行了重大改革。

1951年4月,政务院公布了《公文处理暂行办法》,明确了新公文的性质、地位、任务和作用。新的公文有7类12种:①报告、签报;②决定;③指示;④批复;⑤通报、通知;⑥布告、公告、通告;⑦公函、便函。新的公文成为全国统一使用的新文种,标志着中国共产党领导的对封建公文和资产阶级公文的改革基本完成,标志着无产阶级新的社会主义公文的诞生。

1981年,国务院办公厅颁布了《国家行政机关公文处理暂行办法》。

1987年2月18日,国务院办公厅发布了《国家行政机关公文处理办法》,正式规定了现行公文的种类、名称、格式,所规定的10类15种公文形式已经成为新时期国家管理政务、传递信息的重要手段。

1993年经修改后又正式颁布了《国家行政机关公文处理办法》,把公文文种分为12类:①命令;②方案;③决定;④指示;⑤公告、通告;⑥通知;⑦通报;⑧报告;⑨请示;⑩批复;⑪函;⑫会议纪要。

2000年8月24日,国务院办公厅发布了新的《国家行政机关公文处理办法》,调整了公文的种类,规定现行公文13种,同时修改了公文的适用范围。

2012年7月1日,国务院重新出台了《党政机关公文处理条例》,明确规定了公文的种类共15种。

纵观应用文发展历史,经过数千年演变,这一文体依然保持着顽强的生命力,并成为体现社会成熟的标志,实用性不断增强。进入21世纪,应用文与我们的生活更加紧密相连,其习作技巧和理论也将更加趋于完善。

第三节 应用文的特点和作用

一、应用文的特点

(一)实用性

应用文最大的特点在于实用,实用是应用文与其他文学作品的主要区别之一。一般文学作品的创作是"有感而发",诗歌、散文、小说等文学作品主要是表达人们的喜怒哀乐、抒发理想、反映现实。注重实用,是应用文写作不同于其他写作的主要标志。"艺术的作品不是叙述,而是用形象、图画来描写现实",而应用文则直接作用于人们的生活、工作、学习。应用文写作主要是为了解决实际问题,是有事而发,无事不发。我们写一篇市场调查报告是为了了解市场行情、寻求对策;写一份通知,是为了告知有关事项;做一个广告,是为了宣传产品、开拓市场。

(二)针对性

应用文写作的针对性集中表现在两个方面:一是对象明确;二是指事明确。应用文写作本来就是为解决实际事务而进行的,它指事内容的针对性就不容忽视,倘若内容的针对性不明确,就会引起麻烦和混乱。应用文的写作都有明确、直接的对象。而文学作品的阅读对象往往是不明确的,没有严格的针对性,像一首诗、一篇小说、一部电影剧本,谁都可以看,谁都可以不看,老少不分,雅俗共赏。

(三)时效性

由于应用文是为了解决实际问题而写的,所以它的时效性很强。如邀请对方参加某项活动,那么事先就要把请柬发出去,让对方有备而来,若延误时间,闹出笑话事小,耽误工作事大。有的应用文体,如诉状、合同、公约、制度和公文,一般都要标明生效或执行的具体时间。有的应用文,虽不一定标明具体时间,但同样也有很强的时效性,过期则无效或作用不大。相对而言,文学作品的写作时效性不强,像《红楼梦》写了十年之久,欧阳修的《醉翁亭记》写好后又搁置了很长时间才发表。

(四)真实性

应用文写作必须讲究真实、客观,实事求是地反映问题,反映情况,不允许像文学创作那样,可以虚构,进行艺术再加工,"杂取种种、合成一个",追求艺术特色;也不能发挥主观想象、夸大其词,否则就会歪曲真相,蒙骗对方,误导读者,给社会带来不良影响。应用文写作要求的是绝对的真实,并不要求刻意描绘人物的形象及其内心世界,而是要求写人叙事客观准确,什么人做什么事,来不得半点虚假。例如,当本部门出现重大事件时,就要如实向上级主管部门提交报告或请示。

(五)程式性

程式即格式。各类文体都有各自的结构特点,应用文写作也讲究其特殊的格式,甚至比其他文体都更为明显。应用文的写作有其特定、惯用的格式,这些格式,有的是长期以来约定俗成、相沿成习的,有的是由国家、有关部门统一制定的。如书信有书信的格式,公文有公文的格式,经济合同有经济合同的格式等,每一种应用文包括哪些内容,哪些在前,哪些在后,分几部分,都应严格遵守,不得随意标新立异,也不能像有些文学创作那样,随意编排,自由联想,打破时空观,讲究情节的曲折变化等。但是,应用文的格式也不是一成不变的,随着社会的发展,人们生活习惯的变化,观念的变化,应用文写作格式也应有所变化,使它更加方便人们表情达意,更加适应社会发展的需要。

(六) 平实性

由于应用文注重实用,所以它的语言也讲究平实,就是语言要简洁、朴实、明白、准确、规范,便于理解和执行。不能像文学创作那样追求生动、形象、含蓄、朦胧,以取悦或打动读者。平实是应用文写作的基本风格。

二、应用文的作用

(一) 公关交际作用

在当前的社会活动中,任何人、任何单位都免不了与外界接触。比如开业,要向工商部门申请执照;双方合作,需要签订合同;销售产品,要策划广告、发函等,这些都需要用应用文来表述,以此来促进业务的开展,协调各方的联系。应用文表达清晰、准确,无疑会给企业树立良好的形象,促进企业的发展。

(二) 宣传教育作用

党和政府通过应用文下达各种文件、法规、制度,向全国宣传党和国家的方针政策,各地区、各部门、各企业也通过应用文推广先进经验,表扬先进人物,揭露批评不良现象、丑陋行为,制裁不法分子,以此来提高人们的思想觉悟,规范人们的行为,保障社会的安定,推动各项事业的健康发展。

(三) 沟通联系作用

应用文是加强上下级联系的纽带,也是与各有关方面联系的有效工具。比如上下级之间的上情下达、下情上报;各单位之间的信息交流、经验交流,以此取人之长,补己之短,互相促进,共同提高,推动社会主义现代化的建设等。

(四) 凭证资料作用

在社会生活中,应用文也是开展工作,解决、处理问题的依据和凭证。如上级下达的文件、党和政府颁布的法规、有关方面的规章制度,都可作为开展工作和检查工作的依据;而一些函件、合同文本、公证材料等,也是业务中的凭证,一旦出现问题、纠纷,依靠这些凭证,可通过法律追究对方责任,维护自身利益。另外,一些重要的应用文也是历史档案资料,要了解某一时期的政治、经济情况,或某一方面的生产经营情况,只要查阅当时存档的应用文,就可以知道。有些冤假错案在事后也能凭借这些档案得以澄清事实,还其本来面目。

本章练习题

1. 谈谈应用文写作的历史沿革。
2. 你认为应用文写作应该怎样与时俱进？
3. 分析下面的案例，总结应用文写作与一般文学写作的区别。

关于禁止焚烧秸秆的紧急通知（公文）

各苏木乡镇人民政府，各国营农牧场，各有关单位：

在当前秋收即将结束的重要时期，一些地区出现焚烧秸秆现象，不仅污染环境、浪费资源、毁坏树木和耕地，甚至引发交通、火灾等重大安全事故。为了提高农业资源的利用水平，防治大气污染，保障交通安全，保护和改善城乡生态环境，促进经济、社会、环境的协调发展，根据《中华人民共和国大气污染防治法》和环保部《秸秆禁烧和综合利用管理办法》以及《赤峰市城市管理暂行办法》的有关规定，现紧急通知如下：

一、加大宣传力度。各苏木乡镇场、各有关部门要采用多种形式，开展有关秸秆禁烧法律、法规，特别是《中华人民共和国大气污染防治法》和《赤峰市城市管理暂行办法》的宣传，要利用报纸、电视、电台等媒体，宣传秸秆禁烧有关政策、秸秆焚烧的危害性，以及秸秆综合利用技术，形成秸秆禁烧和综合利用的良好社会氛围。

二、加强组织领导。秸秆焚烧，不仅浪费资源、污染环境，还会引发重大安全事故。各苏木乡镇场、各有关部门要结合实际情况，制定具体措施，把禁止秸秆焚烧作为农业生产和安全生产的重要工作来抓，做到组织领导到位，力量集中到位，责任到位。

三、加强秸秆综合利用。农业、农机等部门要积极推广秸秆还田技术，加强秸秆气化、秸秆沼气利用等工作，充分利用秸秆资源，同时积极配合环保部门做好秸秆禁烧的监督管理工作。

四、加强综合执法。环保、公安、交通等部门要加强联合执法，加强对焚烧秸秆的监督与管理，对因焚烧秸秆引发的环境污染、交通事故和火灾事故，要坚决予以查处，切实保护人民生命财产安全。

违反本通知，在田间、人口集中地区、交通干线附近和公共场所露天焚烧秸秆的单位和个人，由禁烧秸秆监督管理人员责令其停止违法行为，情节严重的，依照《中华人民共和国大气污染防治法》第五十七条的规定，由环境保护主管部门或其委托的组织处以二百元以下罚款。造成环境污染事故或火灾事故的，由环保、公安部门分别按有关规定处罚。

五、拒绝或妨碍禁烧秸秆监督管理人员执行公务的，由公安机关按照《中华人民共和国治安管理处罚条例》的有关规定处罚，构成犯罪的，依法追究其刑事责任。

翁牛特旗人民政府办公室
2012 年 7 月 1 日（公章）

第二章
Chapter 2

应用文写作的过程

第一节 概 述

一、应用文写作过程的含义

应用文体写作过程从实质上讲是作者认识客观事物内部联系的思路在文章里得到有层次反映的过程。作者对客观事物的认识愈透彻明了，其思路愈清晰，文章的结构就愈周密，其内容的条理性就愈强。

本章将从应用文写作的文体过程入手，从立意与选材、结构与语言、表达与修改等几个方面介绍应用文写作过程的相关理论知识。

二、应用文写作的要求

应用文体的写作当然还要根据内容和文体等诸多因素而定，它并没有完全固定的格局和一成不变的公式，既有章法又无定法，我们对应用文体的写作既不能随心所欲不加重视，也不能拘泥套用。

（一）服从文章主旨表达的需要

主旨是文章的灵魂。写文章时，不仅选择材料要服从主旨表达的需要，而且在组织材料时也要这样。凡是起辅助的配合作用的材料就是次要材料，次要材料不是可有可无的，而是为了准确反映客观事物的性质及规律，使主旨的表现更丰满。材料有主次，不能齐头并进，哪些材料在前，哪些材料在后；哪里详写，哪里略写，作者都要有通盘的考虑。

（二）正确反映客观事物的内在联系，符合人们的认识规律

文章是客观事物的反映，文章的结构就是按一定的方式合理地组织安排材料，把客观事物的内在联系反映出来，找出材料之间的相互联系和规律，使结构符合客观事物的条理性、规律性。公务文体要反映出公务活动的独特性质和规律。文章是写给人看的，因此布局谋篇时就要考虑到读者，使结构符合人们阅读理解的一般规律。比如，市场调查报告一般要写市场调查的概况（过去一段时间和目前现实情况），提出问题，对有关现象、数据进行分析，并得出结论，提出合理化建议等。所以，应用文体的构思要抓住事物内部的逻辑关系，按照人们由浅入深、由现象到本质、由实践到理论，再由理论到实践的认识规律有条理地安排好顺序。

（三）适应不同的应用体式

应用文文体要求相当严格，一招一式都有规矩，比如公文中的报告和请示都属上行文，都含下级向上级反映情况，汇报工作，提出建议、办法等内容，两者在撰写格式上有很多相同之处，但行文目的不同，因此内部材料的组织结构就不同，报告一般由"报告目的"、"报告内容"、"结束语"三部分构成；请示一般由"请示缘由"、"请示事项"、"请求语"三部分构成。计划、规章制度等写作格式，往往先总后分，分条列项来写。因此，我们安排结构时要注意适应不同的文章体式，或者说，不同文章体式的结构要符合不同文章体式基本固定的体裁格式。

三、应用文写作的过程

（一）明确主旨

(1) 实践是明确应用文写作主旨的直接原因。
(2) 党和国家以及上级的文件是应用文写作的直接依据。
(3) 领导意图是应用文写作主旨的具体要求。

由此看来，应用文写作有的是自己明确主旨而写的，有的则是受命而写的。不管是哪种情况，应用文写作都必须以客观实际为依据，以实用为目的，确立明确的主旨。

（二）积累材料

我们要热爱生活、投入生活、观察生活，从各种实践活动中去获取材料。

我们要更快捷地取得写作材料，平时就要认真记录，收集材料，参加会议，听取报告，阅读来自基层的或兄弟单位的简报、工作报告等，那么拥有的材料就会更加丰富。当然，用这种方法获得的材料是间接的，在使用时还要注意鉴别、筛选、核实。

（三）选择体式

要根据应用文不同体式的不同特点和表现中心的需要选择合适的体式，以免彼此混用，影响文章质量和文章的实用价值。

动笔之前，应该是在主旨已基本明确、材料已基本齐备的情况下，定下文章基调，找准角

度,选定体式,才算完成了谋划全篇布局的阶段。

(四)执笔行文

应用文写作既需要逻辑思维,也需要形象思维,但以逻辑思维为主。在起草时要确切地传递真实可靠的信息,鲜明地表达自己的观点、见解、主张,要经过严密的逻辑思维,把所要表达的内容展现在应用文里。随着对材料的整理、分析的深入,对原有的观点做出修正和补充是必不可少的,而不能用所谓的观点、主旨去硬套材料。

执笔行文的基本要求是用准确、简明、朴实的语言,正确、规范的体式,恰当的表达方式将内容表述出来。

(五)修改完善

文章是写出来的,更是改出来的,只写不改无法完善。"这样写行吗?""怎样写才能更好呢?"通过修改,可以提高写作质量,使文章得到进一步完善。任何一个合格产品的产出,都要经历设计、制造、检测三个环节,缺一不可。我们所说的应用文写作过程也是这个道理。

第二节　应用文写作的立意和材料

一切事物都是内容和形式这两方面的统一体。所谓内容,即指构成事物的一切要素的总和;所谓形式,即把内容各要素统一起来的内部组织结构和外在形态。任何脱离形式的内容和没有内容的形式都是不存在的。应用文写作的立意和材料正是构成应用文写作内容的两个基本要素。立意和材料在应用文写作中应得到和谐的统一,即观点统率材料,材料支撑观点。观点在文章中有着决定性的主导、支配与控制作用;而材料是观点的物质基础,没有它观点就成了一句空话。

一、应用文写作的立意

(一)应用文立意的界定

"意",就是意旨、宗旨,指文章表达的中心思想或主题、主旨。古人说:"未落笔时,先需立意"、"文以意为主",应用文和其他文章一样,是一个实体,主旨是这个实体的灵魂。主旨的表达必须依靠相应的手段,但我们首先应明确的是,主旨在文章的整个写作过程中起着决定性的作用。

(二)应用文写作的立意特点

应用文写作立意的过程就是作者基于生活实践的需要,经过理性的思考确立文章主旨,并运用文字将观点注入实体——应用文体。可见,应用文写作的立意是一个复杂的思维过程,它由生活、作者、文章三个环节组成。应用文写作的立意表现出它的复杂性,主要有以下几个方面。

1. 立意的客观性

应用文写作源于生活的需要,立意自然不能脱离现实生活而成为无源之水、无本之木。那么,意旨、主题是怎样从生活中产生的呢?大致有两种现象:第一种是作者在深入实际生活中,受到直接刺激而深入感触或领悟。人们在现实生活中有各种活动,会感受到许多人和事。在和别人打交道、处理各种事务时,许多想法会在头脑中形成。这些想法经深入体会、反复考虑,就产生了主题。

第二种是作者在生活中受到间接启示而产生认识,形成主题。间接感受大多来自阅读报刊、调查研究、日常访谈、查询资料等活动,这些虽然是间接的,但也是来自生活的启示。这种间接认识的产生,还需依赖作者深厚的经验积累。

2. 立意的主观性

"公说公有理,婆说婆有理",真是不无道理。这是由于立意所立的"意",其实是一种意识形态、一种思想观念,是现实生活在人们头脑中加工后的反映,这种反映是积极能动的,故因人而异。主观应正确地反映客观,主客观应达到和谐的统一。

3. 立意的时代性

任何一个思想或观念的产生都受到某个特定时代的影响和制约,它不可能没有时代的烙印。文学史上常有这样的现象,时代造就了一代作者,也孕育了一代作品与文章的主题。郭沫若曾说:"没有时代精神的作品是没有伟大性的。"

4. 立意的科学性

如何使自己的观点能站稳脚跟、经得起实践的检验,这就要求立意具有科学性。毛泽东同志曾说:"要完全地反映整个事物,反映事物的本质,反映事物的内部规律,就必须经过思考,将丰富的感觉材料加以去粗取精、去伪存真、由此及彼、由表及里的改造制作功夫,造成概念和理论的系统,就必须从感性认识跃进到理性认识。"

(三)应用文写作立意的要求和表达

应用文写作立意的要求是正确、鲜明、集中。

(1)立意要正确,就是说观点、主旨既要符合马克思主义的基本原则,符合党的四项基本原则和方针政策,也要符合客观实际情况,符合事物本身和社会发展的规律。

(2)立意要鲜明,就是说作者的主张要明确,态度要明朗,泾渭分明。

(3)立意要集中,就是说主旨的提出确立要单一,不能搞"多主题"。

为了使立意做到正确、鲜明、集中,还要在立意的表达上下些功夫,主要应体现约意、居要、现旨的特点。

(1)"约意"的"约",是简约之意。"约意"就是说一篇文章不能多主题、多中心,而要集中、单一、突出。作者善于思考、深入分析、权衡比较、理清思路、抓住主要矛盾,把那些居于次要地位的甚至是杂乱的意念统统排除,立出一个真正的主旨,这就是"约意"。一篇文章只有一个主旨,而全文所写的内容,自始至终都紧紧围绕这一主旨。

(2)所谓"居要",出自陆机的"立片言以居要,乃一篇之警策",意思是说写文章时要概括出一些重要语句,并把它放在关键之处,作为全文的纲领眼目。这也是使文章主题明确、突出的诀窍。

(3)所谓"现旨",是呈现、显现主旨的意思,即将主旨或者说作者的观点、态度直接明白地表达出来。在应用文写作中,经常用一个句子把一篇文章的观点准确地概括出来,用文字固定下来。有人把这样的句子称为"观点句",其实它和上面提到的"片言"是一个意思。确定观点句,对读者、作者都有益。对读者来说,在阅读一篇文章时能准确地抓住全文的思想核心,正确地理解作者的写作目的和主要意向。对于作者来说,可以使自己的思想明确、集中,便于在整个行文过程中做到"一意贯底",有效地避免多主题或无主题情况的出现。

二、应用文写作的材料

(一)应用文材料的界定

材料是作者为体现写作主旨,从现实生活和文献资料中搜集到的一切有意义、有价值的生活现象和文字资料。

材料一般可分为两类:一类是事实材料,指现实生活中客观存在的事物,如典型事例、基本情况、统计数字、报刊图片等;另一类是理论材料,指原理、观点、定理、定律、格言,以及党的方针、政策和国家的法律、法规等。理论材料必须是经过实践检验和为世人所公认的。

(二)应用文写作材料的搜集

首先,作者要深入生活,用心去观察和体验现实生活中的人、事、物,用自己的感官全面细致地了解现实,掌握情况。这类直接来自生活的第一手材料,最新鲜、最有活力,且富有个性,所以这类材料最有价值,十分重要。调查是研究的前提和基础,研究则是调查的深化和发展,调查研究的过程,就是搜集、积累、分析、整理材料的过程。

其次,搜集应用文写作材料还有另一个方面,就是尽可能多地网罗第二手材料,即间接材料。这种材料来自各种书面文字材料。

综上所述,要写好应用文必须尽一切可用的方法获得一切有价值的材料。搜集材料的方法主要有观察体验、调查研究、查阅资料,简单地说,就是要多看、多听、多读、多记。

(三)应用文写作材料的选用标准

一要精,选取实用性强、具有典型意义的材料,以及能够准确反映事物本质、深刻显示事物规律的材料。

二要真,选取那些真实确凿的材料,以实事求是的态度,使用材料。

三要新,即材料要有新意,尽量使用现实生活中的新人、新事、新观念,给人以新鲜感。我们可以从现实生活中发现新材料,还可以用新的观念、新的角度从旧材料即历史材料中发现新价值。

四要实,实指充实、翔实,是要求材料具体而不空泛。只有观点缺少材料的应用文是不成功的。

材料的选择如以上所说的要精、真、新、实,是以积累大量的材料为前提的。

如果材料使用恰当合理,就能有力地表现主旨,反之,则会削弱主旨。对于作者来说,手里有了可靠的材料,就好比有了一支强大的军队,接下来就要看作者怎样运筹帷幄、"调兵遣将",打个"漂亮仗"。

第一,调动材料,这是指材料先后顺序的安排。已有的材料既不能一拥而上,也不能随意安置,而要根据一定的逻辑关系依次排列,使材料之间形成紧密的联系,即使只用一个材料,也要考虑先写什么后写什么的问题,即次序的安排。就拿一份小小的药品说明书来说,说明的先后顺序都有内在的联系。

第二,平衡,这是指材料的详略、轻重的处理。就文章整体而言,应用文也有侧重部分,并不是处处平分秋色的。这就要求我们从全文着眼,力求全文各部分协调统一。文章的重点部分,无论是叙述还是议论都比较详细、深入些,篇幅也相应长一些;反过来,则简略、概要些,篇幅自然也就短一些。材料详略的处理要视文章体式而定,有的侧重叙述,有的突出议论,有的强调说明。如介绍某人或某单位先进事迹的文章,就要以叙述为主,在有大量足以令人信服的事实基础上进行概要评议,那议论就有了画龙点睛的效果。假如以议代叙,就会令人感到空洞、缺乏说服力,此时议论越多,就越有"吹捧"之嫌。

说到底,材料的使用问题就是材料的安排问题,假如我们从表现主旨的需要出发,对筛选过的材料加以周密调整、精心剪裁,使之秩序井然、详略得当,就是合理有效地使用材料了。

第三节 应用文写作的结构和语言

文章的结构、语言、表达方式都属于文章的形式。它们共同为文章所表现的内容服务。结构,作为文章的表达组织形式,它的严谨与巧妙,将使主旨的表达更具逻辑力量。

一、应用文写作的结构

(一)应用文写作结构的含义

结构,就是文章内部的组织构造,也就是指为了表现主旨而把各种材料组织起来构成篇章形式的手段。

应用文写作结构的含义从实质上讲正是作者认识客观事物内部联系的"思路"在文章里有层次的反映,就是写作者为了表现主旨而把各种材料组织起来构成篇章形式的手段。

(二)应用文写作结构的特点

记叙文体,通常用三种结构方式来组织材料,表现主旨:一是以时间先后为序安排材料;二是以空间位置变化为序安排材料;三是按事物性质的区分安排材料。议论文体一般按提出问题、分析问题、解决问题的程序来安排材料。应用文文体的结构具备一般文体的共性特点,但是更有其自身的特点:

(1)单一性。有些简短的应用文,在结构上也比较简单,如请假条、借条、批转性通知、会议通知、简短批复等,除了要符合格式外,在行文上常用一段式,简短明了,没有什么复杂的要求。

(2)定型性。不少应用文格式固定,具有定型的特点。如经济合同,司法文书中的诉状、上诉状、申诉状等,使应用文在实际工作中的运用更方便、明白、快捷。

(3)循规性。有相当一部分应用文有比较明显的外部特征——固定的格式,写作时自然要"循规蹈矩"才行。还有一部分应用文,虽然没有固定的格式,但有一定的规律可循。

(三)应用文写作的开头方式

一篇文章有个好的开头,能带动全文顺利展开,又能吸引读者,是文章的重要组成部分。应用文写作以实用为目的,开门见山,言简意赅,直指主题的开头,能给读者留下清晰、强烈的印象。应用文写作的文体结构安排主要有以下几种。

1. 概述式

这是应用文写作中较为常用的一种开头方法,直接写出基本情况、基本问题或工作的大致过程。总结、报告、调查报告等经常采用这种方法。如《××区政府关于东山村至五柳村乡村公路修整工程的报告》的开头部分:"本区东山村至五柳村一段七公里乡村公路,因系地方自建,不属于国家公路管理部门的养路范围,近年来因农村汽车、拖拉机、摩托车增多,加上沿路采石场的施工,路面洼陷及部分坍塌严重,影响安全行车,前经报请作一次较大的路面修整在案。"

概述式开头的优点在于直接写出基本情况与工作进程,使读者先有一个总的概念、印象,为正确理解主体部分打下基础。

2. 引用式

引用式开头指文章开头部分直接引述上级指示、有关政策规定,或有关单位来文,作为撰写的根据,为正文主体的表达做好准备。报告、批复、通知、通令、评论等多采用这种方法。如《××区政府转发××区要求我区配合行动打击拐卖妇女的来函的通知》的开头部分:"兹接××区政府来函,内称:最近以来,本区发现多起外来的犯罪团伙,至农村以介绍到大城市工作为由,诱骗妇女,致使妇女多人被拐卖到外地。在拐骗过程中,经常将受骗妇女引至附近乡村隐匿,待机带出。"

3. 根据式

根据式开头就是根据上级的有关精神或配合某项工作而对下级或本单位的工作作出指示、安排,起始处常有"根据"、"按照"等词语。如"根据市政府'一转、二破、三活'的改革总框架,征求市局同意,定于×月×日至×月×日在我县召开粮食经营深化改革的七个专题会议"。

根据式开头的优点在于先阐明事项的依据,加深读者对主体陈述的理解,从而提高办事效率。

4. 目的式

目的式开头就是在开头写明某项活动或举措的意义、背景等情况。合同、经济报告、计划、广告等多采用这种方法。在起首处常用"为了"、"为"等词语表明目的所在。如《中华猕猴桃果汁、果酱加工工艺科研合同》的开头部分："为了调动××县果酒厂研究中华猕猴桃果汁、果酱（半成品）加工工艺的积极性，确保科研经费的合理使用，明确甲、乙、丙三方的责任，促使科研任务早日完成，经甲、乙、丙三方充分协商，特签订本合同，以便共同遵守。"

5. 原因式

原因式开头就是直接阐明进行某项工作的条件、必要性，在很多应用体式中都可运用。在开头常用"因为"、"由于"等词语。如《关于在承包任务时必须承包安全生产的通知》是这样开头的："由于全体干部职工的努力，××年我厂在安全生产方面取得了一定的成绩。但是还存在不少问题，有些部门在接受厂外加工任务时，由于未承包安全生产，只赶任务而忽视安全生产，造成了手指折断和部件坠落等事故。根据市人民政府和市机械工业管理局关于承包各项任务时，必须承包安全的指示精神，结合我厂的具体情况，特作如下规定。"

原因式开头的优点在于阐明"事出有因"，一方面加大了行文的分量，另一方面也引起了读者的重视。

6. 结论式

结论式开头就是把有关事情的结论放在前面，然后再进行叙述或分析，说明产生这个结论的事实和依据，以引起读者对问题的充分重视。总结、可行性分析报告、市场调查报告等都可采用这种方式。例如《对××牌轿车的质量调查》一文的开头这样写道："××牌轿车，质量、技术水平本来一直处于同行业领先水平，但是，在产品获得'优质'称号后，放松了质量管理，以致不断出现严重的质量事故。"

结论式开头的优点在于结论在前，吸引读者重视下文，从而达到行文的目的。

开头部分在全文占有很重要的地位，写作时究竟用什么方法，要根据文章内容和体式来决定。但无论采用何种方式，都要紧扣文章的正文部分，所以，落笔就要生辉，不能东拉西扯，其间着墨不要太多。

二、应用文写作的语言

（一）应用文写作的语言要求

应用文写作是应用性的，直接处理具体问题，从思想上感染别人，产生某种间接的影响。

1. 准确恰当

其一，文面上要准确无误，符合规范。文面，通常指标点、文字、行款等书面语言的全部形式。应该正确使用标点符号；不写错别字、不漏字、字体清晰；行款要符合约定俗成的惯例；不随意涂改；不生造词语，不用生僻字词。

其二,意思要恰当。叙述事件要合乎事实,不变形走样;下结论要恰如其分,严密到位。应用文写作时常要用到一些模糊词语,这是为了表现客观存在的很多模糊事物,这类事物的界线是模糊的,不易界定。我们常见的"有关单位"、"某些领导"、"适当的时候"都属于这种情况。比如,"我们通过学习,进一步提高了认识"。"进一步"究竟是多大的程度?这是模糊的,然而表达的意思却是清楚明晰的,如果浅显地理解表达的准确性,反而不好表达了,如上面的这句话若写成"我们通过学习,提高了一倍的认识",这叫人如何理解?可见,模糊语言不模糊,模糊之中有准确。

2. 简练明快

这是要求应用文写作的语言运用要鲜明,让人一看就明白,一听就领会,不产生疑虑。简练就是力求用最少的话把内容说明白,含"金"量要高,最好是要言不烦,不说废话、空话、套话。正如鲁迅先生所说的那样:"竭力把可有可无的字、句、段删去,毫不可惜。"语言简练,可以使应用文写作者和读者提高办事效率。如:"山东省日照市东港区供销系统把改变服务方式,优化经营服务结构,作为打'翻身仗'的突破口,结合城区、港区、沿海、沿路和山区的不同情况,唱'地方戏',打'优势仗'。1994 年全系统完成营业总收入 3.5 亿元,实现综合经济效益 787 万元,同 1992 年、1993 年比分别增长 43.9%和 68.1%。"

3. 通俗平实

应用文写作不能像文学作品那样运用大量描绘性和抒情性的生动语言来为塑造形象、抒发感情服务,它所要求的是通俗、平实。通俗,实际是为了易懂。平实,无非就是要求应用文的语言朴素一些,实在一些。不能为了某种"效果"而刻意追求华丽的词藻和复杂多变的句式或滥用修辞方法。我们讲的通俗、平实就是要用平易、自然、大众化的语言如实地表现事物的本来面目。但这并不是说我们排斥应用文写作语言的生动、活泼。一味地要求通俗平实走向极端,那也会使应用文干瘪、枯燥,没有生气、活力。因而,在应用文写作中正确恰当地使用比喻、拟人等修辞手法,运用俗语、格言等,既能给文章增添文采,同时也能使应用文的语言表达更加丰润,更好地为表现主旨服务。

(二)应用文写作的惯用词语

1. 规范性词语

(1)称谓词语:我(局)、本(厂)、你(校)、贵(公司)、该(协会)等。

(2)开端词语:为了、根据、由于、按照(遵照、依照)、据了解、据查、经查实、兹、现、关于、业经、兹经、经等。

(3)承接词语:总之、综上所述、鉴于此种情况、据此(为此)等。

(4)征询词语:当妥、妥否、请核示、请指示、请回复、是否可以等。

(5)答复词语:同意、不同意、可行、不可行、照办等。

(6)结尾词语:此函达函商、特此通知、特此通告、特此布告、特此报告、特此通报、为荷、为盼、为要等。

(7)祈请词语:希望、请、务请、希予、即请、希即遵办等。

(8)文言词语:鉴(鉴于、鉴别),悉(据悉、收悉、已悉、阅悉、电悉、谨悉、惊悉),兹(兹有、兹派、兹介绍、兹将、兹就、兹因),以(以资、以此、以利),即(即日、即席、即可、当即、希即、须即),就(就近、就地、就绪、就业、就学)。

以上这些规范性的词语,不允许随意用同义的词语来代替。

2. 介宾短语

在应用文写作中,往往要把有关原因、根据、目的、对象等交代清楚,常用介词和名词或名词性词组构成介词短语,在句子中用作状语、定语,起限制、修饰作用。

3. 简缩词语

使用简缩词语也是应用文写作习惯用语的一个特点,尤以公文写作最为频繁。汉语中有多音节词,如总工程师、产品合格率、供销合作社、农业生产资料公司、粮食学校、文化教育、基本建设、中国共产党中央纪律检查委员会等。为了方便使用,往往将这些多音节词简缩成为:总工、合格率、供销社、农资公司、粮校、文教、基建、中纪委。这样一来,写、说、听、记都比较快捷方便了。

4. 模糊词语

(1)表时间:现在、曾经、过去、将来、同时、有时、适时、今冬明春、年年、每时每刻、一度、再度等。

(2)表范围:有关、各、左右、上下、普遍等。

(3)表程度:很、非常、一般、更加、显著、明显、极其、特别、进一步、逐步、基本上、总体上、大体上、何等、略微、总地来说、尽快、尽早、尽最大的力量等。

(4)表数量:许多、广大、几乎所有、多些、一些、某些、半数、接近半数、少数、个别等。

(5)表频率:多次、屡次、经常、连续、不断、反复、再三、三番五次等。

(6)表条件:按有关规定、符合一定条件者、在可能的情况下等。

5. 否定词语

否定词语表示对人、对事物作出否定的判断,和肯定正好相对。

(三)应用文写作中数词的运用

应用文写作对数量十分敏感,因为数量的运用往往可以简洁、准确、直接地揭示事物的本质、事物发展变化的过程,从中了解事物规律。例如,"一头牛"、"一匹马"、"一只鸭",而不说"一只牛"、"一头马"、"一匹鸭";"第二"(序数)、"零点二"(小数)、"二分之一"(分数),不能写成"第两"、"零点两"、"两分之一";"增加为(增加到)过去的二倍",意思是过去为一,现在为二;"增加两倍(增加了两倍)",意思是过去为一,现在为三;"超额百分之八十",意思是定额为一百,实际为一百八十;"降低到百分之八十",意思是原来是一百,现在是八十;"降低(降低了)百分之八十",意思是原来是一百,现在是二十。

第四节　应用文写作的表达与修改

一、应用文写作的表达方式

(一)应用文写作中的叙述

叙述,就是把人物经历、事物发展变化过程的情况表述出来。叙述有六要素:时间,地点,人物,事件的起因,经过,结果。从记叙的顺序安排上看,有顺叙、倒叙、插叙;从记叙的详略程度看,有详叙和略叙;从记叙的线索关系上看,有合叙、分叙;从记叙的不同角度上看,有直叙、婉叙;从记叙的结构形式看,有纵叙、横叙。

1. 顺叙

顺叙,是按人物的经历或事件的发生、发展、变化过程的先后顺序来记叙。

2. 倒叙

倒叙,是把事情的结局、高潮或后发生的事情提到前边叙述,然后再依事情的原本顺序进行叙述。

3. 插叙

插叙,是把其他事情插入正在叙述的事件之中进行叙述。插入的事情一般与正在叙述的事情相关联。

4. 详叙

详叙,是对人物或事件发展进行详细的叙述。

5. 略叙

略叙,是把非本质的、琐细的现象与过程排除在外,只保留本质的、重大的现象与过程,其内容比较抽象,简明扼要,文字也比较精炼、简洁。

叙述是应用文写作中常用的表达方式之一,其主要作用有如下几点。

(1)介绍人物的经历、事迹以及人与人之间的各种关系,如公务文体、事务文体的"报告"、"简报"、"总结",新闻文体的"通讯"、"特写"中的先进人物、先进集体的典型事迹,"通报"中受批评处分者所犯的错误,"表扬信"中的好人好事等,都要运用叙述这一表达方式。

(2)交代事件发生的时间、地点、发展过程、因果关系等,可以让读者了解事态全貌,从而显示其本质。

(3)陈述事实,为议论作基础,为主旨提供依据。

(二)应用文写作中的说明

说明是一种对客观事物进行介绍或解说的表达方式,通过简明的文字,让读者认识事物的形状、性质、特点、状态、成因、功能,以及同一事物中此部分和他部分,不同事物之间的关系等。

说明的特性决定了它的广泛存在。说明在应用文写作中也是常用的表达方式之一。其作用主要有以下几点。

（1）作为一种构成文章的主要表达方式,如通知、批示、解说词、商品说明书、广告中的一部分等。

（2）为叙述和描写介绍背景材料、人物经历、环境方位、物体功用等,能使读者加深对文章叙述、描写的理解,从而便于读者把握主旨。

（3）为议论做必要的准备。介绍事件或背景、援引论据或作诠释性的注释,在公务文体、事务文体中使用较多,如"通报"、"会议纪要"、"简报"、"总结"、"调查报告"等。

从方法上看,有定义说明、比较说明、比喻说明、举例说明、诠释说明、引用说明、数据说明等;从形式上看,有图表说明、实物说明;从用途上看,有实验说明、文艺说明、游览说明等;从角度来看,有概貌说明、程序说明、分解说明、综合说明等。下面重点介绍其中几种说明方法。

1. 概貌说明

"石拱桥的桥洞成弧形,就像虹。古代神话里说,雨后彩虹是'人间天上的桥',通过彩虹就能上天。我国诗人爱把拱、桥比作虹,说拱桥是'卧虹'、'飞虹',把水上拱桥形容为'长虹卧波'。石拱桥在世界桥梁史上出现得比较早。这种桥不但形式优美,而且结构坚固,能几十年、几百年甚至上千年雄跨在江河之上,在交通方面发挥作用。"这样写先声夺人,立刻给读者留下了石拱桥"形式优美"、"结构坚固"的深刻印象,而这正是作者的说明目的。

2. 程序说明

程序说明是对所说明的对象从制作过程或工艺流程乃至施工进程的解说。这种说明十分注意程序之间的连接,同时也常常要运用相应的术语。

3. 分解说明

分解说明是对完整的事物进行划段解说。这种说明往往需要将阶段分解准确,或以时间为序,或以空间为序,或以事物内部逻辑关系为序来划段。各个阶段解说的事理要有一致性,解说的语言也要有一致性,要考虑前后的顺序是否合理,更需要注意突出每个阶段或每个部分的本质特点。

4. 举例说明

举例说明是一种通过举例的方法来解说事物的写法。

5. 比较说明

比较说明是把两种或多种事物进行比较以显示说明对象本质特征的写法。进行比较时应兼顾事物之间的相同点和相异点,以使读者达到在比较中更鲜明、更清晰地认识事物的目的。

6. 图表说明

图表说明是用图表来说明事物特征及本质意义的方法。它具有直观性和生动性,易于把复杂的事物或事理说清楚,便于读者接受。图表分为图和表两种。图,即图片、照片;表,即表格,如统计表、历史年表等。

说明在应用文写作中使用广泛,在写作时应注意以下几个方面。

(1)知识要有科学性。说明是在向读者介绍事物、阐释事理,实际是在向人们传播知识,即教人以知。那么,说明的内容就应该揭示事物或事理的本质特征,必须符合事物的客观实际,做到概念准确、判断合理、分类明晰等。

(2)内容要有实用性。因为应用文体大多直接用于工作、生产、学习、生活的每个环节,而说明又是介绍有关知识和情况的,它比其他几种表达方式具有更直接的实用效能。这表现在它介绍的有关情况与人们的实践活动有直接密切的关系。

(3)语言要有通俗性。要能使广大群众接受并发挥实际作用,就必须把话说得明白易懂,能为各个文化层次的读者理解,如说明书。

(4)解说要有条理性。我们解说的过程本身就要符合所介绍事物的客观规律,同时也要适应人们的接受能力和欣赏习惯,符合人们认知事物的普遍规律,这就是说明的条理性。

(三)应用文写作中的议论

议论,就是作者通过事实材料及逻辑推理阐明道理,表明自己的见解和主张,以及驳斥别人观点的一种表达方式,主要用议论来完成说理。

在叙述或描写的时候,议论往往表示一个判断,作者用它来表明对人物、事情的认识或评价,应用文写作中的议论可以起到揭示文章层次意义和主旨的作用。而在说明的时候,议论则往往被用来阐述要说明的中心意义,或者用来对被说明的事物或事理作简要的评说。

议论有三个要素:论点、论据、论证。

1. **论点**

论点是作者对所论问题提出的看法,是提出来准备让读者接受的道理。论点可以分为中心论点和分论点。中心论点可以在一篇文章的开头提出,也可以在末尾以结论的形式提出,还可以在文章论说的过程中出现,多以一个判断性的语句出现在文章明显的位置上。

分论点是中心论点分化出来的。常常是文章每一部分开始提出的小论点。这些分论点实则是为中心论点服务的,将分论点集合、概括、归纳起来就是中心论点。中心论点和分论点之间是主从关系。

2. **论据**

论据是作者用来证明论点的理由和事实。论据是论点的基础,没有论据,论点无法成立。只有论据有力、令人信服,才是成功的议论,才会达到预期的目的。

3. **论证**

论证是以论据证明论点的过程和方法,反映了论点和论据之间的逻辑关系。论证分为两种形式:立论和驳论。驳论有三种反驳方式:反驳论点、反驳论据和反驳论证。

具体论证方法有如下几种。

(1)例证法,也叫举例法,是以事实为论据,用典型的事例证明论点正确的方法。

(2)归纳法,是以事实为论据,从许多"个别"事例中"归纳"出"一般"性的结论的论证方法,即先分析后综合。

(3)演绎法,是以推理的方式,从"一般"性结论"演绎"出"个别"的论断,即先综合后分析。

(4)引证法,是以引用经典、名人著作中的言论,科学的定义、公理、格言、谚语来证明论点的方法。

(5)对比法,是把不同情况或事物摆出来加以比较,在比较中明辨是非,阐明事理的论证方法。这种方法常在证明事物的相同点或不同点时应用。

(6)类比法,是一种用打比方来证明论点的方法。

(7)反证法,用对反面论点的否定来证明论点,也就是用事实和道理证明与所立论点相反的论点(反面论点)是错误的,从而证明自己的论点是正确的。

(8)因果法,用揭示事物的因果关系来证明论点。

论据是原因——直接决定结果的实际情况或者是对这些情况的分析;论点是结果——以原因证明结果的成立。

在应用文写作中运用议论这一表达方式,要做到以下两点:一是要抓住关键,针对具体问题有的放矢地进行说理,从实践中来又回到实践中去,避免泛泛而谈,隔靴搔痒。二是要以理服人。这就要求论点正确鲜明;论据确凿典型;论证合乎逻辑。

应用文写作还有两种表达方式是抒情和描写。抒情是凭借客观事物而抒发作者主观上某种感情的表达手法,有直接抒情和间接抒情。描写,就是用生动形象的语言,把人物或事物的状态、特征具体地描摹出来,如通报、调查报告、会议纪要、市场调查、消息、简报、起诉状、上诉状。

二、应用文写作的修改

(一)对主旨的修改

1. 主旨意义表达是否合理可行

修改主旨,首先要看主旨的确立是否符合党和国家现行路线、政策和法规,做到观点正确,合理合法。其次要看文中提出的意见、办法、措施和要求等,是否符合客观情况和实际条件,做到切实可行。

2. 主旨对内容的概括包容是否恰当

应用文的主旨一般是从较高的角度来概括和包容全文内容的,主旨与内容必须完全相符。修改主旨必须认真审读,根据行文意图,或补充主旨意义的残缺部分,或删减主旨意义的多余部分,使主旨意义恰到好处。

3. 主旨意义表达是否深刻集中

这类主旨问题主要体现在四个方面:一是揭示问题、阐述观点、总结经验流于表面现象,而不是从事物本质的深层角度去分析归纳;二是主次不分,轻重不明,没有抓好主要矛盾和主要问题;三是主旨意义表达模糊,不明晰,读者不得要领,难于顺利地掌握和执行;四是一文多旨,即一篇应用文中出现两个或两个以上中心。

4. 标题是否准确规范

修改标题首先要注意准确性,其次要注意简明性。

(二)对结构的修改

1. 调整段落层次

应用文中的每个段落层次,一般都表达一个相对完整的意思,它们之间既有相对的独立性,又存在内存的逻辑联系,如果安排不当,会出现几层意思相互纠缠的毛病。

2. 调整开头和结尾

开头和结尾主要有下面三种问题及修改建议:一是开头绕圈子,说空话,偏离题义。要删去与行文目的无直接联系的内容,开门见山,直接入题。二是开头夹杂主体内容,造成开头冗赘繁杂,篇幅过大,与主体部分的比例失调。修改时要调整各部分内容,力求开头短小精悍,言简意赅。三是结尾与主体部分前后牵连,纠缠不清。要根据具体情况,或把部分内容从主体中提取出来,归于结尾;或删去牵连部分,另立层次,明确主体与结尾的界线。

(三)对增删材料的修改

对增删材料的修改主要有:改正不真实的材料;删减冗赘繁杂的材料;改换具有典型性和说服力的材料。

本章练习题

1. 分析下面例文存在的问题,并提出修改建议。

关于南城区土产杂品行业财务管理问题的情况报告

市商贸公司:

南城区土产杂品行业有15个国营基层商店。近年来,在区公司领导下,努力扩大经营,取得了一定的成绩,但是在财务管理上还相当薄弱。经查有以下一些问题:

(1)有家商店一次购进锯板木材850立方米,因未按制度验收,少报18万元。

(2)有些商店资金管理差,大量应收、预付款被拖欠占用,对外加工周期过长。

(3)有些商店经营条件较差,摊位商品、材料的仓库大都狭小,有的还是几家商店合用一个货栈。

(4)有些商店管理基础较差,最基本的进料验收和发料手续都没有建立制度。

(5)全行业1998年的费用总额比1997年降低22%。其主要原因是1997年全行业装修门面的商店较多,支出5万余元。1998年只有1万余元。

(6)各行业1996年全部流动资金85万元,1997年增至120万元,1998年又增至170万元。

(7) 有些商店费用报销审核没有严格管理制度，有不少不按制度报销的情况。

……

南城区土产杂品贸易公司（印章）

二〇〇〇年十月十日

2. 概括下列开头部分使用的表达方法。

(1) 为了使各税务所了解收入进度情况，加快征收进度，现将×税务所城市维护建设税收入进度通报各所，并对下一步征收工作提出如下几点要求。

(2) 赴英、德等国茶叶贸易小组出国方案。

经过多年的工作，我公司红茶在英国、荷兰、德国市场虽已具有一定的客户基础，出口业务有所发展，但由于我公司红茶品质较低，不能适应市场的需要，交易量占这些国家的年进口量的比重很小，仅占×%左右。而我公司在爱尔兰基本上无客户基础，红茶市场尚处在开辟阶段。为此，这次贸易小组的主要任务是推销红茶，同时进行市场调研，巩固和发展与客户的关系，为今后扩大红茶出口准备条件。

(3) 南方城市蔬菜经营协作座谈会纪要。

南方14省、市、自治区的68个城市的代表，于11月22日至29日在南京召开了一次蔬菜经营协作座谈会。到会同志一致认为蔬菜经营部门一定要遵循党的方针政策，以振作精神，实事求是研究解决"买菜难"的问题，努力搞好城市蔬菜供应，改变"菜缺价高"的状况，从当前情况看要着重解决以下六个方面的问题。

3. 下面是发掘杭州雷峰塔地宫的一段报道。请将关于地宫打开过程的文字改为概括叙述。不必交代具体时间，不超过40个字。

上午9点整，考古队进入现场开始发掘。打开地宫并不容易，直到9时45分，考古人员才将压在地宫洞口的750公斤的巨石移开，露出93厘米长宽、13厘米厚的大理石盖板。盖板上没有任何文字，但考古人员在紫红色的泥土中发现了10枚唐开元通宝铜钱。10时5分盖板基本清理完毕。10时30分盖板绘图完毕。11时盖板还没有打开，发掘现场发现越来越多的钱币。11时11分，最激动人心的时候到了，考古人员开始用撬杠撬开盖板。11时18分，考古人员翻开大理石盖板，地宫口终于打开了！

4. 病句修改。

(1) 恰当使用机关应用文专用词语和文言词语，修改下列文章或语段，使之更简练、庄重。

①水稻收割时节眼看就要到来了，我们县还缺少镰刀5 000把、拌桶300只、箩筐1 000担，盼望着你们能快速地拨付给我们，好满足我们县的紧急需要，可以不可以，请你们快一点写封信告诉我们。

②我们局的这项工作，得到你们公司的大力支持，在这里，我们特向你们表示深深的感谢！

③通过8月5日的来信，我们已经知道考察团将要到我们市访问的消息，你们要求的各项

工作已经全部准备好了,殷切希望你们告诉我们考察团到达我们市的具体时间。

(2)指出下列应用文在语言表达方面的不当之处,并加以修改。

【文1】

会计专业函授学习总结

金秋送爽的十月,正是瓜果成熟和收获的季节。苹果是那么的红,葡萄像水晶,好一派欣欣向荣的景象!在这丰收的季节,我们会计专业函授学习胜利结束,也获得了丰收。我们带着丰收的喜悦,感谢北京城里的老师,真是"丰收果里有你的甘甜,也有我的甘甜"。静思我们学习中有哪些收获,还存在哪些不足,该是认真总结的时候了!

【文2】

××研究所关于购买空调问题的请示

××局:

今年入夏以来,天气炎热异常。设计人员一般5~6个人一个办公室,桌挨桌、椅靠椅,工作起来汗流浃背,有时汗水滴到图纸上,严重影响了工作效率。虽然各个办公室均装有电扇,但怕吹跑图纸无法使用。因此,我们准备用我所"其他收入"款购买十台空调,每台3 500元左右,共计35 000元。妥否,请批示。

××研究所
二○○×年×月×日

第三章
Chapter 3

公文类文体

第一节 公文概述

一、公文的含义、特征和作用

(一)公文的含义

公文即公务文书,《党政机关公文处理工作条例》(以下简称《条例》)中规定,公文"是党政机关实施领导、履行职能、处理公务的具有特定效力和规范体式的文书,是传达贯彻党和国家方针政策,公布法规和规章,指导、布置和商洽工作,请示和答复问题,报告、通报和交流情况等的重要工具"。此含义可做如下理解:

(1)公文是党政机关使用的文书,党政机关包括各级党务部门、政府部门、社会团体、企事业单位的行政管理部门。

(2)公文是在管理过程中使用的文书,只用于公务活动,而不用于个人往来活动。

(3)公文是具有法定效力的文书,一旦发出,相关部门必须遵照执行。

(4)公文是具有规范体式的文书,公文的外在格式和结构都有特定的要求和规定。

(二)公文的特征

1. 时效性

撰写公文是为了解决公务活动中的实际问题,每一份公文都有明确的制发意图和实际效用,它要针对公务活动中的具体实际,提出解决问题的意见、方案或明确的规定,以确保公务活动能沿着正确的轨道顺利进行。每一种公文的制作都是工作的需要,都有现实的效用,这种实际效用有一定的时间性,有的时间较长,如法规性文件,新的法规实施了,旧的法规才废除;有的时间较短,如通知,通知的事项结束了,也就失去了效力。

2. 法定性

一是作者的法定性。公文体现着国家的管理职能,制发公文是为了处理公务,因此必须由法定的作者在法定范围内行使职权时制定和颁发。所谓法定作者指的是:依据法律、法令、法规成立的并能以自己的名义行使权力和承担义务的组织及其负责人。根据《中华人民共和国宪法》和《中华人民共和国地方各级人民代表大会和地方各级政府组织法》规定的国家机关的职能以及制定和发布公文的权限,全国人民代表大会有权制定、修改宪法和法律;全国人大常委会有权制定法令,国务院有权根据宪法、法律和法令规定行政法规,发布决定和命令;地方人民代表大会可以制定和颁布地方性的法规;地方各级人民政府可以依据法律规定的权限发布决定和命令。

二是内容的法定性。公文不是出于个人的主观感受,而是集体意志的表现,它代表机关发言,具有法定的强制力和行政约束力,公文一旦发布生效,任何单位和个人必须遵守执行,上级机关下发公文,对下级机关具有行政约束力。

3. 规范性

公文是国家发挥管理职能的书面工具,《条例》中规定了统一的公文格式和严格的行文规范,发文、收文、归档、管理有法定的程序,行政公文的格式必须以《条例》为标准。

《条例》中规定了统一的公文格式和严格的行文规范,包括公文有多少种类、向什么机关发布什么内容、用什么文种。

4. 程序性

为了体现公文的性质,维护公文的权威和便于处理公文,国务院专为公文规定了发文办理程序。发文的程序包括:起草、审核、签发、复核、登记、印制、核发;收文的程序包括:签收、登记、初审、承办、传阅、催办、答复等。各机关制发公文时,必须严格遵循公文办理程序,保证公文体式的完整性和统一性,确保公文及时、准确地处理。任何机关不得违背统一规定的原则和要求。

5. 明确性

公文与其他文章的最大区别在于它有具体明确的读者对象。其他文章的读者对象总是相对的,作者可以根据人的年龄、性别、文化素养、职业、民族或国别,办各种类型的报刊,刊登各式各样的文章。而公文的读者是明确的、具体的。公文以主送机关、抄送机关的形式,具体规定了特定的读者对象。有些公文还规定了阅读范围和传达范围,以及可否翻印或在报刊上登载。尽管有些周知性和普发性的公文传达面比较宽,但在一定程度上也具有确定性。公文不仅读者对象具体明确,而且要求读者认真阅读、研究、参照或按照公文的规定贯彻执行。

6. 保密性

《条例》规定:复制、汇编机密级、秘密级公文,应当符合有关规定并经本机关负责人批准。绝密级公文一般不得复制、汇编,确有工作需要的,应当经发文机关或者其上级机关批准。涉密公文应当按照发文机关的要求和有关规定进行清退或者销毁。不具备归档和保存价值的公文,经批准后可以销毁。销毁涉密公文必须严格按照有关规定履行审批登记手续,确保不丢失、不漏销。个人不得私自销毁、留存涉密公文。

（三）公文的作用

1. 指导作用

公文是上级领导机关对下级机关进行领导与指导的一种工具。上级机关通过公文传达领导意图,贯彻党和国家的方针、政策,使下级机关能够领会上级指示精神并认真贯彻执行,把工作做好。

2. 凭证作用

公文在公务活动中,是开展各项工作、处理问题、联系事物的重要依据和指针。公文是为阐明、传达制发机关的意图,使收受机关有据可依而制发的。下行文是下级工作的重要依据,很多下行文要求"认真贯彻执行","贯彻执行"的凭据就是公文。上行文是上级批复、决策的重要依据。

3. 知照作用

公文是在上下级机关之间、平行机关之间和不相隶属机关之间联系与协商工作、沟通情况、交流思想、互通信息、处理公务需要中产生的。无论是下行文还是上行文,都有这种知照性的作用。

4. 约束作用

我国的法律、法规都是以公文的形式发布的,这些法律、法规等具有规范和约束作用。党和国家领导机关以及各级权力机关发布的命令、决议、布告、通告等,对各项工作和活动都起着规范和约束作用。在它有效的范围内,任何人不得违反。

二、公文的种类

为了适应中国共产党机关和国家行政机关（以下简称党政机关）工作需要,推进党政机关公文处理工作科学化、制度化、规范化,2012年4月,中共中央办公厅、国务院办公厅联合印发了"中办发〔2012〕14号"文件《党政机关公文处理工作条例》,决定从2012年7月1日起施行新修订的《党政机关公文处理工作条例》。1996年5月3日中共中央办公厅发布的《中国共产党机关公文处理条例》和2000年8月24日国务院发布的《国家行政机关公文处理办法》停止执行。

按照不同的分类标准,公文可分为如下几种:

（1）按行文方向,公文可分为下行文、上行文和平行文。

下行文是指上级机关向所属的下级机关所发的公文,如决议、命令、决定、意见、公告、公报、通告、通知、通报、批复、纪要。上行文是指下级机关向隶属的上级机关发送的公文,如报告、请示,有时也可以有函和意见。平行文是指平级机关或不相隶属机关之间发送的公文,如函、意见和会议纪要。

（2）按发文单位的性质,公文可分为行政公文、党内公文和群众团体公文。

（3）按紧急程度,公文可分为紧急公文和电报。紧急公文应当分别标注"特急"、"加急"。

电报应当分别标注"特提"、"特急"、"加急"、"平急"。

（4）按保密程度，公文可分为绝密、机密、秘密三种。涉密公文应当根据涉密程度分别标注"绝密"、"机密"、"秘密"及其保密期限。

（5）按流程，公文可分为收文和发文。

三、公文的格式

公文格式是指公文规范化的外部形式，包括公文的组成部分和项目、排列的顺序和位置、书写和打印的要求、用纸及装订的规格等。这些内容反映到页面上，即为如何进行分布和安排。行政公文的格式不仅可以区别于其他的文种，便于管理、存档和使用，而且体现了国家机关行政公文的合法性和权威性。

《条例》对公文格式做出了具体规定：公文一般由份号、密级和保密期限、紧急程度、发文机关标志、发文字号、签发人、标题、主送机关、正文、附件说明、发文机关署名、成文日期、印章、附注、附件、抄送机关、印发机关和印发日期、页码等组成。

（一）通用格式

1. 眉首

眉首包括份号、秘密等级、紧急程度、发文机关标识、发文字号、签发人等内容，位于公文首页上端。上行文的眉首约占首页篇幅的 1/2，下行文的眉首约占首页篇幅的 1/3。

（1）份号。即公文份数序号，又称印数编号，是指将同一文稿印制若干份时每份公文的顺序编号。一般文件不印份号，绝密、机密级公文应当标明份数序号，并要求按编号登记分发给收件人。份数序号为阿拉伯数码，顶格标识在版心左上角第一行。

（2）秘密等级和保密期限。涉及国家秘密的公文应当标明密级和保密期限，密级分"绝密"、"机密"、"秘密"三级。如需标识秘密等级，用 3 号黑体字，顶格标识在版心右上角第 1 行，两字之间空 1 字；如同时标识秘密等级和保密期限，顶格标识在版心右上角第 1 行，秘密等级和保密期限之间用"★"隔开。保密期限用文字表述，无密不标。

（3）紧急程度。紧急公文应当根据紧急程度分别标明"特急"、"急件"（其中电报应当分别标明"特提"、"特急"、"加急"、"平急"）。如只需标识紧急程度的，用 3 号黑体字，顶格标识在版心右上角第 1 行，紧急程度顶格在版心右上角第 2 行。

（4）发文机关标识。发文机关标识又称版头，一般由发文机关全称或者规范化简称加"文件"组成。如"黑龙江省人民政府文件"、"哈尔滨剑桥学院文件"等。对一些特定的公文可只标识发文机关或者规范化简称。发文机关标识一般用红色印刷。机关级别越高，字体越大，反之则越小。推荐使用小标宋体字，字号由发文机关以醒目美观为原则自定，但是一般应小于 22 mm×15 mm（高×宽）。发文机关标识上边缘至版心上边缘距离，上行文为 80 mm，下行文和平行文为 25 mm。如需标识公文份数序号、秘密等级和保密期限以及紧急程度，可在发文机关上空 2 行向下依次标识。

联合行文时应使主办机关名称在前，"文件"二字置于发文机关名称右侧，上下居中排布。如联合行文机关过多，必须保证公文首页显示正文。

(5)发文字号。发文字号又称文号、发文号、文件字号,是由发文机关代字、年份和该年度的发文顺序号构成。如"国办发【2001】1 号","国办"是发文机关"国务院办公厅"的代字,"2001"是发文年份,"1 号"是发文序号,合在一起表明这是国务院办公厅在 2001 年发的第 1 个文件。发文字号是为了便于发文及收文机关的登记、分类、保存和检索而设置出来的编号方法。

发文字号的位置,因眉首位置不同而不同。下行文文件格式,写在机关标识正中间的下面空 2 行,用 3 号仿宋体字,年份、序号用阿拉伯数码标识,年份应标全称,用六角括号"〔 〕"括入,序号不应虚位编(即 1 号不能编为 001 号),不加"第"字;上行文文件格式,发文字号在红色反线之上的左侧,与签发人成平排并列之势。函件格式,在红色反线之下、标题之上的右上方。

发文字号之下 4 mm 处印一条与版心等宽的红色反线。

(6)签发人。签发人是指审批、签发公文文稿的主要负责人。上行的公文(如"请示"等)应当标识签发人姓名。平行排列于发文字号右侧。发文字号居左空 1 字,签发人姓名居右空 1 字。签发人用 3 号仿宋体字,签发人后标全角冒号,冒号后面用 3 号楷体字标识签发人姓名。如有多个签发人,主办单位签发人姓名置于第 1 行,其他签发人姓名从第 2 行起在主办单位签发人姓名之下按发文机关顺序依次顺排,发文字号与最后一个签发人姓名处在同一行,下移红色反线,使之与发文字号的距离为 4 mm。

(7)红色反线。公文的眉首与主体部分用一条比较粗的红色横线分开,这条横线称为红色反线,也称为"间隔线"。印在发文字号之下 4 mm 处,其长度为 156 mm,与版心等宽。党内文件的红色反线正中印一颗红色五角星"★"作标志,而行政机关公文则不印,这是党政公文的识别标志,不要误认为是装饰。

2. 主体

公文的主体指公文的行文部分,包括公文标题、主送机关、正文、附件、成文日期、公文生效标识、附注等内容。

(1)公文标题。公文标题即公文的名称,要准确简要地概括公文的主要内容并标明公文种类,置红色反线下空 2 行,用 2 号小标宋体字,可分一行或多行居中排布;回行时,要做到词意完整,排列对称,间距恰当。公文标题可分为如下四种。

①完整式。由发文机关、事由和文种三部分组成。发文机关要写全称或规范化简称、统称。发文事由一般由介词"关于"和一个动宾词组或名词词组构成一个介词短语;转发类公文的发文事由一般由动词"转发"、"批转"等加上被转发文件的标题构成。文种前一般不加修饰语,也有特殊情况,如"紧急通知"、"指导意见"等。如《国务院办公厅关于进一步做好治理开发农村"四荒"资源工作的通知》是一个完整式的标题。"国务院办公厅"是发文机关;"关于进一步做好治理开发农村'四荒'资源工作"是发文事由;"通知"是发文文种。

②省略发文机关式。由发文事由和文种组成。因为版头已有发文机关名称,所以在标题中常常省略,这也使"事由"更加突出,这是最常见的一种省略式标题。如《关于严厉打击卷烟走私整顿卷烟市场的通告》、《关于取消农村税费改革试点地区有关涉及农民负担的收费项目

的通知》。

③省略事由式。由发文机关和文种组成。常见于命令(令)、公告、通知等公布性、告知性公文。如《中华人民共和国主席令》、《国家税务总局公告》。

④只有文种式。如《公告》、《通知》就省略了发文机关和公文事由。

注意:批转、转发、印发、颁发等种类公文,标题中的事由是批转、转发、印发、颁发公文的标题,《条例》规定:公文标题中除法规、规章名称加书名号外,一般不用标点符号。如《国务院办公厅转发审计署关于公路建设资金审计情况报告的通知》,这个标题中转发的是报告而不是规章制度,所以书名号要省略;《国务院关于贯彻实施〈中华人民共和国立法法〉的通知》,这个标题中引入的文件是法规性文件,因此就必须用书名号。

(2)主送机关。主送机关是指公文的主要受理机关,俗称"抬头",应当使用全称或规范化简称、统称。在正文之前,标题之下空1行,左侧顶格写,用3号仿宋体字标识,回行时仍顶格。最后一个主送机关加全角冒号。如果主送机关名称过多而使公文首页不能显示正文时,应将主送机关名称移至版记中的主题词之下、抄送之上,标识方法同抄送。如果主送机关不止一个,应按其性质、级别或惯例依次排列,中间用顿号断开。主送机关的表现形式有以下三种。

①单称,指公文的主送机关只有一个。不相隶属的机关之间行文应写机关的全称;如果是向下级机关行文,可省去省、市、县名称,如"市教育局:"。

②泛称,是上级机关对下级同类各机关的行文。如国务院对各省、自治区、直辖市及直属单位行文的主送机关是:"各省、自治区、直辖市人民政府,国务院各部委、各直属机构:"。

③递降称,多用于对垂直几个下级行文,如省政府向市、县行文:"各市、县人民政府:";如省教委向全省教育系统行文:"各市、县教育局:"。

(3)正文。公文的正文写在主送机关下1行,每自然段第1行左空2个字,回行顶格,但是数字、年份不能回行。

公文的正文由开头(又称引据)、主体、结尾三部分组成,是公文的核心部分。

①开头。一般写发文的目的、原因、依据、意义等,具体写法依据公文的内容和行文的目的来确定。

②主体。写发文事项,如果内容较多,可分条列项写。

③结尾。通常根据不同的文种使用常用语作结。

(4)附件。附件分为两种:一是公文的正文内容很短,只起批准、发布、印发、转发的作用,公文的主要内容在附件中体现,如批转性通知所批转的文件。二是补充说明正文某一方面内容的事件、图表、统计数字等材料。

附件与正文具有同等效力。应在正文下空1行左空2字用3号仿宋体字标识"附件",在附件后标上全角冒号和名称。附件如有序号应使用阿拉伯数码,附件名称后不加标点符号。

附件应与公文正文一起装订,并在附件左上角第1行顶格标识"附件",有序号时标识序号,附件的序号和名称前后标识应一致,装订时亦应按此顺序装订。

(5)成文日期。公文的成文日期应以负责人签发的日期为准,联合行文以最后签发机关负责人的签发日期为准,凡会议通过的文件应以会议通过日期为准。成文日期用汉字书写,将年月日标全,"零"要写"〇"。

(6)公文生效标识。公文生效标识指发文机关印章(红色)或签署人姓名。印章端正居中,印章应上距正文 2~4 mm,做到上不压正文,下压成文日期。除会议纪要和以电报形式发出的公文以外,其他文种均应当加盖印章。

(7)附注。附注指公文需要说明的其他事项。如"请示"应当在附注处注明联系人的姓名和电话等。附注用 3 号仿宋体字,居左空 2 字加圆括号标识在成文日期下 1 行。

3. 版记

版记指公文的文尾部分,由主题词、抄送机关、印发机关、印发日期、页码等内容组成,位于公文的最后一页。

(1)主题词。主题词是指能确切表达公文内容特点和归属类别的规范化名词性词组。主要用于计算机检索,便于公文的立卷归档,是公文管理标准化、现代化的需要。主题词位于公文附件项目以下、抄送项目以上,居左顶格用 3 号黑体字标识"主题词",后面标全角冒号;词目用 3 号小标仿宋体字,词目之间空 1 字,不用标点符号。主题词一般不少于 2 个。

(2)抄送。抄送机关是指除主送机关外,需要了解公文内容或协助办理的其他机关。抄送机关应该使用全称或规范化简称,在主题词下 1 行左空 1 字用 3 号仿宋体标识"抄送",后面用全角冒号;抄送机关之间用顿号隔开,回行时与冒号后的抄送机关对齐,最后一个抄送机关后标句号。抄送机关写完后,在下面加一条反线,宽度同版心。

(3)印发机关和印发日期。印发机关指的是印发公文的机关,要写全称。印发日期为公文送至印刷厂的日期,用阿拉伯数字标识。位于抄送机关之下占一行,用 3 号仿宋体字,印发机关左空 1 字,印发日期右空 1 字。在下面加一条反线,宽度同版心。

(4)页码。用 4 号半角阿拉伯数字标识,置于版心下边缘之下一行,数码左右各放一条 4 号一字线,一字线距版心下边缘 7 mm;单页码居右空 1 字,双页码居左空 1 字,空白页没有页码。

(二)缮印要求

1. 用纸要求

公文的用纸一般采用 GB/T 148 中规定的 A4 型纸(210 mm×297 mm),左侧装订。

2. 排版要求

版心尺寸:天头(上白边)为 37 mm±1 mm;公文用纸订口(左白边)为 28 mm±1 mm;版心尺寸为 156 mm×225 mm(不含页码);正文用 3 号仿宋体字,文中如有小标题,可用 3 号小标宋体字或黑体字,一般每个版面排 22 行,每行排 28 个字;公文一律从左向右横排、横写,少数民族地区可以汉字和少数民族文字并用。

3. 装订要求

公文按照规定在左侧装订(图例如下)。

代码 01010101010
份号 01

　　　　　　　　　　　　　　　　　　　机密★一年
　　　　　　　　　　　　　　　　　　　特　　　急

××××文件

×发[2014]5号

关于××××工作的通知

××××：
　　×××× ×××× ×××× ×××× ×××× ×××× ××× ×××× ×××× ×××× ×××× ×××× ×××× ×××× ×××× ×××× ×××× ×××× ×××× × ××× ×××× ××××。

　　附件：1. ××××
　　　　　2. ××××

　　　　　　　　　　　　　　　　　　　×××× ××××
　　　　　　　　　　　　　　　　　　　××××年 ×月 ×日
　　　　　　　　　　　　　　　　　　　（印章）

附注：此件发至××××

主题词：××××　××××　××××

抄送：××××

×××××××　　　　　　　　　　××××　年×月×日印发

　　　　　　　　　　　　　　　　　　（共印××份）

四、公文办理流程

（一）公文拟制

公文拟制包括起草、审核和签发等程序。

1. 起草

接受领导的发文意图之后,严格按照领导意图进行草拟公文的过程,要明确行文目的、正确选用文种、确定主题、选择材料、拟订提纲、撰写公文、自行修改,最后定稿。

2. 审核

审核的内容包括以下几点。

(1)行文理由是否充分,行文依据是否准确。

(2)内容是否符合国家法律法规和党的路线方针政策;是否完整准确地体现发文机关意图;是否同现行有关公文相衔接;所提政策措施和办法是否切实可行。

(3)涉及有关地区或者部门职权范围内的事项是否经过充分协商并达成一致意见。

(4)文种是否正确,格式是否规范;人名、地名、时间、数字、段落顺序、引文等是否准确;文字、数字、计量单位和标点符号等用法是否规范。

(5)其他内容是否符合公文起草的有关要求。

3. 签发

签发是经有权签发的领导核准签字,准予发出。签发使公文从草稿变为定稿,签发人对要签发的文书要全面负责。

（二）发文管理

发文管理的主要程序有:复核、登记、印制、核发等。

1. 复核

《条例》规定:"已经发文机关负责人签批的公文,印发前应当对公文的审批手续、内容、文种、格式等进行复核;需作实质性修改的,应当报原签批人复审。"

2. 登记

对复核后的公文,应当确定发文字号、分送范围和印制份数并详细记载。

3. 印制

公文印制必须确保质量和时效。涉密公文应当在符合保密要求的场所印制。

4. 核发

公文印制完毕,应当对公文的文字、格式和印刷质量进行检查后分发。

（三）收文管理

收文管理的主要程序有:签收、登记、初审、承办、传阅、催办、答复等。

1. 签收
对收到的公文应当逐件清点,核对无误后签字或者盖章,并注明签收时间。

2. 登记
对公文的主要信息和办理情况应当详细记载。

3. 初审
对收到的公文应当进行初审。初审的重点是:是否应当由本机关办理,是否符合行文规则,文种、格式是否符合要求,涉及其他地区或者部门职权范围内的事项是否已经协商、会签,是否符合公文起草的其他要求。经初审不符合规定的公文,应当及时退回来文单位并说明理由。

4. 承办
阅知性公文应当根据公文内容、要求和工作需要确定范围后分送。批办性公文应当提出拟办意见报本机关负责人批示或者转有关部门办理;需要两个以上部门办理的,应当明确主办部门。紧急公文应当明确办理时限。承办部门对交办的公文应当及时办理,有明确办理时限要求的应当在规定时限内办理完毕。

5. 传阅
根据领导批示和工作需要将公文及时送达传阅对象阅知或者批示。办理公文传阅应当随时掌握公文去向,不得漏传、误传、延误。

6. 催办
及时了解掌握公文的办理进展情况,督促承办部门按期办结。紧急公文或者重要公文应当由专人负责催办。

7. 答复
公文的办理结果应当及时答复来文单位,并根据需要告知相关单位。

五、公文行文的总体原则

《条例》第四章第十三条至第十七条对公文行文的原则进行了规定。

第十三条　行文应当确有必要,讲求实效,注重针对性和可操作性。

第十四条　行文关系根据隶属关系和职权范围确定。一般不得越级行文,特殊情况需要越级行文的,应当同时抄送被越过的机关。

第十五条　向上级机关行文,应当遵循以下规则:

(一)原则上主送一个上级机关,根据需要同时抄送相关上级机关和同级机关,不抄送下级机关。

(二)党委、政府的部门向上级主管部门请示、报告重大事项,应当经本级党委、政府同意或者授权;属于部门职权范围内的事项应当直接报送上级主管部门。

(三)下级机关的请示事项,如需以本机关名义向上级机关请示,应当提出倾向性意见后上报,不得原文转报上级机关。

(四)请示应当一文一事。不得在报告等非请示性公文中夹带请示事项。

(五)除上级机关负责人直接交办事项外,不得以本机关名义向上级机关负责人报送公文,不得以本机关负责人名义向上级机关报送公文。

(六)受双重领导的机关向一个上级机关行文,必要时抄送另一个上级机关。

第十六条 向下级机关行文,应当遵循以下规则:

(一)主送受理机关,根据需要抄送相关机关。重要行文应当同时抄送发文机关的直接上级机关。

(二)党委、政府的办公厅(室)根据本级党委、政府授权,可以向下级党委、政府行文,其他部门和单位不得向下级党委、政府发布指令性公文或者在公文中向下级党委、政府提出指令性要求。需经政府审批的具体事项,经政府同意后可以由政府职能部门行文,文中须注明已经政府同意。

(三)党委、政府的部门在各自职权范围内可以向下级党委、政府的相关部门行文。

(四)涉及多个部门职权范围内的事务,部门之间未协商一致的,不得向下行文;擅自行文的,上级机关应当责令其纠正或者撤销。

(五)上级机关向受双重领导的下级机关行文,必要时抄送该下级机关的另一个上级机关。

第十七条 同级党政机关、党政机关与其他同级机关必要时可以联合行文。属于党委、政府各自职权范围内的工作,不得联合行文。

党委、政府的部门依据职权可以相互行文。部门内设机构除办公厅(室)外不得对外正式行文。

第二节 决议、决定与命令

一、决议

(一)决议的含义

决议是经过国家重要会议讨论通过,并要求贯彻执行的重要事项使用的文件。《条例》指出:"经会议讨论通过并要求贯彻执行的重要决策事项用'决议'。"它的适用范围比决定小一些,只有国家的高级会议才可以做出决议,发布文件,供下级机关或全体公民遵守。

(二)决议的特点

(1)权威性。决议都是国家重要会议或国家权力机关通过的,本身就具有权威力量。决议一经颁布,全体公民和下级单位必须执行,不能违背和抵制。

(2)决议通过的观点和对事物的评价,具有指导意义。关于历史问题、个人功过的决议,得出的结论应成为党和国家工作的指导思想,全党必须遵从,作为决策、立法和编撰教科书的依据。

(3)决议必须是与会人员经过充分讨论的产物,在合乎规定人数通过后才能成立。它是与会人员观点、思想及会议意志的表现。

(三)决议的种类

根据决议涉及内容范围的不同,可分为以下三类。

1. 批准某事项或通过某文件的决议

这类决议涉及的内容比较具体,一般用于批准某项报告或文件。如《中国共产党第十四次全国代表大会关于〈中国共产党章程〉(修正案)的决议》、《中国共产党第十四次代表大会关于十三届中央委员会报告的决议》等。

2. 安排某项工作的决议

对于重要的、长期的工作,可采用决议的形式进行布置安排。如《中共四川省委关于认真学习、坚决贯彻〈中共中央关于加强党同人民群众联系的决定〉的决议》等。

3. 涉及原则问题的决议

这类决议涉及的内容是原则性的、非事件性的,影响范围更大,影响时间更为久远。如中共十一届六中全会一致通过的《关于建国以来党的若干历史问题的决议》,中国共产党第十四届中央委员会第六次全体会议通过的《中共中央关于加强社会主义精神文明建设若干问题的决议》等。

(四)决议的格式与写法

决议一般由标题、通过日期与正文三个部分组成。

1. 标题

标题多采用"会议名称+事由+决议"的形式,也可采用"事由+决议"的形式,但很少有仅以"决议"二字作标题的。

2. 通过日期

凡属于法定会议正式讨论通过的决议,日期一般放在标题之下,在小括号内注明会议名称及通过时间,有时也可省略会议名称。

3. 正文

决议正文的行文方式,往往因决议的类型不同而有所区别。

(1)对于事项性决议,其正文一般由"决议根据"、"决议事项"、"决议结语"三个层次构成。

①决议根据部分,简短概要地写明在何时、经过什么会议、什么目的、讨论通过了什么问题或事项。

②决议事项部分,通常行文采用第三人称的口吻来阐明有关事项,对于涉及范围较广的决议,多采用分条列项的方法。

③决议结语部分,应根据需要而定,写法上要与内容紧密衔接,一般提出要求或发出号召,切忌不着边际、泛泛而论。

(2)对于纪要性决议,其正文一般由"决议缘由"、"决议内容"、"决议结语"三个层次构成。

①决议缘由部分,往往以精炼简短的文字,概述出有关会议的名称、原因和议题等内容。

②决议内容部分,一般采用叙议结合的方式分层次阐述有关内容。

③一般在叙述事项完毕后,自然结尾。有的纪要性决议也可在正文末段加"结语",紧承上文内容,提出希望或号召。

【范例】

中国共产党××市第十三届委员会第七次全体会议决议
(2012年×月×日通过)

中国共产党××市第十三届委员会第七次全体(扩大)会议于2012年×月×日在××召开。

全会认真学习贯彻胡锦涛总书记在省部级主要领导干部专题研讨班上的重要讲话和省委九届五次全会、××市委三届四次全会精神,研究部署加快科技创新和发展海洋经济、旅游产业及当前工作,进一步动员全市各级各部门解放思想、坚定信心,奋勇拼搏、攻坚克难,加快××科学发展,以优异的成绩向党的十八大献礼。

全会认为,胡锦涛总书记在省部级主要领导干部专题研讨班上发表重要讲话,从坚持和发展中国特色社会主义的政治高度和宽广视野,精辟分析了当前我国面临的新形势、新任务,科学阐述了事关党和国家全局的若干重大问题,深刻回答了党和国家发展的一系列理论和实践问题,为党的十八大召开奠定了重要的政治、思想和理论基础,对于统一全党思想认识,明确前进方向,具有重大而深远的意义。8月6日,省委召开九届五次全会,××书记、××省长的重要讲话和提交大会审议的三份文件,内涵丰富、重点突出、要求明确,为做好各项工作指明了方向。8月27日,××市委召开三届四次全会,××书记、××市长分别作重要讲话,对学习贯彻胡锦涛总书记重要讲话和省委九届五次全会精神进行再动员、再部署。各级各部门要进一步统一思想、提升认识,坚持把学习贯彻胡锦涛总书记重要讲话和省委全会、××市委全会精神作为当前的重要政治任务,精心组织、周密安排,迅速掀起学习宣传贯彻的热潮。

会议强调,更加注重科技创新对县域发展的支撑引领作用。各级各部门要从战略和全局的高度,把科技创新摆在优先发展的位置,着力解决制约科技创新的突出问题,为××赶超发展提供有力的科技支撑和智力支持。借力科技创新推进产业升级。要把科技创新与产业升级紧密结合起来,通过科技创新改造提升传统产业,加快发展高新技术产业,着力突破第三产业,通过科技创新优化产业结构、提升产业内涵、增强产业核心竞争力。充分激发企业创新创造活力。要增强自主创新能力,培育高新技术企业,并且积极参与技术标准制定,全面激发企业科技创新的内生动力,使企业真正成为研发投入的主体、技术创新的主体、成果应用的主体。加强科技创新载体建设。要按照"合理布局、有序开发"的原则,大力推进科技创新平台建设,逐步夯实科技创新的基础,着力构建产业集聚创新平台、科技创新协作平台和公共技术服务平台。深化科技体制机制创新。要建立科技与经济紧密结合的成果评价导向,改革科技经费管理机制,强化鼓励企业创新的政策导向,树立支持企业创新的金融导向。强化创新人才队伍支撑。要广辟渠道引人才,不拘一格用人才,落实政策留人才,真正做到"引得进"、"用得好"、"留得住"。

会议强调,更加注重海洋强市对县域发展的后发赶超作用。各级各部门要全面贯彻中央和省市发展海洋经济的重大战略部署,深刻认识发展海洋经济的重大意义、巨大潜力和广阔前景,努力做大做强海洋经济,实现从海洋大市向海洋强市的转变。优化布局,全面拓展海洋经济发展"大空间"。要强化规划引导功能,科学利用岸线资源,立足我市海域资源实际,正确处理好用海、用地、环境保护等关系,形成协调配合、一体发展的格局。龙头带动,全面拓展海洋经济发展"大产业"。要重点发展临港重化工业,突出发展临港物流业,大力发展高效生态渔业,坚持产业规模扩张和空间布局优化相结合,促进陆海一体、协调发展。基础先行,全面拓展海洋经济发展"大通道"。要深入实施"大港口、大通道、大物流"发展战略,加快高速公路、高速铁路、港口码头等疏港交通基础设施建设,构建向海跨海、拓展腹地的快速通道,形成高效畅通的集疏运体系。多措并举,全面拓展海洋经济发展"大平台"。要加强用地保障、融资保障和人才保障,全面推动对外开放合作。

会议强调,更加注重旅游产业对县域发展的战略升级作用。各级各部门要以全新的视野和战略的思维,采取有效措施,加大推进力度,尽快把旅游业培育成为战略性支柱产业,把××建成海西著名的旅游胜地和游客集散地,成为我省重要的旅游强市。规划引领,整合提升。要坚持超前规划,整合旅游资源,突出文化特色。加大投入,打造精品。要精心打造旅游精品,通过打造旅游精品景区、旅游精品项目和旅游精品线路,不断增强吸引力、扩大影响力、保持生命力。强化配套,优化服务。要加强旅游交通配套、酒店配套、商品配套、文娱配套和市场配套。加强营销,注重协作。要加大旅游宣传,实施品牌战略,深化旅游协作。

会议要求,全市各级各部门要进一步加强组织领导,落实政策措施,跟进工作保障,转变工作作风,全力推动科技创新、海洋经济和旅游发展工作取得突破性进展。

会议强调,奋战120天,努力保持经济社会平稳较快发展。面对复杂严峻的外部环境,面对异常繁重的发展任务,面对诸多的制约难题,各级各部门必须保持清醒认识,始终坚定发展信心,扎实抓好当前各项工作,通过强化经济运行调度,持续强化投资拉动,切实保障改善民生,全力维护社会稳定,狠抓工作责任落实,确保完成全年目标任务。

会议号召,全市各级党组织和全体共产党员紧密团结在以胡锦涛同志为总书记的党中央周围,在省委和××市委的正确领导下,深入贯彻落实科学发展观,解放思想,坚定信心,埋头苦干,开拓进取,加快推进××科学发展跨越发展,以优异成绩迎接党的十八大胜利召开。

二、决定

(一)决定的含义

决定是适用于党政机关对重要事项或者重大行动做出安排,奖惩有关单位及人员,变更或者撤销下级机关不适当的决定事项的公文。

(二)决定的特点

1. 具体性

由于决定是对重大事项做出的安排,因此要写得明确和具体,以便于贯彻执行。

2. 强制性

决定由具有法定行政权限的领导机关发出,涉及的事项都比较重大,一经发文,受文者必须遵照执行,不得随意更改。

(三)决定的种类

1. 法规性决定

法规性决定一般由国家立法机构或权力机关,如全国人民代表大会、国务院发布,内容是法规性文件,如《全国人大常委会关于修改外资企业法的决定》。

2. 指挥性决定

指挥性决定用于对重大事项或者重大行动做出安排,如《国务院关于整顿和规范市场经济秩序的决定》。

3. 奖惩性决定

奖惩性决定用于奖励或惩处有关单位和人员,如《中华全国新闻工作者协会关于授予邵云环、许杏虎、朱颖同志"人民的好记者"荣誉称号的决定》、《广东省韶关市质量技术监督局关于对××等四名同志违规执法处分的决定》。

4. 周知性决定

周知性决定用于告知有关重大事项,如《广东省人民代表大会常务委员会关于宝安县七届人大第一次会议选举县长的结果无效的决定》。

(四)决定的格式与写法

1. 标题

决定的标题由发文机关、事由和文种组成,如《中共中央关于接受宋庆龄同志为中国共产党正式党员的决定》。

2. 主送单位

决定的主送单位要写清全称或规范化简称。公布性决定没有主送单位。

3. 日期

决定的日期一般写在正文右下角,右边空4个字。

4. 正文

正文包括三个方面：一是依据和缘由；二是决定的事项；三是提出的希望和要求。

5. 生效标识

在正文右下方写明发文机关名称，名称下写年月日，再加盖公章。

【范例1】

青海省人民代表大会常务委员会关于修改部分地方性法规的决定

（2011年11月24日青海省第十一届人民代表大会常务委员会第二十六次会议通过）

青海省第十一届人民代表大会常务委员会第二十六次会议决定对下列地方性法规作如下修改：

一、将《青海省道路运输管理条例》第六十条修改为："运管机构工作人员在实施道路运输监督检查时，对没有道路运输证又无法当场提供其他有效证明的车辆予以暂扣。"

"运管机构工作人员实施车辆暂扣应当按照《中华人民共和国行政强制法》有关行政强制措施实施程序的规定进行。"

"当事人应当在暂扣决定书规定的时间内到指定地点接受处理。"

二、将《青海省公路路政管理条例》第二十三条修改为："承运人应当按照公路路政监督检查人员的停车示意，主动接受检测，不得强行通过；不接受公路路政监督检查，强行通过的，由公路路政管理人员告知有关公安机关处理。"

第二十四条修改为："经检测属于超限运输可分解物品的车辆，承运人应当卸去超限部分的物品。"

"公路管理机构应当为承运人提供超限运输卸载物品临时存放场所，或者协助联系分载车辆。卸载物品委托公路管理机构保管的，应当办理委托手续。"

第三十八条修改为："违反本条例规定，侵占公路路产的，由公路管理机构责令停止违法行为，恢复公路路产原状。"

删去第三十五条。

三、将《青海省户外广告管理条例》第二十五条第一款第一项修改为："未经登记，擅自发布户外广告的，没收违法所得，处以三万元以下的罚款，限期补办登记手续。逾期不补办登记手续的，责令停止发布。"

第二十五条第一款第四项修改为："户外广告的批准设置使用期满未自行拆除或更换，或者需要办理延期使用手续而未办理的，责令限期补办手续；逾期不办理的，处以五百元以上三千元以下的罚款。"

删去第二十五条第二款。

四、将《青海省图书报刊市场管理条例》第二十一条第三项修改为："对应当鉴定或者查禁的图书报刊可以依法查封、扣押。"

第二十九条修改为："图书报刊市场行政执法人员检查图书报刊市场，必须出示证件；对经营者进行行政处罚，必须依照《中华人民共和国行政处罚法》的程序进行。查封、扣押图书报刊时，应当制作并当场交付查封、扣押决定书和清单。"

五、删去《青海省儿童计划免疫条例》第二十六条。

六、删去《青海省实施〈中华人民共和国道路交通安全法〉办法》第二十条。

七、删去《青海省农业机械管理条例》第三十一条。

八、将《青海省实施〈中华人民共和国水法〉办法》第四十七条修改为："违反本办法规定，采砂的单位和个人未按照防洪安全的需要及时清理尾堆、平整河道的，由县级以上人民政府水行政管理部门责令限期清理、平整；逾期不清理、平整的，经催告仍不履行，其后果已经或者将影响河势稳定、危害河岸堤防安全或者妨碍河道行洪的，由县级以上人民政府水行政管理部门强制清理、平整，所需费用由采砂的单位和个人承担，并处一万元以上二万元以下的罚款；情节严重的，并处二万元以上五万元以下的罚款。"

九、将《青海省实施〈中华人民共和国野生动物保护法〉办法》第二十四条第三款修改为："公路、铁路、航空和动物检疫等单位，有权对无证运输、携带、邮寄的野生动物及其产品依法进行检查，及时通知并移交县级以上野生动物行政主管部门处理。"

十、将《青海省实施〈中华人民共和国渔业法〉办法》第三十六条第一款第四项修改为："擅自捕捞的，没收渔获物、渔具和违法所得，并处以渔获物现值三倍的罚款；非法收购、购运鱼货的，没收鱼货，并处以渔获物现值两倍的罚款"。

十一、将《青海省实施〈中华人民共和国森林法〉办法》第三十三条修改为："经省人民政府批准设立的木材检查站，主要检查木材运输和森林植物检疫；对无证运输或使用过期木材运输证件运输木材又无正当理由的，可以暂扣无证运输的木材，并立即报请县级以上人民政府林业主管部门依法处理。"

本决定自2012年1月1日起施行。

【范例2】

国务院关于整顿和规范市场经济秩序的决定

各省、自治区、直辖市人民政府，国务院各部委、各直属机构：

建立规范的市场经济秩序，既是保证当前经济正常运行的迫切需要，又是完善社会主义市场经济体制的重要举措。为了进一步深化改革、扩大对外开放，营造国民经济持续快速健康发展的良好环境，根据当前我国市场经济秩序的现状，国务院决定，在全国范围内开展整顿和规范市场经济秩序的工作。

一、充分认识整顿和规范市场经济秩序的重要意义

（一）良好的市场经济秩序，是建立社会主义市场经济体制的客观要求。近年来，全国开展了打击走私、偷税、骗税、骗汇和制售假冒伪劣商品等违法犯罪活动的专项斗争，取得了明显成效，对促进社会主义市场经济的健康发展，发挥了重要作用。

（二）市场经济秩序混乱的问题必须引起高度重视。由于复杂的经济、社会和思想原因，

当前一些领域中市场经济秩序仍然相当混乱,主要表现在:假冒伪劣产品充斥市场,偷税、骗税、骗汇和走私活动屡禁不止,商业欺诈、逃废债务现象日益严重,财务失真、违反财经纪律的行为比较普遍,工程建设领域招投标弄虚作假、工程质量低劣的问题相当突出,文化市场混乱问题群众反映强烈,生产经营中的重大特大安全事故时有发生。这些问题触目惊心,不仅严重影响国民经济健康运行,给国家、企业和人民群众利益造成重大损害,而且造成投资环境恶化,社会道德水准下降,败坏国家信誉和改革开放的形象。大力整顿和规范市场经济秩序,已经成为当务之急。

(三)整顿和规范市场经济秩序具有重要意义。今后五年,是我国完善社会主义市场经济体制和扩大对外开放的重要时期。建立良好的市场经济秩序,既是重大的经济问题,也是严肃的政治问题;既是提高国民经济整体素质和竞争力的必然选择,也是进一步扩大对外开放的必要条件;既是巩固我国现代化建设成果的重大举措,也是全面推进社会文明进步的内在要求。各地区、各部门必须从贯彻落实江泽民总书记"三个代表"重要思想的高度,站在国家安危、民族兴衰和现代化事业成败的高度,充分认识整顿和规范市场经济秩序的重要性、紧迫性和艰巨性,坚持不懈地抓好这项工作。

二、整顿和规范市场经济秩序的主要内容和当前工作重点(略)

三、加大打击力度,严惩破坏市场经济秩序的违法犯罪活动(略)

四、深化改革,转变政府职能(略)

五、健全市场法律法规,严格执法(略)

六、完善市场监督机制,加大监管力度(略)

七、加强思想道德教育,建立健全社会信用制度(略)

八、加强领导,分工负责(略)

整顿和规范市场经济秩序,是一项时间紧、任务重、涉及面广、政策性强的工作,各地区、各部门要按照国务院的统一部署,结合实际确定工作重点,提出时间和进度要求,严格依法进行整顿,维护企业的正常生产经营活动。在规范中整顿,在整顿中规范,通过整顿和规范使市场经济秩序得到根本好转,为经济和社会发展创造良好环境。

国务院
二〇一〇年四月二十七日

三、命令

(一)命令的含义

命令是上级机关对下级机关发布的带强制性、规定要执行的一种公文,适用于依照有关法律公布行政法规和规章;宣布施行重大强制性行政措施;嘉奖有关单位及人员。命令具有很强的权威性和约束力,根据国家法律规定的国家机关或国家机关领导人才能使用,如中华人民共和国全国人民代表大会常务委员会及其委员长,中华人民共和国主席,国务院总理,国务院各部、委、局,地方权力机关和行政机关等。群众团体、民间机构和社会团体不得使用。

(二)命令的特点

1. 权威性

命令这种文体不可随意使用,有严格的法律限制,乡镇级以上的人大常委会、政府机关及他们的负责人才可以在宪法和法律规定的权限范围内发布命令。

2. 强制性

凡以命令形式发布的公文,都必须遵守,不能灵活处理。

(三)命令的种类

1. 公布令

公布令用于依照法律公布国家重要的行政法令、法规和重要规章。

2. 行政令

行政令主要用于发布采取重大强制性行政措施,要求有关方面采取重大约束性行动等。如2004年1月20日发布的《中华人民共和国劳动和社会保障部令》。

3. 嘉奖令

嘉奖令是省级以上的机构用于嘉奖有突出贡献的单位及人员。一般的先进事迹和个人可以用"通报"来撰写。

4. 任免令

任免令用于任免国家主要领导人,如温家宝任总理的命令。

(四)命令的格式与写法

1. 标题

(1)由发文机关、事由、文种三部分组成,如《国务院、中央军委关于授予钱学森同志"国家杰出贡献科学家"荣誉称号的命令》。

(2)由发文机关和文种组成,如《中华人民共和国主席令》、《中华人民共和国国务院令》。此种方法经常使用。

2. 编号

国家政府颁发的命令不使用一般公文的发文字号,而是从任职开始,按照颁发命令的顺序编号,可跨年度,直到他们任职期满为止。如2002年3月,第十届全国人民代表大会选举胡锦涛为中华人民共和国主席,2002年3月16日颁发第一号主席令,任命温家宝为中华人民共和国国务院总理,主席令的编号从他当选国家主席颁发命令开始,不承接前任主席发布命令的编号。

3. 正文

(1)公布令:公布行政法规和规章,主体部分只写发布什么法规、何时开始实行就可以。

(2)行政令:措施要写得明确、具体,便于执行。

（3）嘉奖令：首先要写清楚嘉奖的缘由，即受奖者的先进事迹；其次要写清嘉奖的目的和内容，即"授予什么"；第三要写清对受奖者的勉励和要求，号召大家来学习。

4. 生效标识

命令必须签署才能生效，署名可以是发文机关，也可以是发文机关的首脑（此种签署应在姓名前注明职务）。

5. 日期

此日期不是发文日期，而是签署日期。

【范例1】

中华人民共和国国务院令

第648号

现公布《国务院关于废止和修改部分行政法规的决定》，自2014年3月1日起施行。

总理　李克强

2014年2月19日

国务院关于废止和修改部分
行政法规的决定

为了运用法治方式推进政府职能转变，进一步放宽市场主体准入条件，激发社会投资活力，依据2013年12月28日第十二届全国人民代表大会常务委员会第六次会议通过的修改公司法的决定，落实《注册资本登记制度改革方案》关于注册资本实缴登记改为认缴登记、年度检验验照制度改为年度报告公示制度，以及完善信用约束机制的内容，国务院对涉及的行政法规进行了清理。经过清理，国务院决定：

一、对2部行政法规予以废止。（附件1）

二、对8部行政法规的部分条款予以修改。（附件2）

本决定自2014年3月1日起施行。

附件：1. 国务院决定废止的行政法规
　　　2. 国务院决定修改的行政法规

【范例2】

中华人民共和国主席令

第八号

《全国人民代表大会常务委员会关于修改〈中华人民共和国海洋环境保护法〉等七部法律的决定》已由中华人民共和国第十二届全国人民代表大会常务委员会第六次会议于2013年12月28日通过，现予公布。

《全国人民代表大会常务委员会关于修改〈中华人民共和国海洋环境保护法〉等七部法律的决定》对《中华人民共和国海洋环境保护法》、《中华人民共和国药品管理法》、《中华人民共和国计量法》、《中华人民共和国渔业法》、《中华人民共和国海关法》、《中华人民共和国烟草专卖法》所作的修改,自公布之日起施行;对《中华人民共和国公司法》所作的修改,自 2014 年 3 月 1 日起施行。

中华人民共和国主席　习近平
2013 年 12 月 28 日

【范例 3】

关于授予"八一"军事五项队"英雄军事五项队"荣誉称号的嘉奖令

"八一"军事五项队组建于 1980 年,担负着参加国际军事体育比赛、展示我军形象和实力的特殊任务。20 年来,全队官兵牢记党中央、中央军委的重托,不负祖国人民和全军官兵的期望,怀着扬我国威军威的神圣使命感,以不畏强手、勇夺第一的拼搏精神,历尽千辛万苦,克服重重困难,挑战生命极限,在世界军事五项大赛中取得了辉煌战绩,先后夺得 42 个世界冠军,63 人次打破世界纪录。特别是在去年 8 月举行的第四十八届军事五项世界锦标赛上,他们以过硬的思想作风、高超的军事技能和压倒一切的英雄气概,包揽了男女团体和个人 4 枚金牌,打破 5 项世界纪录,实现了男子团体"六连冠"和女子个人"五连冠",充分展示了我军威武之师、文明之师、胜利之师的良好形象,为国家和军队赢得了崇高荣誉。

为表彰他们的业绩,中央军委决定授予"八一"军事五项队"英雄军事五项队"荣誉称号。号召全军和武警部队特别是文化体育战线的官兵,都要向他们学习。学习他们视祖国荣誉高于一切,乐于吃苦,甘愿奉献的优秀品质;学习他们不怕困难,不畏强手,一往无前的英雄气概;学习他们瞄准世界一流,坚持改革创新,不断超越自我的进取精神;学习他们严守纪律,顾全大局,团结拼搏的优良作风。广大官兵要以他们为榜样,更加紧密地团结在党中央周围,高举邓小平理论伟大旗帜,努力学习实践"三个代表"重要思想,高标准落实军队建设"五句话"总要求,为推进我军革命化、现代化、正规化建设而努力奋斗!

中央军委主席　江泽民
二〇〇一年×月×日

【范例 4】

中华人民共和国主席令
第二号

根据中华人民共和国第十二届全国人民代表大会第一次会议的决定:

任命张高丽、刘延东(女)、汪洋、马凯为国务院副总理;

任命杨晶(蒙古族)、常万全、杨洁篪、郭声琨、王勇为国务委员;

任命杨晶(蒙古族,兼)为国务院秘书长;

任命王毅为外交部部长;

任命常万全(兼)为国防部部长;

任命徐绍史为国家发展和改革委员会主任;

任命袁贵仁为教育部部长;

任命万钢为科学技术部部长；
任命苗圩为工业和信息化部部长；
任命王正伟(回族)为国家民族事务委员会主任；
任命郭声琨(兼)为公安部部长；
任命耿惠昌为国家安全部部长；
任命黄树贤为监察部部长；
任命李立国为民政部部长；
任命吴爱英(女)为司法部部长；
任命楼继伟为财政部部长；
任命尹蔚民为人力资源和社会保障部部长；
任命姜大明为国土资源部部长；
任命周生贤为环境保护部部长；
任命姜伟新为住房和城乡建设部部长；
任命杨传堂为交通运输部部长；
任命陈雷为水利部部长；
任命韩长赋为农业部部长；
任命高虎城为商务部部长；
任命蔡武为文化部部长；
任命李斌(女)为国家卫生和计划生育委员会主任；
任命周小川为中国人民银行行长；
任命刘家义为审计署审计长。

中华人民共和国主席　习近平
2013 年 3 月 16 日

第三节　公报和公告

一、公报

(一)公报的含义

公报是党政机关使用的公布性文件的一种,是用于公开发布重大事件或重要事项的公文文种。

公报是周知性公文,经常在报刊、广播、电视、互联网上发布,是党和政府正式发布的"官方"的报道。它的作用是能将党和政府以及人民团体的重大事件或决定事项,详细具体、迅速广泛地传递到国内外。

（二）公报的分类

公报一般有会议公报、新闻公报、联合公报和事项公报四种。

1. 会议公报

会议公报报道会议或会谈情况，有单发的，也有会谈联发的。

2. 新闻公报

新闻公报是以新闻的形式将重大事件向国内外公布的文件。

3. 联合公报

联合公报是国家之间、政府之间、政党之间双方联合签署发布的文件。

4. 事项公报

事项公报只写工作进展、事实、数据的总结，如人口普查的结果、国民经济阶段情况或专题情况等。

（三）公报的特点

公报具有权威性、指导性和新闻性。

（四）公报的格式与写法

1. 标题和成文时间

（1）公报的标题常见的有三种形式：一种只写文种；第二种由会议名称和文种构成；第三种是联合公报，由发表公报的双方或多方国家的简称、事由、文种构成。

（2）公报的成文时间：用括号在标题之下正中位置注明公报发布的年、月、日。

2. 正文

（1）开头。开头即前言部分。事件性公报要求用最鲜明、最精炼的语言概述事件的核心内容，即何时、何地、发生了什么重大事件；会议性公报要求概述会议的名称、时间、地点、参加人员等；联合公报要求概述公报的来由，即在何时、何地、谁与谁举行了什么会谈或谁对谁进行了什么性质的访问等。

（2）主体。主体是公报的核心内容，要求把公报的内容完整、系统、有序地表达清楚。常见的有三种形式：一种是分段式，即每段说明一层意思或一项决定；第二种是序号式，多用于内容复杂、问题头绪较多的公报；第三种是条款式，多用于联合公报。

2. 结尾

事件性公报和会议性公报一般没有结尾；联合公报要在正文之后写明双方签署人的身份、姓名、年、月、日，并写明签署地点。

【范例1】

中法联合新闻公报——
共建和平、民主、繁荣、进步的世界（全文）

新华网北京4月25日电 中法联合新闻公报——共建和平、民主、繁荣、进步的世界

应中华人民共和国主席习近平邀请，法兰西共和国总统弗朗索瓦·奥朗德于2013年4月25日至26日对中华人民共和国进行国事访问。两国元首就双边关系和重大国际问题深入交换了意见，达成重要共识。

一、双方一致认为，随着全球化进程加速，人类社会正在发生前所未有的深刻变化，各国命运紧密相连。中法两国高度重视社会发展进步，共同期待和平发展、互利合作和国际关系民主化。两国元首重申中法两国在当今世界负有重要责任，双方有必要保持并深化在重大国际问题和地区热点问题上的协商，加强配合，共同应对恐怖主义、大规模杀伤性武器扩散、粮食安全、气候变化等重大全球性挑战。

中法两国同为联合国安理会常任理事国，决心根据《联合国宪章》的宗旨和原则，为国际和平与安全及发展事业做出积极贡献。两国均致力于推动多边主义和建设多极化世界，推动国际秩序向着更加平等均衡的方向发展，推动通过平等协商集体制定国际规则，推动通过对话解决国际争端。双方愿就全球治理改革加强协调与合作。

双方重申重视加强二十国集团作为国际经济合作主要论坛的职能，致力于促进全球经济强劲、可持续和平衡增长，扩展市场，反对各种形式的保护主义。双方愿就二十国集团框架下事务加强合作。双方希望创造开放并基于公平规则的贸易环境，将加强在知识产权保护和执法方面的合作。法方欢迎中方就加入世贸组织《政府采购协定》作出努力。两国支持对国际货币基金组织进行改革，认为必须尽快落实2010份额和治理改革方案。双方强调支持加强金融监督和监管方面的努力，支持国际金融和货币体系改革。两国同意在发展问题上加强合作，重申支持实现千年发展目标，愿为支持发展中国家特别是非洲的发展作出努力。

二、两国元首重申高度重视中法关系，强调中法关系至关重要，是两个不同社会制度和文化传统国家间和平共处、互利合作、共同发展的典范。双方愿以战略高度和长远眼光，继续本着稳定、互相尊重和互利原则推动两国关系发展。

双方重申相互尊重对方主权和领土完整，尊重对方核心利益和自主选择发展道路。法方重申坚持一个中国政策。

两国元首决定深化政治和战略互信，延续元首年度会晤机制，加强战略对话，为在各领域进一步深化中法新型全面战略伙伴关系注入新活力。

两国元首强调将本着互利和共同发展原则加强经贸合作，强调推动能够长期促进经济增长和就业的投资的重要性和为对方国家投资提供透明有利的环境的必要性。两国元首同意加强中法在经济和财金问题上的合作，决定建立高级别经济财金对话机制。

两国元首高度评价双方30年来"工业合作"与"科技合作"并举，在和平利用核能领域开

展了积极合作。两国元首重申中法民用核能合作伙伴关系的全面性和可持续性,对两国政府及企业签署重要协议表示高兴,满意地注意到台山一号、二号两台 EPR 机组建设开展顺利,希望在遵循经济性、可靠性、安全性和环保的最高标准基础上继续合作:一是确保台山核电项目两台机组按期建成投产;二是两国企业联合开发可靠和有竞争力的新型三代反应堆;三是通过开展海外天然铀开发以及乏燃料后处理再循环等方面的合作,加强燃料循环合作;四是将核安全合作作为此伙伴关系的第四支柱。两国元首支持在 2013 年举办核能合作 30 周年庆祝活动。

双方强调两国在民用航空和航空工业领域的合作互利互惠,合作前景广阔。双方认为,两国企业在航空领域,特别是通过天津空客 A320 总装厂、哈飞空客复合材料制造中心、法国企业参与中国商用大飞机 C919 项目和民用直升机及发动机合作项目开展的工业合作,具有重大意义。双方愿继续加强在这一领域的联合研发、联合投资和联合生产合作。双方对两国民航主管部门的交流与合作感到满意,并愿进一步加强在民航技术领域的合作。

双方同意扩大在铁路、现代农业、食品加工、工业节能、新能源、城市可持续发展、卫生和数字化领域的合作。双方将加强双边社会保险协定谈判,支持两国中小企业的交流并提供便利。

两国元首强调通过密切人文交流,增进两国人民相互了解和理解十分重要。双方应深化在文化、教育、大学、科技等领域的合作,提升创新能力和竞争力水平,加强在文化遗产保护开发以及防范和打击当前文物走私领域的交流与合作。双方表示愿在两国推广汉语和法语。

双方强调根据《联合国宪章》的宗旨和原则促进和保护人权和基本自由对于各国发展的重要性。双方重申在平等和相互尊重的基础上继续开展中欧人权对话与交流具有重要意义。

两国元首一致认为,中欧都是国际舞台上具有重要影响的战略力量,是推动世界和平、繁荣与稳定,共同反对保护主义,应对全球性挑战的重要合作伙伴。双方愿共同努力,提升 21 世纪相互尊重、合作共赢的中欧关系的国际影响力。

两国元首同意于 2014 年举行隆重活动,庆祝中华人民共和国和法兰西共和国建交 50 周年这一富有象征意义且体现中法关系示范性的历史事件。双方认为,庆祝活动将为中法全面战略伙伴关系注入新活力,为提升两国关系的稳定性、连续性、建设性和创新性提供契机。

二〇一三年四月二十五日于北京

【范例2】

中国共产党第十八届中央纪律检查委员会第三次全体会议公报

(2014 年 1 月 15 日中国共产党第十八届中央纪律检查委员会第三次全体会议通过)

中国共产党第十八届中央纪律检查委员会第三次全体会议,于 2014 年 1 月 13 日至 15 日上午在北京举行。出席会议的中央纪委委员 128 人,列席 299 人。

中共中央总书记、国家主席、中央军委主席习近平出席全会并发表重要讲话。李克强、张德江、俞正声、刘云山、王岐山、张高丽等党和国家领导人出席会议。

这次全会的主要任务是:高举中国特色社会主义伟大旗帜,以邓小平理论、"三个代表"重要思想、科学发展观为指导,深入贯彻党的十八大和十八届二中、三中全会精神,回顾总结2013年党风廉政建设和反腐败工作,研究部署2014年任务。全会由中央纪律检查委员会常务委员会主持,审议通过了王岐山同志代表中央纪委常委会所作的《聚焦中心任务,创新体制机制,深入推进党风廉政建设和反腐败斗争》的工作报告。

……

全会增选杨晓渡同志为中共中央纪律检查委员会常务委员会委员、副书记。

全会号召,全党要在以习近平同志为总书记的党中央坚强领导下,高举中国特色社会主义伟大旗帜,坚定信心,改革创新,锐意进取,不断开创党风廉政建设和反腐败斗争新局面,为实现两个百年奋斗目标和中华民族伟大复兴的中国梦作出新的更大贡献!

【范例3】

2010年第六次全国人口普查主要数据公报[1](第2号)
中华人民共和国国家统计局
2011年4月29日

现将2010年第六次全国人口普查分地区的常住人口[2]有关数据公布如下:

地 区	人口数（人）	比重[4](%) 2000年	比重[4](%) 2010年
全国合计[3]	1 339 724 852	100	100
北京市	19 612 368	1.09	1.46
天津市	12 938 224	0.79	0.97
河北省	71 854 202	5.33	5.36
山西省	35 712 111	2.60	2.67
内蒙古自治区	24 706 321	1.88	1.84
辽宁省	43 746 323	3.35	3.27
吉林省	27 462 297	2.16	2.05
黑龙江省	38 312 224	2.91	2.86
上海市	23 019 148	1.32	1.72
江苏省	78 659 903	5.88	5.87
浙江省	54 426 891	3.69	4.06
安徽省	59 500 510	4.73	4.44
福建省	36 894 216	2.74	2.75
江西省	44 567 475	3.27	3.33

续表

地 区	人口数（人）	比重[4]（%）	
		2000年	2010年
山东省	95 793 065	7.17	7.15
河南省	94 023 567	7.31	7.02
湖北省	57 237 740	4.76	4.27
湖南省	65 683 722	5.09	4.90
广东省	104 303 132	6.83	7.79
广西壮族自治区	46 026 629	3.55	3.44
海南省	8 671 518	0.62	0.65
重庆市	28 846 170	2.44	2.15
四川省	80 418 200	6.58	6.00
贵州省	34 746 468	2.78	2.59
云南省	45 966 239	3.39	3.43
西藏自治区	3 002 166	0.21	0.22
陕西省	37 327 378	2.85	2.79
甘肃省	25 575 254	2.02	1.91
青海省	5 626 722	0.41	0.42
宁夏回族自治区	6 301 350	0.44	0.47
新疆维吾尔自治区	21 813 334	1.52	1.63
现役军人	2 300 000		
难以确定常住地	4 649 985		

注释：

[1]本公报中数据均为初步汇总数。

[2]常住人口包括：居住在本乡镇街道且户口在本乡镇街道或户口待定的人；居住在本乡镇街道且离开户口登记地所在的乡镇街道半年以上的人；户口在本乡镇街道且外出不满半年或在境外工作学习的人。"境外"是指我国海关关境以外。

[3]本表全国合计不包括香港特别行政区、澳门特别行政区和台湾地区的人口数。

[4]指各省、自治区、直辖市的常住人口占全国合计常住人口（包括现役军人和难以确定常住地的人口）的比重。

二、公告

(一)公告的含义
公告是适用于向国内外宣布重要事项或者法定事项的一种公文。

(二)公告的特点

1. 告知范围广

公告不仅让全国人民知道,还要向全世界公开宣布,一般公开在报纸、电台、电视台等媒体发布。

2. 告知的事件重大

公布的事件都十分重大,如国家领导人的选举结果、国家领导人重大的外事活动、颁布重要法规等。

(三)公告的格式与写法

1. 标题

公告的标题一般有四种格式与写法。

(1)由发文机关、事由和文种组成,如《中共中央、全国人大常委会、国务院关于宋庆龄副委员长病情的公告》。

(2)由发文机关和文种组成,如《中华人民共和国全国人民代表大会公告》。

(3)由事由和文种组成,如《房屋拆迁公告》。

(4)只用文种构成标题,如《公告》。

2. 正文

公告的正文一般分为两个层次:一是公告的依据和缘由;二是公告的具体事项。结尾处可以自然结尾,也可以用常用语"特此公告"来结尾。

3. 生效标识

在正文的右下方写发布公告机关的全称,有的公告在标题中已经写明发文机关,可不再写。

4. 日期

公告的日期有两种写法:一是写在标题下面,用括号括起来;二是在落款的下面,右边空4个字。

【范例1】

人力资源和社会保障部取消有关行政审批事项公告

《国务院关于取消和下放一批行政审批项目等事项的决定》(国发〔2013〕19号)取消人力资源社会保障部1项行政审批,即:举办全国性人才交流会审批;取消3项评比、达标、表彰项目,即:全国农村优秀人才评选(并入全国杰出创业技术人才评选)、留学人员创业园评估、劳动保障监察"两网化"管理标准执行情况评估。

现予以公告。

人事司
2013 年 7 月 22 日

【范例 2】

中华人民共和国全国人民代表大会公告
第二号

第十二届全国人民代表大会第一次会议于 2013 年 3 月 14 日选举：

习近平为中华人民共和国主席；

李源潮为中华人民共和国副主席。

现予公告。

中华人民共和国第十二届全国
人民代表大会第一次会议主席团
2013 年 3 月 14 日于北京

第四节 通 告

一、通告的含义

通告是党政机关、社会团体或企事业单位在一定范围内公布给社会各有关方面应当遵守或者周知事项时使用的周知性文件。

二、通告的特点

1. 限定性

通告是向有关范围和个人公布的文件,在这个范围内有行政的约束作用。

2. 针对性

通告是针对某一部门、某一方面的工作或某一项业务而制发的,因此有很强的针对性。

3. 广泛性

通告除国家机关可以使用外,企事业单位、社会团体也可以使用。

三、通告的格式与写法

（一）标题

通告的标题写法与公告基本相同,可参照公告的写作方法。因为是发布性公文,所以不需要主送单位。

(二)正文

通告的正文由三个层次组成:一是通告的依据或缘由,然后用"现通告如下"、"特通告如下"等过渡语导出下文;二是写通告的具体事项,可以分条列项地来写;三是结尾,可以提出要求,也可以使用"特此通告"等常用语来结尾。

(三)生效标识

与公告相同,可参照公告的写法。

(四)日期

在落款下写清发文的日期,右边空4个字。

四、公告与通告的区别

(一)适用范围不同

公告是向国内外宣告,范围大,宣告的媒体渠道是《人民日报》、中央人民广播电台、中央电视台等国家级媒体;通告是向国内或局部地区宣告,范围小,宣告的媒体渠道是地方报纸、广播电台、电视台等。

(二)发文机关级别不同

公告发布的是重大事项,因此发文机关通常是国家领导机关;通告的发文机关是各级政府及其职能机关、企事业单位、社会团体等。

【范例1】

**关于海淀区上地东路部分路段
施工期间禁止机动车通行的通告**

经有关部门批准,海淀区上地东路部分路段将进行桥梁吊装施工。为保证施工期间的道路交通安全与畅通,根据《中华人民共和国道路交通安全法》及《中华人民共和国道路交通安全法实施条例》的有关规定,决定自2014年3月28日起至2014年3月30日止,每天0时至5时,海淀区上地东路由上地十街至上地八街段禁止机动车通行。机动车可绕行上地十街、创业北路、上地西街、上地八街。

特此通告。

北京市公安局公安交通管理局
2014年3月11日

【范例2】

**重庆市公安局交通管理局关于对
主城区载货汽车实施通行证管理的通告**

按照市政府统一部署,为进一步规范主城区载货汽车通行秩序,保障交通安全,提高主城道路交通运行效率,提倡货车错峰出行、夜间运输,根据《中华人民共和国道路交通安全法》之规定,现就主城区载货汽车通行证管理相关事项通告如下:

一、自2014年4月1日起,对注册登记地址在主城区(不含北碚区)的三轴以下载货汽车核发货运车辆通行证,通行证分黄、红、绿(A、B)三种颜色,持证车辆按照通行证规定的时间、线路进行通行。

(一)对核定载质量1吨以下的轻型载货汽车核发黄色通行证。

(二)对核定载质量1吨(含)以上的载货汽车核发红色通行证。

(三)对长期从事鲜活物品(菜篮子)、成品油、粮油、急救药品、医疗废物、邮政等享受绿色通道政策的物品以及其他特殊物品运输的载货汽车核发绿色通行证。

(四)"黄标车"不予发放通行证。

(五)从事市政、照明、环卫设施维护、道路清扫保洁、绿化维护以及工程抢险、道路救援的制式车辆和专项作业车辆无需办理通行证,但根据其作业需求,由公安机关交通管理部门指定时间和线路通行。

(六)2014年3月21日零时之后注册登记(含转移登记)的载货汽车不予办理通行证;已申领通行证的车辆因报废或其他正当理由变更的,可以申请更换通行证。

二、黄色、红色、绿色通行证实行1车1证,有效期不超过1年,每年3月1日起换发当年通行证,换发期间原通行证仍然有效,但使用期限最长不超过1个月;车辆所有人按照以下程序和要求申请办理相应通行证:

(一)需办理通行证的车辆所有人向公安机关交通管理部门提出书面申请并提供行驶证原件及复印件,公安机关交通管理部门自受理申请之日起5个工作日内,对符合申领条件的,应当发放相应的货车通行证,并做好相关记录;对不符合申领条件的,应当说明理由。

(二)办理黄色或红色通行证的,向车辆登记地辖区交巡警支队提出申请(注册登记地址行政区划为渝北区,但所在区域属北部新区的,可在北部新区交巡警支队办理)。

(三)办理绿色通行证的,向重庆市公安局交通管理局勤务秩序支队提出申请。

三、自2014年4月1日起,对重点建设项目施工车辆、大型企、事业单位生产经营必需品运输车辆以及其他需要临时通行的不符合黄色、红色、绿色通行证发放条件的载货汽车,核发白色通行证(临时通行证),白色通行证有效期原则上不超过1个月。车辆所有人按照以下程序和要求申请办理白色通行证:

(一)需办理通行证的车辆所有人向公安机关交通管理部门提出书面申请并提供行驶证原件及复印件,公安机关交通管理部门自受理申请之日起5个工作日内,对符合申领条件的,应当发放相应的货车通行证,并做好相关记录;对不符合申领条件的,应当说明理由。

(二)办理只在某一行政区内通行的白色通行证的,向该行政区所属交巡警支队提出申请。

(三)办理临时跨区通行的白色通行证的,向重庆市公安局交通管理局勤务秩序支队提出申请。

四、2014年4月1日起,所有符合通行证发放条件的载货汽车所有人,可以向公安机关交通管理部门申请办理货车通行证,现有各类货车通行证在2014年5月1日前继续有效(含2005年度货车A、B、C类通行证及各类专用运输车辆通行证)。

五、对于下列已经设立禁令标志的路段,载货汽车应当严格按照标志要求,不得通行或在指定时段通行:

(一)即日起,全天24小时禁止所有载货汽车驶入机场路原人和收费站—双凤桥立交路段。

(二)即日起,全天24小时禁止所有核定载质量1吨(含)以上的载货汽车驶入金开大道翠云立交—古木峰立交路段。

(三)自2014年4月1日起,全天24小时禁止半挂车、全挂车以及车身长度超过18米的重型载货汽车驶入渝中区的所有道路,江北区观音桥环道及其以内道路、建新南路、建新北路、建新东路、建新西路,南岸区南坪商圈环道(南坪东路女子医院路口至原南坪转盘路段—南坪西路原南坪转盘至万寿路上口路段—万寿路—南城大道万寿路下口至协信城路段—响水路)及其以内道路、江南大道、石板坡长江大桥。

(四)自2014年4月1日起,每天7:00—21:00,禁止所有外埠载货汽车、注册登记地址在主城区以外(含北碚区)的本埠载货汽车以及注册登记地址在主城区的三轴(含)以上载货汽车等未持有有效通行凭证的载货汽车在以下区域通行:内环快速路江南立交—东环立交—北环立交—西环立交—二郎立交—快速路"四横线"(二郎立交—陈家坪—龙腾大道—鹅公岩大桥—海峡路—四公里立交)及以内的道路,内环快速路江南立交—茶园立交、高滩岩立交—学堂堡立交、华岩立交至西环立交(单向)以及江北区、九龙坡区、南岸区、渝北区、北部新区、大渡口区的部分核心干道。

(五)本通告中未涉及的载货汽车其他限行路段通行规定,以实际道路交通禁令标志为准。

六、对违反本通告的行为人,公安机关交通管理部门将依据《中华人民共和国道路交通安全法》第三十八条及第九十条的规定进行处罚,并依据《机动车驾驶证申领和使用规定》(公安部令第123号)实施记分管理;阻碍国家机关工作人员依法执行职务的,将按《中华人民共和国治安管理处罚法》的规定处理,构成犯罪的,依法追究刑事责任。

七、本通告所指载货汽车包括:微型、轻型、中型、重型货车、挂车、三轮汽车、低速货车、轮式专用机械车及专项作业车。

八、本通告自2014年4月1日起施行。

特此通告。

重庆市公安局交通管理局
2014年3月21日

第五节 通知和通报

一、通知

(一) 通知的含义

通知是适用于批转下级机关的公文、转发上级机关和不相隶属机关的公文、传达要求下级机关办理和需要有关单位周知或者执行的事项、任免人员的一种公务文书。

(二) 通知的种类

通知可以分为批转性通知、转发性通知、传达性通知和任免通知。

1. 批转性通知

批转性通知是用于批转下级机关的公文,即上级机关对下级机关的来文加以批示后,再转发到下属各单位参考执行的发文。如《北京市人民政府批转市国土房管局关于加强国有土地资产管理建立土地储备制度的意见的通知》。

2. 转发性通知

转发性通知是用于转发上级机关和不相隶属机关的公文,即下级机关将上级机关和不相隶属机关的来文再转发给自己的下属机关贯彻执行的发文。如《国务院办公厅转发民政部关于在全国推进城市社区建设的意见的通知》。

3. 传达性通知

(1) 印发或颁发规章制度。如《中共中央关于印发中国共产党党内监督条例(试行)的通知》。

(2) 要求下级机关办理或知晓事项。如《关于印发1999年邮政年度报表和2000年邮政定期统计报表制度的通知》。

(3) 用会议通知使与会人员按规定出席会议。如《海南省人民政府办公厅关于召开全省物价专业会议的通知》。

4. 任免通知

任免通知是各级行政机关用于任命或者免去有关人员职务时使用的。如《关于谭小为等四人任职的通知》。

(三) 通知的格式与写法

1. 标题

(1) 通知的标题一般有两种写法:

① 由发文机关、事由和文种组成,如《国务院关于公布第四批全国重点文物保护单位的通

知》。

②由事由和文种组成,如《关于开展向最美女教师张莉丽学习的通知》。

(2)不同种类通知的不同写法:

①批转和转发类:在批转、转发性通知的标题内含有一个被批转或转发的公文的小标题,这个小标题作为大标题的事由部分出现,如果这个被批转或转发的文件是通知,要省略第一个"关于"和最后一个"通知",如果被批转和转发的文件不是通知,则省略第一个"关于"即可。如《国务院办公厅关于转发〈民政部关于在全国推进城市社区建设的通知〉的通知》,应该更正为《国务院办公厅转发民政部关于在全国推进城市社区建设的通知》。再如《北京市人民政府关于批转市国土房管局〈关于加强国有土地资产管理建立土地储备制度的意见〉的通知》,应更正为《北京市人民政府批转市国土房管局关于加强国有土地资产管理建立土地储备制度的意见的通知》。

②会议通知的标题要包括会议的名称,如《关于召开黑龙江省第九届人民代表大会第七次会议的通知》。

③任免通知的标题要写出职务任免人员的姓名,如《黑龙江省人民政府关于××等同志任免的通知》。

2. **主送单位**

通知的主送单位是发文机关的下属机关。

3. **正文**

正文一般由通知缘由、通知事项、执行要求或结束语三部分组成。

(1)批转性通知。批转性通知正文一般由三个部分组成:一是表明对批转文件的态度;二是写明通知事项的意义;三是提出执行希望和要求。

(2)转发性通知。转发性通知与批转性通知基本相同,但是也可以加入本机关的意见,或加入对下级机关的具体要求。

(3)传达性通知。传达性通知要重点写清传达的事项,如果事项较多可分条列项地写,以便知晓和执行。

(4)任免通知。任免通知要写清被任免人员的姓名、职务、任免期限。

结尾处一般使用常用语"特此通知"、"希周知"、"请按此执行",如果前方和主体之间有过渡语"特做如下通知",则可自然结尾,不用使用常用语。

4. **生效标识与成文日期**

正文右下角处写发文机关全称、成文日期(右空4个字),加盖公章。

【范例1】

北京市人民政府批转市国土房管局
《关于加强国有土地资产管理建立土地储备制度的意见》的通知

京政发[2012]4号

各区、县人民政府各委、办、局、各市属机构：

  市国土房管局《关于加强国有土地资产管理建立土地储备制度的意见》已经第120次市长会议讨论通过，现批转给你们，请认真贯彻执行。

北京市人民政府
二〇一二年一月三十一日

【范例2】

国务院办公厅
转发《民政部关于在全国推进城市社区建设的意见》的通知

各省、自治区、直辖市人民政府，国务院各部委、各直属机构：

  《民政部关于在全国推进城市社区建设的意见》经国务院研究同意，现转发给你们，要求各地区、各部门结合实际情况，认真贯彻执行。

  大力推进城市社区建设，是新形势下坚持党的群众路线、做好群众工作和加强基层政权建设的重要内容，是面向新世纪我国城市现代化建设的重要途径。切实加强城市社区建设，对于促进经济和社会协调发展，提高人民的生活水平和生活质量，扩大基层民主，维护社会稳定，推动城市改革与发展，具有十分重要的意义。各级党委和政府要高度重视城市社区建设，将社区建设工作摆上重要议事日程，切实帮助解决城市社区建设中的困难和问题。政府各有关部门和人民团体要充分发挥各自的作用，共同推动城市社区建设向前发展。

国务院办公厅
二〇一〇年十二月×日

【范例3】

关于印发2012年邮政年度报表
和2013年邮政定期统计报表制度的通知

国邮[2012]660号

各省、自治区、直辖市邮政局，局相关直属单位：

  现将《2012年邮政年度报表制度》和《2013年邮政定期统计报表制度》发给你们，请认真贯彻执行。现将有关事项通知如下：

  一、本次年报制度，为国家邮政局首次报送，为保证基础数据的质量，请各单位认真组织落实报表的填报工作，各级领导对此要给予足够的重视，保证人员及设备的落实。

  二、本制度由各省、自治区、直辖市邮政局统计部门负责布置，各单位应按制度要求认真组织落实报表的填写及上报工作。

  三、根据《邮政统计工作管理制度》的有关规定，除本文所附制度之外，国家邮政局各部门及直属单位不得再行下发定期报表。如需进行临时调查,需到统计归口管理部门备案并给予临时表号后,方可布置填报。

四、各单位对无统一表号的报表,不得填报。

五、此前所发文件对有关统计指标的说明及规定,与本文所附制度不一致的,以本制度为准。

国家邮政局
二〇一二年九月七日

【范例4】

关于聂××等同志的任免通知

经2011年6月23日校科级干部任免工作小组会议讨论同意,决定:

聂××任法学院团委书记(正科级);

肖×任基础教育学院理学与材料学部副主任(正科级);

李××任对外工作委员会专职秘书(正科级);

杜××任科学技术研究院正科级干部;

杨××任教务处综合科科长;

明××任教务处教研科科长;

张×任教务处教务科科长;

张××任教务处质量科科长;

于××任教务处本科生国际教育办公室主任(正科级);

施×任人事处高层次人才办公室正科级干部;

王××任人事处劳动工资科科长;免去其人事处高层次人才办公室正科级干部职务;

张×任人事处劳动工资科副科长;

李××任基建处综合科科长;

吴××任基建处施工管理科科长;

程××任基建处工程计划管理科科长;免去其基建处工程计划管理科副科长职务;

包××任基建处合同预算管理科科长;免去其基建处合同预算管理科副科长职务;

王××任基建处综合科副科长;免去其基建处施工管理科副科长职务;

周××任基建处合同预算管理科副科长;

陈××任基建处施工管理科副科长。

根据学校印发的《关于公布学校科级机构和科级干部职务的通知》(办发[2009]60号)及《中共××××大学委员会关于科级干部管理办法(试行)的通知》,凡科级干部因机构变动或本人调出原单位,原任职务自然免除,学校不再另行发文。

××××大学党委组织部
二〇一一年六月三十日

二、通报

(一)通报的含义

通报是一种用于表彰先进、批评错误、传达重要精神或者情况的下行公文。

(二)通报的种类

1. 奖惩型

奖惩型通报可分为表彰型通报和批评型通报。表彰型通报用于表彰个人或群体的先进人物,介绍他们的先进事迹,号召大家向他们学习。如《××省人民政府关于表彰二〇〇一年全省"山区建设优秀人才"的通报》。批评型通报用于批评犯了错误的个人或群体,公布他们所犯的错误事实,分析错误原因,号召大家吸取教训。如《关于对少数地方和单位违反国家规定集资问题的通报》。

2. 知照型

知照型通报用于传达上级精神、公布工作情况,使有关方面和有关人员了解情况。如《中共中央办公厅国务院办公厅关于我国加入世界贸易组织有关情况的通报》。

(三)通报的格式与写法

1. 标题

通报的标题一般有两种写法:一是全要素式,即由发文机关、事由和文种组成,如《国务院办公厅关于表彰奖励中国女子足球队的通报》;二是由事由和文种组成,如《关于表彰××同志舍身抢救落水小学生的通报》。

2. 主送机关

与其他文种的写法相同,可参照写作。

3. 正文

不同类型的通报有不同的写法:

(1)表彰型。一般分为三个层次:一是概括先进事迹,写明表彰的缘由;二是提出表彰决定和对被表彰者的希望;三是提出希望和要求,号召大家向先进人物学习。

(2)批评型。一般分为三个层次:一是介绍事故(错误)发生的经过;二是对事故(错误)的原因进行分析,指出危害性和处理办法;三是提出具体措施或要求,告诫其他单位或人员如何引以为戒。

(3)知照型。先介绍工作基本情况,再介绍做法、进展和经验及存在的问题,最后提出希望和要求。

4. 生效标识

通报的生效标识包括发文机关全称、日期,加盖公章。

【范例1】
关于表扬"十一五"国家环境保护科技工作先进集体和先进个人的通报
环发[2012]30号

各省、自治区、直辖市环境保护厅(局),副省级城市环境保护局,解放军环保绿化委员会,新疆生产建设兵团环境保护局,辽河保护区管理局,各派出机构、直属单位,各国家环境保护重点实验室、工程技术中心,各有关单位:

"十一五"期间,各级环境保护部门、各有关科研机构紧密结合国家环境保护中心任务和重点工作,坚持以邓小平理论和"三个代表"重要思想为指导,深入践行科学发展观,贯彻落实《关于增强环境科技创新能力的若干意见》(环发[2006]97号)精神,努力工作,勇于创新,涌现出一批环保科技工作先进集体和个人,推动了环保科技工作长足发展,为国家环境保护事业提供了有力的支撑。

为表扬先进,弘扬正气,鼓励广大环保科技工作者继续发扬崇尚诚信、勤奋敬业、勇于创新的精神,树立当代环境保护科技工作楷模,切实做好"十二五"环保科技各项工作,我部决定对在"十一五"国家环境保护科技工作中做出重要贡献和取得突出业绩的北京市环境保护科学研究院等100个单位或团队、李铁军等176名同志提出表扬(名单见附件)。

希望受到表扬的集体和个人珍惜荣誉,再接再厉,进一步总结经验,做好表率,加快推进环境保护科技进步。广大环保科技工作者要以先进为榜样,开拓进取、创先争优,围绕科学发展主题和加快转变经济发展方式主线,学习贯彻《国务院关于加强环境保护重点工作的意见》(国发[2011]35号)及《环境保护部关于加快完善环保科技标准体系的意见》(环发[2012]20号),持续推进环保科技工作,为推动环境保护历史性转变,探索中国环保新道路,促进社会、经济与环境的和谐发展提供强有力的科技支撑。

附件:1. 先进集体名单
    2. 先进个人名单

环境保护部
二〇一二年三月十九日

【范例2】
关于浙江青团建筑工程有限公司
在工程招投标中存在不良行为的通报

各有关单位:

杭州市城市基础设施建设发展中心办公大楼外墙粉刷工程(01141120131204021)于2013年12月31日公开开标。经评标委员会评审,推荐浙江青团建筑工程有限公司为排名第一的中标候选人,并上网公示。期间,浙江青团建筑工程有限公司提出因项目经理辞职不能到位,愿意放弃中标资格。

浙江青团建筑工程有限公司的行为严重扰乱了正常的招标投标秩序,侵犯了招标人及其他投标人的合法权益,根据《杭州市建筑业现场与市场联动管理办法》(杭政办[2009]4号)和《杭州市建设市场主体信用管理办法》及《建筑市场主体信用记录记分标准》,我委决定对浙江青团建筑工程有限公司进行通报批评,暂停该公司参与政府投资项目投标活动3个月,暂停时间自2014年2月18日至2014年5月17日止,并按规定进行信用扣分,记入企业信用库。

浙江青团建筑工程有限公司及建设市场其他各方主体应以此为诫,加强企业诚信建设,树立诚信意识,严格遵守招标投标纪律,切实维护建设市场秩序。

特此通报。

杭州市城乡建设委员会
2014年2月10日

【范例3】

国家安全监管总局 公安部 交通运输部
关于近期四起重大事故情况的通报
安监总明电[2013]2号

各省、自治区、直辖市及新疆生产建设兵团安全生产监督管理局、公安厅(局)、交通运输厅(局、委):

2013年2月1日至2日,全国接连发生4起重大事故,造成重大人员伤亡。国务院领导同志高度关注,作出重要批示,指出最近一个时期重大交通事故频发,春运高峰已到,加之气候等原因,更增加了道路交通安全风险,有关部门要针对近期事故暴露出的安全隐患和薄弱环节,督促各地区进一步采取措施,排查隐患,严格监管,保障春运安全。为认真吸取事故教训,现将有关情况通报如下:

2月1日9时许,陕西省蒲城县宏盛花炮制造有限公司委托河北省石家庄市凯达运输有限公司一辆号牌为冀A70380的厢式货车(核载5.9吨,实载9.8吨)装运烟花爆竹,在途经河南省境内连霍高速741公里900米处义昌大桥时发生爆炸,致使约80米长的桥面垮塌,多辆车自桥上坠落,造成10人死亡、11人受伤。据初步调查,主要是因为宏盛花炮制造有限公司违法转包、分包、超许可范围生产烟花爆竹,委托不具备相应资质的企业承运烟花爆竹,运输前未取得运输许可,发货前未查验车辆及驾驶人、押运人资质;凯达运输有限公司未取得危险货物运输资质,其驾驶人、押运人未取得相应从业资格,使用非危险货物专用运输车辆承运烟花爆竹。具体原因正在调查之中。

2月1日16时49分,四川省泸州市古蔺县畅通运业有限公司一辆号牌为川E44303的大客车(核载30人,实载30人),自古蔺县城驶往庙林村,行至古蔺县境内省道309线29公里300米一上坡转弯路段时,翻至路右侧斜坡下,造成11人死亡、18人受伤。据初步调查,主要是因为大客车在上坡转弯路段强行超车,失控翻坠路外坡下。具体原因正在调查之中。

2月1日21时30分许,河北省衡水运输集团有限公司一辆号牌为冀T23171的大客车

(核载47人,实载54人),自河北省廊坊市霸州市驶往甘肃省庆阳市宁县,行至宁县境内宁五县乡公路2公里200米一下坡转弯路段时,撞断护栏后翻至路边斜坡下,车辆起火燃烧,造成18人死亡、32人受伤。据初步调查,主要是因为大客车行至下坡急弯路段时超速导致。具体原因正在调查之中。

2月2日7时30分许,贵州省黔东南州运发汽车运输有限公司一辆号牌为贵HA2008的中型客车(核载19人、实载34人),从黔东南州黎平县驶往从江县,行至从江县四银公路5公里800米一长下坡转弯路段时,翻至路边斜坡下,造成12人死亡、22人受伤。据初步调查,主要是因为中型客车擅自改变运营线路,行经未通车验收道路,在长下坡转弯路段超速行驶导致。具体原因正在调查之中。

上述事故的发生,充分暴露出部分企业安全责任制不落实、车辆超载超速严重、驾驶人安全意识淡薄,也暴露出部分地区及其相关部门道路交通安全监督管理存在薄弱环节、"打非治违"工作存在漏洞等突出问题。特别是其中有两起事故涉及农村客运班线,一起涉及山区公路,暴露出农村客运安全问题凸显,亟待加强。

依据有关规定,国务院安委会已对这四起事故查处实行挂牌督办,要求有关地方人民政府在查清事故原因、认定事故性质的基础上,严肃处理相关责任单位和人员,确保按期结案,及时向社会公布查处结果,并跟踪督促事故责任和整改措施的落实。

为进一步加强春运期间安全生产工作,有效防范和坚决遏制类似事故发生,现提出以下要求:

一、坚决落实春运安全工作各项措施

各地区、各有关部门要针对今年春运期间客流特别是农村地区客流增幅大、冰冻雨雪雾霾天气多等特点,严格落实全国安全生产电视电话会议、全国安全生产工作会议和全国春运电视电话会议的相关要求,认真分析研判本地区、本行业春运安全工作的不利因素和春运初期暴露出的苗头性、倾向性问题,提前部署,做实预案,将安全责任制落实到每个企业、每个班组、每个岗位,对存在春运安全隐患的,要立即整改,因整改不到位引发事故的,要严肃追究有关责任单位和责任人的责任。

二、切实加大运输企业安全管理和监督力度

各地区、各有关部门要加强对运输市场秩序的监督管理。严格客运班线和包车客运的源头管理,利用定点检查、动态监控等手段,严查客运班线车辆不按规定路线行驶、营运车辆严重超员超载等违法经营行为;客运场站要严格进站、上车物品检查,严禁易燃易爆物品进站上车;大力推行客运企业安全告知制度,在车辆醒目位置粘贴客运公司、车辆号牌、驾驶员姓名等信息的安全告示,公开举报电话,对群众举报信息要做到件件查处、事事落实;立即组织对运输企业负责人、安全管理员、从业驾驶人开展面对面安全宣传教育,通报近期事故情况和问题,提示、警示驾驶人安全行车,督促运输企业切实落实主体责任。

三、切实加大春运期间农村道路交通安全管控力度各地区、各有关部门要针对今年春运期间农村客流大的特点,迅速提请党委、政府增加春运期间农村地区中短途运力,增设临时停靠站点,并依靠县乡政府和农村基层组织等多方力量,加强对农村客运安全的检查评估,加大农村道路交通管控力度。同时,要强化春节期间农村庙会、民俗和婚庆等活动的源头安全管理,严查客车超员和货车、拖拉机违法载人及酒驾醉驾等春运期间易发多发交通违法行为。要严格按照《国务院关于加强道路交通安全工作的意见》(国发[2012]30号)要求,进一步督促县乡政府落实道路交通安全监管责任,真正形成"县管、乡包、村落实"的工作局面。要对农村地区临水临崖、急弯陡坡等危险路段开展拉网式的隐患排查,因地制宜地采取防范措施,如增设醒目、合理的安全提示、警示标识,设置减速装置,派专人加强看护管理等,坚决遏制和减少客车翻坠事故的发生。

四、切实强化烟花爆竹"打非治违"工作

各地区、各有关部门要按照《国家安全监管总局、公安部关于加强烟花爆竹安全监管和消防安全工作的通知》(安监总管三[2013]9号)要求,切实加强节日期间烟花爆竹安全监管,进一步加大检查排查工作力度,严禁生产、销售超标准超规格烟花爆竹,严禁非法违法运输烟花爆竹,严禁在室内燃放烟花爆竹,严厉打击烟花爆竹生产、经营、运输、燃放等各环节非法违法行为。

五、切实加强督促检查,狠抓措施落实

各地区、各有关部门要加大督导检查力度,领导干部要转变作风,组织力量深入一线开展明察暗访,及时掌握工作措施落实情况,现场办公解决发现的新情况、新问题。要加强区域协作,强化部门联动,建立完善信息互通共享机制,及时将发现的问题通报相关地区、有关部门,联合查纠、联合推动整改。要加大问题曝光力度,充分利用各种媒体,曝光典型事故案例及其暴露出的问题,曝光安全责任不履行、管理措施不到位的地区、部门、企业和违法失职人员,强化社会监督,推动问题整改,确保春运各项工作措施落实到位。

国家安全监管总局
公安部　交通运输部
2013年2月4日

第六节　报告和请示

一、报告

(一) 报告的含义

报告是适用于向上级机关汇报工作、反映情况、答复上级机关询问的文件。

(二) 报告的特点

1. 陈述性

无论是汇报工作还是反映情况,均应以陈述事实为主,在陈述的过程中要注意分清主次,将主要的、重要的事实陈述清楚。

2. 汇报性

向上级机关汇报工作，不能只摆事实，也要体现出汇报者的意见，以便让上级了解下级情况，为正确决策提供依据。

(三)种类

1. 情况性报告

情况性报告目的单一，即向上级机关汇报情况，让上级机关了解事情的发展状况。

2. 答复性报告

答复性报告是用于答复上级询问或交办事项的报告。

3. 呈送性报告

呈送性报告用于下级向上级报送文件、物件。下级机关的非公文的文书，如计划、统计报表、调查报告等，在向上级呈报时一般要用报告，被呈送的文件或物件作为报告的附件。

(四)报告的格式与写法

1. 标题

(1)由发文机关、事由和文种组成，如《关于报送××区企事业单位机构设置情况报表的报告》。

(2)由事由和文种组成，如《关于赴泰国参加"中国邮票展览"开幕式等情况的报告》。

2. 主送机关

报告要送给有直接隶属关系的上级机关，主送机关一般只写一个，如果还需要其他领导部门知晓，应以抄送的形式行文。

3. 正文

报告的正文可分为引据、主体、结尾三个部分。

(1)引据：即写报告的缘由或依据、目的。概括性地交代写报告的原因后，使用过渡语"现将……情况汇报如下"、"现在将情况汇报如下"、"现将……处理情况汇报如下"等导出下文。

(2)主体：

①情况性报告：一是要对所反映的问题或情况做一下概述，二是分析产生问题的原因，最后提出解决问题的意见和办法。

②答复性报告：首先要简要说明上级机关询问的事项或交办的任务，然后介绍处理的办法(措施)及过程，最后阐述处理结果，同时征求上级机关对处理结果的意见。

③呈报性报告：只要写明报送什么文件、物件请查收即可。

④呈转性报告：在汇报情况、提出意见的基础上，请求上级将此报告批转给相关单位遵照执行。

(3)结尾：报告的结尾应在正文末尾写上"特此报告"、"现报上，请查收"、"以上报告，请审阅"等常用语,如果是呈转性报告,可写上"以上报告,如无不妥,请批转有关单位执行"等。常用语要另起一段,单列一行,左边空2个字。

4. 生效标识

报告的生效标识包括发文机关名称、成文日期,加盖公章。

(五)注意事项

(1)报告中不可以写请示事项。

(2)报告要不失时机,一事一报。

【范例】

财政部关于严格财政管理制止乱开减收增支的报告

国务院:

目前经济形势和财政情况是比较好的。但是,要实现今年财政收支基本平衡,任务十分艰巨。这是因为原来列入国家预算的增收节支措施,有的要落空,有的要推迟;中央预备费到2月底已安排完,而各方面要求追加的支出仍然很多。还有一个比较突出的问题,一些部门不经商量,自行下达和上报有关财政税收的规定,减少收入,增加支出,对今年的财政平衡冲击不小,急需引起有关方面的严重注意。

最近,我部抽阅了去年9月至今年2月中央一些部门下达涉及财政收支的13个文件,其中有9个文件,事先未与财政部商量,或者商量了没有同意,而由有关部门直接报请领导机关批准或自行下达的。从内容看,有的自行决定减税免税,有的将非成本开支挤入成本,有的擅自扩大开支,有的甚至对整个企业规定不交税款和利润。这种情况,如果继续发展下去,不仅会增加财政平衡的困难,而且不利于财政税收的统一管理和财政法规的严肃性。

为了发展大好形势,确保今年财政收支的基本平衡,我们对制止乱开减收增支口子的问题,提出如下意见:

(一)建议国务院重申19××年1月26日《关于平衡财政收支、严格财政管理的决定》(国发[19××]114号)中的有关规定:"各部门在制定政策和措施时,涉及减收增支的,要事先商得财政部门同意,然后专门报经审批,不得在其他文件中夹述一笔";税收"必须统一管理,凡有关这方面的规定,统由财政部下达,或者由财政部报经国务院批准下达"。

……

(五)建议国务院各部门在草拟有关经济法规和报告时,凡涉及减收增支和改变现行财政税收制度方面的问题,要事先征得财政部同意。

以上报告,如无不当,请批转各地区、各部门贯彻执行。

财政部
二○××年三月十四日

二、请示

(一)请示的含义

请示是适用于向上级机关请求指示、批准的文件,属于上行公文。

下级机关在职权范围内的工作一般不需要请示,而在权限不够、能力不足、认识不清的情况下才需要请示,其一般分为以下几种情况。

(1)超出本机关职权范围的工作,如果要做,一定要先请求批准,不能擅自做主。

(2)对上级文件精神没领会清楚,或者有不同看法,在贯彻之前要请求上级给予明示。

(3)超出自己的能力范围的工作,要请求上级给予指导与帮助。

(4)超出自己的认识范围,又无章可循的工作,要请求上级给予帮助。

(5)上级机关规定必须请求获准后才能开展的工作,必须按要求请示。

(二)请示的特点

1.时间的超前性

请示一定要在工作开展之前行文,等到上级批复后才能实施,不能边干边请示,更不能先干后请示。

2.内容的单一性

请示必须一事一请,一事一文,不能一个请示写几件事。

3.行文的规定性

《条例》中有明确的规定:请示一般只写一个主送机关,需要同时送其他机关的,应当用抄送形式,但不得抄送其下级机关;报告中不得夹带请示事项;除上级机关负责人直接交办的事项外,不得以机关名义向上级机关负责人报送请示。

4.语言的祈请性

请示是请求上级给予指示或批准的,行文语气带有诚恳的祈请性。

(三) 分类

1.请求指示型

下级机关在工作中遇到自己难以解决的问题,或对上级精神领会不清,需请求上级机关给予解释、指示时可以采用此种请示。

2.请求批准型

请求批准型请示一般分为以下三种情况。

(1)下级机关要办事项的批准权在上级机关手中,要向上级请求批准办这件事。

(2)下级机关靠自身的能力难以办妥,需要上级机关的支持和帮助。

(3)请求上级机关给予思想上或物质上的帮助。

（四）请示的格式与写法

1. 标题

请示的标题分为两种：一是由发文机关、事由和文种组成，如《××学院关于增设新专业的请示》；二是由事由和文种组成，如《关于申请对外承包劳务经营权资格的请示》。

2. 主送机关

请示的主送机关只能写有直接隶属关系的一个上级机关，如果是受双重领导的机关向上级请示，要用抄送的方式将请示抄送给另一个上级机关，主送机关负责答复。请示一般不可越级，如果有特殊情况需要越级请示，要抄送给被越过的上级机关。

3. 正文

请示的正文由请示缘由、请示事项和结束语组成。

（1）请示缘由，即请示的理由和依据，理由多为说明相关情况、做某事的目的和意义等。之后用过渡语"请示如下"、"请示事项如下"、"特请示如下"，后面加冒号，以导出所要请示的事项。

（2）请示事项，即请示的内容，要写得清楚而具体，如果内容较多，可采用分条列项的方法。如果是请求指示的，要具体写出请求的事项；如果是请求批准的，要写明发文机关的解决方案或建议，供上级参考。

（3）结束语，要写得得体，体现出祈请的语气，请求指示性结尾常用语有："请指示"、"请批复"、"当否，请批复"；请求批准性的常用语有："以上当否请批复"、"以上请示如无不当，请批准"；请求批转性的常用语有："以上请示如无不当，请批转有关单位执行"。

4. 生效标识

请示的生效标识包括发文机关全称、成文日期，加盖公章。

（五）注意事项

（1）请示一般不得越级请示。

（2）请示要一文一事，一事一请，不能一文多事。

（3）请示只能主送给一个隶属的上级领导机关，不得送给领导个人。

（4）提出请示事项时，应根据实际情况，对所请示的事项提出意见与方案，供领导参考。

（5）请示与报告不能混用。

（6）请示的语气委婉得体，带有祈请性。

（六）请示与报告的区别

请示与报告均属于陈述性上行文，很容易混淆，需注意区分，正确使用。两者区别如下：

1. 性质不同

请示属于请批性公文，着重说明理由和要求；报告属于陈述性公文，侧重于陈述情况和意见。

2. 行文目的不同

请示是发文机关有求于上级机关，请求上级给予指示、批准或批转，并要求上级机关给予答复；报告则只是为了让上级机关了解情况，不需要答复。

3. 行文时间不同

请示是在工作之前行文，是向上级请示该工作如何做，在上级机关批复之前是不可以开展工作的，否则即为先斩后奏；而报告则是在工作开展之后行文，是向上级汇报工作的结果或工作进展情况。总结成一句话即"事前请示，事后汇报"。

4. 写法不同

请示的内容是单一的，一事一请；报告的内容可多可少。

5. 结尾用语不同

请示的结尾用语是"以上请示当否，请指示"、"以上请示如无不当，请批准"等，而且必须有结尾用语；报告的结尾用语是"特此报告"、"以上报告，请审阅"等，也可以不写。

【范例1】

××省地质勘测大队关于购置冷藏箱的请示

××省地质矿产局：

我们地质勘测大队共有×个常年在偏远山区进行野外作业的作业队，其饮食原料贮藏问题急需解决。这些作业队原来采购食品，由于没有冷藏箱，只能完全靠汽车运输。每年一到作业季节，平均每天出动车辆×辆次，人力×人次，消耗汽油×吨，费用巨大；而且即使如此频繁采购，仍满足不了供应，肉食和蔬菜腐烂变质的情况仍不可避免（以下为统计数字，略）。这不仅严重危害野外作业人员的身体健康，而且给城乡交通增加了负担，造成交通事故隐患（以下为工作人员因食物变质致病的数字和频繁采购导致交通事故的数字，略）。

因此，我们准备从明年起，开始为野外作业队购置一批冷藏箱（型号略），每台需款×元。考虑到一次解决款项太大，我们打算根据各队需要的急缓程度，逐年给予解决。明年拟购置×台，需资金×元。现在我队有××节余款×元，用在此事方面正好合乎规定，但尚缺×元。请局里予以拨款×元。

以上请示当否，请批示。

××省地质勘测大队
二〇〇九年十月八日

【范例2】

关于二〇一二年国债发行工作的请示

国务院：

二〇一二年将发行××亿元国债。其中财政债券××亿元，国库券××亿元，整个发行工作从三月一日开始。为保证这项工作顺利进行，现提出以下意见：

一、发行国债是平衡财政预算，加强国家重点建设的重要措施，各级人民政府要加强领导，采取多样化的发行方式，保证完成今年国债的发行任务。

二、继续贯彻国债优先的原则。在国库券发行期间，除国家投资债券外，其他各种债券一律不得发行。国债以外各种债券的利率不得高于同期国库券的利率。

三、各级人民政府和国务院有关部门要严格做好国库券以外的各种债券发行的审批工作。凡未按上述规定发行债券，各类证券中介机构不得代理发行，各证券交易所也不得批准上市。

以上意见如无不妥，请批转各地区、各部门执行。

财政部
国家计委
中国人民银行
二○一一年十一月二十日

第七节 批 复

一、批复的含义

批复是适用于答复下级机关请示的一种文件，属于下行公文。

二、批复的特点

（一）针对性

批复是针对下级机关的请示做出的答复，下级机关请示什么就答复什么，不得涉及请示以外的事项；应先有请示后有批复，不得无请示而行批复；批复的受文机关即为请示的发文机关。总结成一句话即"有请必复，不请不复，一请一复"。

（二）明确性

对下级单位的请示，上级应态度明确地表示同意或不同意。如果不同意，要说明理由。

（三）权威性

上级的批复一旦下发，下级单位必须遵照执行，不可对批复进行擅自改动。

三、批复的格式与写法

（一）标题

批复的标题可分为以下两种。

（1）发文机关+事由+文种，如《××省教育厅关于××学院创办应用技术学院的批复》《国务院关于大连市城市总体规划的批复》。

（2）事由+文种，如《关于重建何香凝故居问题的答复》。

在撰写事由时,可在"关于"的后面插入一个表态动词"同意"(或"不同意")来表述,如《国务院办公厅关于同意在沈阳市进行经济体制综合改革试点给辽宁省人民政府的批复》、《关于同意设立"科技活动周"的批复》。

(二)主送机关

批复的主送机关即为请示的下级机关。

(三)正文

批复的正文由批复依据、批复内容和结尾三部分组成。

1. 批复依据

通常引用来文(即请示)作为依据,引据的方法有五种:

(1)引据请示的日期,如"1999年10月20日来文收悉"。

(2)引据来文的日期和发文字号,如"1999年10月20日黑综字【1999】56号文件收悉"。

(3)引据来文日期和来文名称,如"1999年10月20日《关于重建何香凝故居的请示》收悉"。

(4)引据来文日期和请示事项,如"1999年10月20日关于重建何香凝故居的请示收悉"。

(5)引据来文名称和发文字号,如"《关于重建何香凝故居的请示》(黑综字【1999】56号)文件收悉"。

引据之后应有过渡语,如"经研究"、"经××同意"、"经××会议决定"、"现就有关问题批复如下"、"现批复如下"、"现答复如下",以引出下文。

2. 批复内容

如果批复的内容相对简单,写成一段即可;如果内容较多,可以分条列项表述。对于下级机关的请示态度一定要明确,并给予具体答复。如果同意下级机关的请示,则明确表态;如果不同意,就说明理由;如果原则上同意,应该提出补充和修改的意见。

3. 结尾

批复的结尾有以下三种。

①结尾可使用常用语"特此批复"、"此复",格式为另起一段空两格,不写句号。

②结尾可对下级机关提出希望和要求。

③写完批复事项后自然结尾。

4. 生效标识

批复的生效标识包括发文机关、发文日期,加盖印章。

【范例1】

关于同意扩大新式邮资凭证使用范围的批复

国邮[××××]327号

北京市邮政管理局:

你局《关于扩大新式邮资凭证使用范围的请示》(京邮[××××]75号)收悉。现批复如下:

一、经研究，同意你局在全局范围内推广使用印刷品称重制签收寄系统，并在出口邮件上贴用新式邮资凭证。

二、推广使用印刷品称重制签收寄系统前，对内要做好职工的操作技能培训和思想教育工作，对外要做好宣传工作，引导用户正确、合理用邮。

三、推广当中，要注意总结经验教训，加强资费管理和监督检查工作，发现问题及时解决，避免取消"邮资已付"戳记后，出现新的资费流失现象。

四、请你局在推广使用印刷品称重制签收寄系统三个月后，将推广使用情况（人员、场地、效益、时限和问题等方面）专题报国家邮政局，以便征求各省意见，统一制订新式邮资凭证的式样。

国家邮政局
××××年×月××日

【范例2】

国务院关于编纂中华大典问题的批复

国发[××××]××号

新闻出版署：

你署××××年×月×日《关于编纂〈中华大典〉及其经费问题的请示》收悉。现批复如下：

一、国务院原则同意你署的《请示》。由于编纂《中华大典》是我国建国以来最大的一项出版工程，内容广泛，编辑周期长，涉及的部门和专业很多，为加强领导和协调工作，要尽快成立《中华大典》编纂出版工作委员会，该工作委员会的办公室由你署牵头组成。

二、关于编纂《中华大典》的经费问题，同意你署与财政部协商的办法。工作委员会要加强对财务工作的领导和监督，办公室要组成财务组，健全财务制度，加强财务管理，使有限的资金尽量发挥作用。

三、要集中一批专家和学者，充分依靠和发挥他们在编纂工作中的积极作用，特别是要得到老一辈有声望的专家和学者的指导和支持，依靠他们把好编辑工作的质量关。

四、各地区、各部门应对这项工作给予支持，团结合作，以国家利益为重，以事业为重，树立全局观念，共同做好《中华大典》的编纂工作。各大专院校、图书馆、研究院所、出版社等单位，要密切配合，发挥社会主义大协作精神，特别是对自身所藏的各类文史资料，只要是编纂工作的需要，都要积极支持并给予优惠服务，要坚决防止"囤积居奇、漫天要价"等庸俗的现象影响编纂工作。

五、其他有关具体事项，待《中华大典》编纂工作委员会成立以后，由该委员会研究、协商。

国务院（公章）
××××年×月×日

第八节 意 见

一、意见的含义

意见是对重要问题提出见解和处理办法的文件。

二、意见的特点

(一)灵活性强

意见既可以作为下行文,即上级机关向下级机关下发的指导性意见,也可以作为上行文,即下级机关向上级机关提出的建设性意见,还可以作为平行文,向同级机关提出参考性意见。

(二)政策性强

意见对工作具有指导作用,经国家机关下发或转发后,下级部门要遵照执行。

三、意见的格式与写法

(一)标题

意见的标题有以下两种写法。

(1)发文机关+事由+文种,如《北京市人事局关于2003年京外院校北京生源毕业生就业工作意见》。

(2)事由+文种,如《关于纠正医药购销中不正之风工作的实施意见》。

(二)主送机关

意见的主送机关是意见的受文机关,也有的意见不写主送机关。

(三)正文

意见的正文由缘由、主体和结尾组成。

(1)缘由:写明行文的目的和根据,主要说明当前存在的问题和解决问题的必要性。

(2)主体:围绕核心问题提出见解、解决的办法和要求,分条列项地作具体说明,做到条理清晰,重点突出。

(3)结尾:要注意切合行文者的身份,上行意见的结尾如果希望上级机关转发此文,应体现出祈请的语气;平行意见的结尾要体现出供其参考、选用的态度。

【范例】

国务院关于加强法治政府建设的意见

国发[2010]33号

各省、自治区、直辖市人民政府,国务院各部委、各直属机构:

2004年3月,国务院发布《全面推进依法行政实施纲要》(以下简称《纲要》),明确提出建设法治政府的奋斗目标。为在新形势下深入贯彻落实依法治国基本方略,全面推进依法行政,进一步加强法治政府建设,现提出以下意见。

一、加强法治政府建设的重要性紧迫性和总体要求

1.加强法治政府建设的重要性紧迫性。(略)

2.加强法治政府建设的总体要求。(略)

二、提高行政机关工作人员特别是领导干部依法行政的意识和能力

3.高度重视行政机关工作人员依法行政意识与能力的培养。(略)

4.推行依法行政情况考察和法律知识测试制度。(略)

5.建立法律知识学习培训长效机制。(略)

三、加强和改进制度建设

6.突出政府立法重点。(略)

7.提高制度建设质量。(略)

8.加强对行政法规、规章和规范性文件的清理。(略)

9.健全规范性文件制定程序。(略)

10.强化规章和规范性文件备案审查。(略)

四、坚持依法科学民主决策

11.规范行政决策程序。(略)

12.完善行政决策风险评估机制。(略)

13.加强重大决策跟踪反馈和责任追究。(略)

五、严格规范公正文明执法

14.严格依法履行职责。(略)

15.完善行政执法体制和机制。(略)

16.规范行政执法行为。(略)

六、全面推进政务公开

17.加大政府信息公开力度。(略)

18.推进办事公开。(略)

19.创新政务公开方式。(略)

七、强化行政监督和问责

20.自觉接受监督。(略)

21. 加强政府内部层级监督和专门监督。(略)
22. 严格行政问责。(略)

八、依法化解社会矛盾纠纷

23. 健全社会矛盾纠纷调解机制。(略)
24. 加强行政复议工作。(略)
25. 做好行政应诉工作。(略)

九、加强组织领导和督促检查

26. 健全推进依法行政的领导体制和机制。(略)
27. 强化行政首长作为推进依法行政第一责任人的责任。(略)
28. 加强法制机构和队伍建设。(略)
29. 营造学法尊法守法的良好社会氛围。(略)

各地区、各部门要把贯彻落实本意见与深入贯彻《纲要》和《国务院关于加强市县政府依法行政的决定》(国发[2008]17号)紧密结合起来,根据实际情况制定今后一个时期加强法治政府建设的工作规划,明确工作任务、具体措施、完成时限和责任主体,确定年度工作重点,扎扎实实地推进依法行政工作,务求法治政府建设不断取得新成效,实现新突破。

国务院
二〇一〇年十月十日

第九节 议 案

一、议案的含义

议案适用于各级人民政府按照法律程序向同级人民代表大会或人民代表大会常务委员会提请审议事项。

议案与提案不同,提案一般由各级政协会议和企事业职工代表大会的出席人或法律、章程上规定的机构或个人提请会议讨论、处理的意见或建议。

二、议案的特点

(一)制发机关的法定性

议案的制发机关只能是各级人民政府,政府的职能部门无权制发。

(二)内容的特定性

人民政府所提议案的内容,必须属于该人民代表大会或常务委员会职权范围内的有关事项。

（三）时效的规定性

各级人民政府的议案，应当而且必须在同级人民代表大会或其常务委员会举行会议规定的限期前提出，否则不能列为议案。超过期限提交的议案一般改作"建议"处理，或移交下次人大会议处理。提交大会审议的议案，必须限期审议表决或提出处理意见。

（四）行文的定向性

议案只能由各级人民政府向同级人民代表大会或其常务委员会行文，不能向其他部门、单位行文；主送机关也只有一个。

（五）事项的必要性和可行性

适合提交人大议案审议的事项，必须是重要事项，符合人民群众的意愿和要求，而且议案中提出的方案、办法、措施，也必须是切实可行的，才有可能获得通过。

三、议案的格式与写法

（一）标题

标明××议案，如"××省（市）第×届人民代表大会第×次会议代表议案"。这个议案提交后，由主管部门在标题下加上编号，以备查找。

（二）案由

案由即提一个什么问题，要求什么部门解决。案由要简明、醒目，最好能用一句话概括。

（三）提议人

提议人应签自己的姓名；如果有人赞同这个议案，可在提议人的后面写上附议人的姓名（自己签名）；如果是以集体的名义写的议案，则要把单位的全称写出来。

提议人、附议人的姓名或单位名称写在正文右下方。

（四）理由及办法

理由及办法即说明为什么要提出这个议案以及对所提问题的解决办法与建议。表述要有层次，可以分条写，也可以写成一大段包含几层意思。

（五）日期

在议案的正文右下方写上×年×月×日。

【范例】

厦门市人民政府
关于提请审议《厦门经济特区无偿献血条例(修正案草案)》的议案
厦府[2009]97号

厦门市人民代表大会常务委员会:

  《厦门经济特区无偿献血条例(修正案草案)》已经第61次市政府常务会议通过,现提请审议。

  附件:《厦门经济特区无偿献血条例(修正案草案)》

厦门市人民政府(印章)
二〇〇九年四月十日

第十节 函

一、函的含义

  函是适用于不相隶属机关之间商洽工作、询问和答复问题、请求批准和答复审批事项的一种公文。函属于平行文。

二、函的特点

(一) 行文的不相隶属性

  不相隶属性指的是两种情况:一是发文机关与受文机关不属于同一组织系统,不存在上下级关系;二是发文机关与受文机关是同一组织下的同级机关。

(二) 使用的广泛性

  不相隶属的单位之间,不论是商洽工作、告知情况,还是请求批准或答复审批事项均可以用函。

三、函的种类

(1) 根据内容格式划分,可分为公函和便函。
(2) 根据行文往来划分,可分为去函和复函。
(3) 根据使用范围划分,可分为告知函、商洽函、询问函、答复函、请批函、审批函。

四、函的格式与写法

  按照国家行政机关公文平行文的格式撰写,其发文字号应放置于武文线之下、标题之上的右侧。

（一）标题

函的标题有以下三种写法。

(1) 由发文机关、事由和文种组成，如《辽宁省财政厅、辽宁省物价局关于调整普通高校毕业生就业收费项目的复函》。

(2) 由事由和文种组成，如《关于请求专业技术人员进行培训问题的函》。

(3) 由单位名称和文种组成，如《中共中央办公厅秘书函》。

（二）主送机关

一般来说函的主送机关只有一个，但是有的时候涉及两个单位的，也可以写两个主送机关。

（三）正文

函的正文要根据去函还是复函来确定写法。

1. 去函

去函也称发函，开头要写去函的原因、目的、依据，表明为什么发函。商洽函要表明自己的态度和意见；询问函要明确说明要对方答复的问题；请批函要写明请求批准的事项。结尾要根据函的内容采用"可否，请函复"、"请予支持，并盼复"、"盼予函复"、"特此函达"等常用语。

2. 复函

复函也称回函，开头一般引据对方来函的日期、标题或发文字号；主体针对对方来函的内容进行答复；结尾可根据内容用"特此函复"、"此复"等常用语，也可以自然结尾。

（四）生效标识

在正文的右下方写发文机关的名称，在其下一行写上年月日，加盖印章。

五、注意事项

(1) 语言上要恳切得体，不要使用指令词语。

(2) 一函一事，忌一函多事。

【范例1】

××办公厅关于羊毛产销和质量等问题的函

国办函〔2013〕2号

国家计委、经贸办、农业部、商业部、经贸部、纺织部、技术监督局：

为进一步发展我国羊毛生产，搞活羊毛流通，提高羊毛质量，根据××领导同志的批示，现就有关问题通知如下：

一、要切实抓紧抓好草场改造和羊种改良工作。（略）

二、技术监督局要加强羊毛的质量监督和检验工作。（略）

三、要尽快组织直接进入国际羊毛拍卖市场。（略）

四、为了促进国内养羊业的发展，支持纺织工业生产和扩大出口创汇。（略）

上述有关政策，请有关部门、各地区特别是羊毛生产区认真研究落实，执行中的问题，由国家计委和经贸办协调，并督促落实。

××办公厅（盖章）
二〇一三年一月三日

【范例2】

国家邮政局关于拟派×××等17人
赴香港参加高级管理人员培训的函
局函〔2009〕××号

国务院港澳事务办公室：

应香港邮政署邀请，国家邮政局拟派×××等17人于2009年11月7日至13日赴港参加邮政高级管理人员培训班。在港停留7天，在港期间费用由国家邮政局负担。

可否，请函复。

附件：1. 邀请信
　　　2. 培训人员名单
　　　3. 国务院港澳事务办公室(09)港政字232号文复印件

国家邮政局
二〇〇九年十月九日

六、商函

（一）商函的含义

商函用于商务工作，是商业企业之间，商业企业与其他部门进行业务联系、洽谈生意、磋商问题的函件。

（二）商函的作用

商函在商务活动中的作用主要是促进贸易、开拓供销渠道、掌握信息、促进生产的发展。

（三）商函的种类

(1)普通商函（对内商函）。

(2)外贸商函（外贸汉文商函和外贸英文商函）。

（四）普通商函的格式与写法

普通商函包括信头、标题、行文对象（受文单位）、正文、附件、生效标识（落款）。

1. 信头

商函一般采用本企业特制的信笺，其上方中间已预先印好信头。信头一般包括本企业的名称、地址、邮政编码、电话号码、电报挂号等，有的还有商函编号。信头部分内容结束后，常用一条横线与其他部分隔开。

2. 标题

普通商函往往采用公文式的标题方法，由"事由"和"函"组成。如《关于调整天象牌菜刀价格的函》、《关于要求支付大地牌尼龙雨衣货款的函》。

3. 行文对象

行文对象即商函的收受者（发文者要求予以办理和答复的对方单位）。商函的行文对象在具体表达时，一般要写对方单位的名称，有时写对方单位的负责人。写对方单位的负责人时，一般要写上负责人的姓名和职务。

4. 正文

商函的正文一般分为发函的缘由、发函的事项、对收文者的希望或要求。

(1)发函的缘由。初次给对方去函，可先自我介绍，使对方了解本企业的业务范围或本企业产品的情况，以示亲近；双方来往频繁，可直截了当说明发函的目的，进入主旨；答复对方来函的，应引叙对方来函。

(2)发函的事项。撰写具体的主要内容，是商函的重心所在。如内容较多可采用分条列项式。

(3)对收文者的希望或要求。发函事项交代清楚后，用简短的一两句话表明希望或要求，如希望对方同意、要求对方办理等。表述一般语气恳切，争议索赔函有时比较严正。有的商函没有希望或要求的具体内容，而用惯用性结束语结束全文，如"特此函商，务希见复"、"特此函达"、"此复"等。

5. 附件

商函的附件指正文所附的材料。商函附件一般是商品目录、价格表、订货单、发货单等。

6. 生效标识

商函的生效标识即落款，包括印章、签署、发文日期。签署是由发出商函的负责人在商函上签字或盖章，以证实商函的效用。签署时在本人职务名称后空一个字书写。

【范例1】

关于玉石小动物钻石宝石串珠寄样报价的函

上海×××饰品商厦：

你商厦5月10日询玉石小动物、钻石及宝石串珠价并要求寄样的函收悉，现答复如下：

一、玉石小动物因用材、样式、规格的不同，品种繁多，价格20元至400元不等。此类商品逐件发价有困难，你商厦如有意订购，请告知具体品种或用材、样式、规格范围，我公司另函报价。

二、你商厦求寄的钻石样品问题,在目前供货数量有限的情况下,我们的客户订货均采取看样成交方式,歉难按你方要求寄出实样。我公司竭诚欢迎你商厦来人看样订货。

三、随函附寄宝石串珠样照两张,报价单一份,供你商厦选购。专此函达,候复。

附件:1. 宝石串珠样照
　　　2. 宝石串珠报价单表

杭州××贸易公司(章)

二○××年×月××日

(五)外贸汉文商函的格式与写法

外贸汉文商函的结构通常包括:信头、封内地址、称呼、事由、正文、客套语、落款、附件。

(1)信头:同普通商函。

(2)封内地址:在封内写上收函人的地址,以便核准和归档。

(3)称呼:受文者或单位。如写受文者,要冠于职务:××经理、××董事。按外商的习惯,称呼部分的习惯用语有:"台鉴"、"台览"、"惠鉴"、"雅鉴"等。

(4)事由:概括函件的主要内容。写在信笺的第一行中间,让对方一看就知信的主要内容,它似公文标题中事由部分。如:

①事由:建立业务关系。

②事由:保险。

③事由:关于日产5~10吨卫生纸成套设备的报价。

(5)正文:由开头(发函缘由)、主体(发函事项)、结尾(结束语)组成。同普通商函。惯用结束语:"函达"、"见复"、"查照"、"希复"、"为荷"等。

(6)客套语:主要用于表示赞美、问候、祝愿之意。常用惯用语有:"台安"、"台祺"、"台绥"、"近祉"、"时祉"、"商安"、"钧安"等。

(7)落款:发函者(单位)的全称及职衔,写明年月日。

(8)附件。

【范例1】

广东省土产进出口公司

地址:广州江南大道中108号

电报挂号:"4333"广州

电传号码:44327 KTNB　CN

　　粤土出字[1999]第0024号

香港寰宇有限公司
　　程萬里總經理　薑鑒

事由：白果

贵公司718/3343号来函已悉。现3吨一级白果，业已装船完毕，拟于1999年4月20日由"龙江"号货轮直抵香港，请贵司注意船期。

白果业务，在贵我双方合作下，经与广西等有关省份联系组织货源，已满足贵方所需。今后，我司将广开土产门路，并在平等互利的原则下，与贵司继续合作，贵司若需查询各类土产行情，请随时函电示之，我司当竭诚服务。特此函达。

　　顺颂
台祺

广东省土产进出口公司（章）
经理　吴××
一九九九年四月十五日

【范例2】
信头：略

香港九龙旺角电子有限公司
　　陈明经理　台鉴

事由：申请任命为贵公司代理商

本店位于上海四川路，信誉良好。经了解，贵公司所产的电脑喷墨打印机，具有体积小、携带方便、印刷美观的特点，并且价格合理，在国内具有销售潜力。为此本店乐于为贵公司拓展销售市场。如贵公司同意这一建议，希望能任命我店为贵公司在上海的销售总代理商。

如蒙允诺，我店乐于提供往来银行与交易客户作为信用备询处。盼复。

　　顺颂
商安

上海四川路××号
精明人经销店（章）
经理　张岩
二〇〇〇年四月十五日

【范例3】
信头：略

上海四川路××号精明人经销店
　　张岩经理　台鉴

事由：同意你店为代理商

贵店四月十五日来函悉。本公司对贵方建议很感兴趣。我方有意开拓上海市场,我方亦愿请贵店作为我方独家代理。具体事宜,我方将于近日派人前往洽谈,盼能促成此事。希望你们能准备所需证明文件。特此函达。

   顺颂

商祺

香港九龙旺角电子有限公司(章)

经理 陈明

二〇〇〇年四月二十日

第十一节 会议纪要

一、会议纪要的含义

  会议纪要是用于记载、传达会议情况和议定事项的一种公文。"纪"是综合、整理的意思,"要"是要点,会议纪要是把会议的主要情况、重要精神进行综合整理而形成的文字材料。

二、会议纪要的特点

1. 内容的纪要性

(1) 会议纪要是会议的忠实反映,必须如实客观地反映会议的主要议题和与会者的观点。

(2) 会议纪要不同于会议记录,不能只记流水账,必须围绕会议的主要议题进行分析综合,概括会议的主要精神实质和与会者的主要观点。

2. 行文的多向性和功能的多样性

  会议纪要既可以发给与会单位或下属单位以传达会议精神,也可报送上级以汇报会议情况,对其他有关单位也有交流信息、沟通信息的作用。

3. 以第三人称表达

  会议纪要主体部分一般以第三人称"会议"的口吻叙述,常用"会议讨论"、"会议决定"、"会议要求"、"会议号召"、"会议建议"、"会议希望"等习惯用语。

三、会议纪要与会议记录的区别

(一) 内容详略不同

(1)会议记录是会议的原始材料,对会议内容"有闻必录",它要把会议的时间、地点、内容、出席会议的人员、程序、发言、决议等详细记录下来;会议纪要是正式文件,要在会议记录的基础上进行加工整理,只保留主干,删除次要的、枝节的东西。

(2) 会议记录记载的是会议过程；会议纪要记载的是会议结论、精神。

(二) "记"与"纪"不同

会议记录是有会必"记"；而会议纪要则是比较重要的会议才"纪"。

(三) 用途不同

会议记录不需要上报或下发，需要存档作为会议的凭证；会议纪要需要向上级呈报和向下级传达，是可公开的文件。

(四) 所属类别不同

会议记录是事务性文书；会议纪要是公务文书。

四、会议纪要的种类

(一) 部署工作型

会议为解决一些具体问题而召开，整个会议就是围绕具体问题进行讨论做出决定，会议纪要的目的就是要把会议的精神和决定传达下去，用以指导今后工作的开展。

(二) 交流研讨型

这类会议可交流经验、研究讨论问题、交换看法，不一定做出什么决定，会议纪要的目的是把会议的情况通报给那些没有参加会议的有关人员，让他们了解情况，如学术会议、协商性会议等。

五、会议纪要的作用

(一) 沟通情况

重要会议主要是为了解决重要问题而召开的，会议纪要将会议的要点整理出来，呈报给上级，传达给下级，或是公开发表，让有关人员都了解情况，这本身就是在进行沟通。

(二) 指导工作

这主要是对下级而言，对重要的问题和工作经过会议讨论后统一认识，形成决议，通过会议纪要把会议的要点整理出来，传达给下级机关，使他们对这一问题有正确的认识，在纪要的指导下开展工作。

六、会议纪要的格式与写法

会议纪要标识由"×××会议纪要"组成，其位置同文件格式的发文机关位置，距版心上缘25 mm，用红色小标宋体字，字号自定，一般用圆括号写上第×期号。会议纪要不用落款，也不加盖印章。

会议纪要在会议结束后写，其结构由标题、正文和日期组成。

（一）标题

会议纪要的标题有以下两种写法。

（1）由会议名称和文种组成，如《全国信息学会工作会议纪要》。

（2）由正题和副题构成，正题用概括性的语言写出会议的主要内容或会议主旨，副题由会议的名称和文种构成。副题写在正题下面，先划一个破折号，在破折号后面写上会议名称和文种，如《科普创作要面向儿童——广东省科普创作座谈会纪要》。

（二）正文

正文部分包括会议概况、会议内容和结尾三个部分。

1. 会议概况

会议纪要的开头部分要介绍会议概况，包括会议的时间、会议名称、会议的议题、出席者、主持人、会议的程序等，语言应该简明扼要。

2. 会议内容

会议内容是会议纪要的主干部分，是全文的重点，侧重写达成的共识、做出的决定及提出的任务、要求等。

这部分有三种写法：归纳法、概述法、发言记录法。

（1）归纳法：把会议讨论、研究的内容归纳成几个问题，其特点是条理清楚，层次分明。

（2）概述法：把会议的内容和讨论情况概括地叙述出来。

（3）发言记录法：按会上发言的顺序把每个发言人的主要观点、意见和论据简要概括地写出来，特点是能如实地反映会上讨论情况和每个发言者的意见。

3. 结尾

会议纪要的结尾有两种写法：一种是对与会单位和人员提出希望和要求，发出号召；一种是无结尾，正文结束后自然结尾，这种方法比较多。

七、注意事项

（1）要真实准确地反映会议内容。

（2）要将会议所研究的问题和决定事项逐条归纳出来，条理清晰、简明扼要。

（3）要用"会议"作为主语，即"会议认为"、"会议决定"、"会议指出"、"会议强调"等。

（4）要讲求时效，会后及时整理，撰写成文，及时送给会议组织者或单位负责人审核签发。

【范例1】

关于协调解决沙面大街56号首层房屋使用权问题的会议纪要

第××号

2013年2月2日上午，市政府办公厅×××主任主持召开会议，协调解决沙面大街56号首层房屋使用权问题。参加会议的有省政府办公厅交际处、广东胜利宾馆、市商委、市国土房管局、二商局、市外轮供应公司等有关部门的负责同志。

会议认为，沙面大街56号首层房屋使用权的问题，是在过去计划经济和行政决定下形成的历史遗留问题。早几年曾多次协调，虽有进展，但未有结果。最近，按照省、市领导同志"向前看"、"了却这笔历史旧账"的批示精神，在办公厅的协调下，双方本着尊重历史，面对现实，互谅互让的原则，合情合理地提出解决这宗矛盾的方案。

经过协商、讨论，双方达成了一致的认识。会议决定如下事项：

一、市外轮供应公司应将沙面大街56号房屋的使用权交给胜利宾馆。

二、考虑到市外轮供应公司在56号经营了30多年，已投入了不少资金，退出后，办公地方暂时难以解决，决定给予其商品损耗费、固定资产投资和搬迁费等一次性补偿费用共95万元。其中省政府办公厅和广东胜利宾馆负责80万元；考虑到省政府领导曾多次过问此事和省、市关系，另15万元由广州市政府支持补助。

三、省政府办公厅和胜利宾馆的补偿款于2013年2月7日前划拨给市外轮供应公司。市政府的补助款于3月5日左右划拨，市外轮供应公司应于2月15日开始搬迁，2月20日前搬迁完毕并移交钥匙。

四、市外轮供应公司原搭建的楼阁按房管部门规定不能拆迁。空调器和电话等2月20日前搬迁不了的，由胜利宾馆协助做好善后工作。

会议强调，双方在房屋使用权移交中要各自做好本单位干部群众的工作，团结协作，增进友谊，保证移交工作顺利进行。

××市政府办公厅
2013年2月2日

【范例2】

某公司经理办公会议纪要

2014年1月10日下午，公司召开第一次总经理办公会议，研究讨论公司经济合同管理、资金管理办法、机关2014年3~5月份岗位工资发放等事宜。

张××总经理主持，公司领导、总经办、党群办及相关处室负责人参加。现将会议决定事项纪要如下：

一、关于公司经济合同管理办法

会议讨论了总经办提交的公司经济合同管理办法，认为实施船舶修理、物料配件和办公用品采购对外经济合同管理，有利于加强和规范企业管理。会议原则通过。会议要求，总经办根据会议决定进一步修改完善，发文执行。

二、关于职工因私借款规定

会议认为，职工因私借款是传统计划经济产物，不能作为文件规定，但是，从关心员工考虑，在职工遇到突到性困难时，公司可以酌情借10 000元内的应急款。计财处要制定内部操作程序，严格把关。人力资源处配合。借款者本人要作出还款计划。

三、关于公司资金管理办法

会议认为计财处提交的公司资金管理办法有利于加强公司资金管理,提高资金使用效率,保障安全生产需要。会议原则通过,计财处修改完善后发文执行。

四、关于职工工资由银行代发事宜

会议听取了计财处提交的关于职工岗位工资和船员伙食费由银行代发的汇报,会议认为银行代发工资是社会发展的必然趋势,既方便船舶和船员领取,又有利于规避存放大额现金的风险。但需要2个月左右的宣传过渡期,让职工充分了解接受。会议要求计财处认真做好实施前的准备工作,人力资源处配合,计划下半年实施。

五、关于公司机关11月份效益工资发放问题

会议听取了人力资源处关于公司机关11月份岗位工资发放标准的建议。会议决定机关员工3~5月份岗位工资发放,对已经下文明确的干部执行新的岗位工资标准,没有下文明确的干部暂维持不变。待三个月考核明确岗位后,一律按新岗位标准发放。

会议最后强调,公司机关要加强与运行船舶的沟通,建立公司领导每周上岗接船制度,完善机关管理员工随船工作制度,增强工作的针对性和有效性。

本章练习题

一、改错

1. ××分行关于铺张浪费问题的通知
2. ××市人民政府关于批转省政府关于做好财务检查工作的通知
3. ××分行关于请求购买汽车的请示报告
4. ××银行关于严格控制会议费规定的通知
5. ××市人民政府转发省劳动厅、省人事厅、省财政厅关于转发劳动部、人事部、财政部《关于发给离退休人员生活补助费的通知》的通知的通知
6. 截至目前,原有纳税单位和个人绝大部分已按规定申请登记……
7. 今年"秘书学"科目的及格率与往年一样。
8. 对肇事者应严肃处理,以教育大家,否则,其歪风坏习将继续蔓延,后果不堪设想。
9. 图书馆最近买了许多文学书籍,还买了一些诗集和电视剧本。
10. 江面上一片漆黑,只有一丝亮光。
11. 关于××省林业厅进一步深化国有林场改革的建议
12. ×××设计院关于汇报调整机构设置的报告
13. 指出下面这份公文中的毛病,并提出修改意见。

××公司关于进行职业道德教育的通知

各单位：

　　今年一月以来，公司开展了一系列以职业道德为主题的活动，各单位纷纷行动起来，采取各种各样的形式开展这一活动，在公司上下掀起了"爱我岗位，全心全意为客户服务"的热潮。通过学习，许多干部职员明确了职责，服务质量不断提高，受到了客户的普遍好评，收到良好的社会效益。但是仍然存在不少问题，有的营业员对客户态度冷漠，对他们的询问不理不睬；有的不按服务用语答复客户，最近还发生了×××营业厅营业员与客户争吵的恶性事件，造成了极其恶劣的影响。这说明，在当前进一步深入展开职业道德教育十分必要。现将有关材料发给你们，望组织员工认真学习，不断提高干部员工的职业道德水平。

××公司
××××年×月×日

14. 下面是一病文，请根据文中提供的信息重新撰写这一请示。

购置办公家具的请示

总行：

　　我支行所用办公家具是2000年购置的，已使用十余年，现已陈旧不堪，部分家具已破损无法修理，既影响办公又有损我行形象，为此，特申请更换部分办公家具，费用约62 980元。

　　妥否，请批复

　　附件：购置家具明细

二〇一〇年八月三十日

二、写作

（一）×××银行人力资源部给河北大学文史学院发一公函，就请代培3名文秘人员有关事宜进行协商。

（二）请将下面这则简报信息改写成报告。

我行召开信贷风险管理系统评标会

　　7月14日下午，我行信贷风险管理系统评标会在总行三楼第一会议室召开。我行全体评标委员、监督代表，以及三家投标公司代表到会。会议由项目开发核心组副组长杜××同志主持。九名评标委员及监督代表在会场就座，他们是：主任委员杨××副行长，委员孙××、王××、张××、聂××、沈××、王××、张××、牛××等同志，监督代表杨××同志。

　　此次评标会严格按照我行《信息类项目招标办法》规定执行，坚持公开、公平、公正、择优和诚实守信的原则，并根据对投标人资质、实施经验、市场占有率、产品成熟度和解决方案等多方面进行综合评价后，按照评标委员评分择优确定中标公司。评标过程由总行党群工作部派监督代表全程监督。

　　会上，首先由主持人宣读了我行项目开发的有关要求以及本次评标、决标的相关规定，并当场开标。此后，上海安硕信息技术有限公司、北京用友软件股份有限公司、山东中创软件工程股份有限公司三家投标公司按照抽签结果依次进行现场讲标,介绍本公司投标书的内容及相关情况。我行评标委员对投标人相关情况进行了详细的质询。

讲标结束后,我行评委对各投标公司的投标书进行打分,并当场填写《信贷风险管理系统招标评分表》。会议主持人会同监督代表计算出汇总得分,填写《信贷风险管理系统招标评议汇总表》,并签字确认。中标结果将报行领导核批后予以公布。

整个评标过程严肃庄重,规范有序。评标委员尽职尽责,投标单位人员高度重视,发言踊跃。有的公司由总裁亲自前来投标,有的公司派出多达七人的投标团队。

为保障此次评标会的顺利召开,当日上午,杨××副行长召集召开评标委员会议。会上,项目组副组长孙××同志、王××同志分别讲解了有关事项,核心组副组长、评标会议主持人杜××同志介绍评标议程。最后,杨××副行长公布了经行领导批准的评标委员名单及监督代表名单,并提出五点要求:一是深刻认识信贷系统开发的意义,积极维护我行利益;二是认真学习招标文件,提高评标议标能力;三是坚持原则,秉公办事;四是遵守纪律,保守秘密;五是妥善保管所有招投标档案资料,以待历史检查。

此次评标会的成功进行是我行信贷风险管理系统开发项目启动以来的重要进展,为系统的开发建设奠定了良好基础。招标工作结束后,中标单位开发团队将进驻现场,我行信贷风险管理系统的建设将进入实质开发阶段。

(信贷风险管理系统开发项目组)

(三)拟写公文标题。

1. ××有限发展公司向××市环保局报送《2001~2003年度治理污染,保护环境规划》,请审批。

2. ××职业学校办公室发文给××大型超级市场经理办公室,协商市场营销专业毕业生去超市实习的有关事项。

3. ××公司就××员工违反劳动纪律、违章操作,造成了公司财产重大损失,决定给予其开除厂籍处分一事发文。

4. ×××美容院因市政改造工程征地动迁异地,特在报纸上发布信息以告知各界。

5. ××分公司拟将市场开发部与市场营销部合并为市场经营部,就此事向总公司行文。

(四)根据下面提供的材料,拟写一份会议通知。写作时,材料中的"××"替代的内容可以虚拟。

××省教育厅准备于2001年4月16日至19日,在××市××大学学术交流中心报告厅召开全省高校校(院)长办公室工作会议。4月15日持本通知到学术交流中心接待室报到。参加会议人员有本省各高校校(院)长办公室主任(或副主任),每校1~2人。本次会议的目的是进一步加强高校校(院)长办公室工作,促进全省各高校校(院)长办公室工作的协作与交流。

联系电话:×××-××××××××,联系人:××大学校长办公室×××老师,传真:×××-×××××××,邮编:××××××。

会议的注意事项有四点:请参加会议人员将到达时间、车次和返程时间及车次提前电告会务组,以便安排接待和代办购票;请填写所附《与会表》,加盖单位公章,于4月10日前邮寄给会务组(设在××大学校长办公室),以便统计与会人数,安排住宿;请各校将拟提交会议交流的经验材料自行打印80份,在报到时交会务组;往返路费和住宿费自理,回单位报销,会议伙食标准每天××元。

(五)根据下面的材料,代××县地税局拟写一份通报。

(1)原××镇农贸市场协税员刘××,男,29岁。

(2)该员工在被聘用期间,组织纪律性较差,法制观念淡薄,经领导帮助尚未认识到自己问题的严重性,而且对收取的税款不按规定及时上交入库。

(3)问题暴露后,不但不及时向组织报告,反而外逃躲避,后被公安机关抓获,予以行政拘留。

(4)刘××利用工作之便,贪污国家税款,已丧失协税人员的职业道德,造成一定的损失和恶劣影响。

(5)于1999年5月25日至2000年6月16日应聘为农贸市场协税员。

(6)各单位组织税务人员认真学习通报,增强税务人员的法制观念,提高遵纪守法的自觉性,并建立和健全各种规章制度,严防贪污、挪用税款等类似事件的发生。

(7)挪用税款37 872.90元,用于自己吃喝玩乐和赌博。

(8)经研究决定,责令刘××必须把贪污的税款限期退清,并予以辞退。为加强对协税人员的管理,提出以下意见。(略)

(六)阅读下面的材料,写请示、批复。

××市××路公共汽车将于2000年12月5日前,在全线实现更换新车(新车车型为××型黄海客车),实行无人售票服务;另新增同型号公交车10台,延长线路3公里。新车上线后,××客运集团公司要将1988年制定的现票价:0.50元(起始价)~1.00元(第7站起至终点站),调整为全程票价一律为1.00元。为此,该公司向上级主管部门——××市交通局上报了一份有关要求调整票价问题的材料。××市交通局又与市物价局协商,市物价局同意了市交通局的调价意见,××路公共汽车票价如期调整。

(七)××市邮政局因为业务经营范围扩大,经上级部门同意提出成立××业务分局的申请,发文字号为××发[2000]20号。请你模拟省邮政局写份表态同意的批复。

(八)以下面提供的材料为依托,遵循"请示"的写作格式(只要求写明标题、受文单位、正文、行文单位、成文时间),按照"请示"的写作要求,以广东省人民政府的名义,向国务院起草一份内容先后有序、结构合理的"请示"。

丹霞山风景名胜区位于广东省韶关市仁化、曲江两县境内,面积186平方公里,分丹霞山、韶石山、大石山三个景区。距韶关市区最近处10公里,最远处50公里,柏油公路直达主峰景区,观光旅游的交通十分方便。

根据国务院《风景名胜区管理条例》,我们对丹霞山风景名胜区进行了资源调查、评价,编制了总体规划。现申请把丹霞山风景名胜区列为国家重点名胜区,请审批。

　　据地质考证,6500万年前丹霞山所在地是一个大湖泊,由于造山运动,形成红岩峭壁和嶙峋洞穴,构成奇异的自然风景。在全世界同类地形中,以丹霞山最为典型,"丹霞地貌"已成为国际地质学名词。现丹霞山景区已开发接待游人的范围为12平方公里,主要景点有87处,山、瀑、江、湖兼备,绿化良好,兼之摩崖石刻、寺庵、亭台楼阁点缀其间,自然人文景观丰富。靠丹霞山南侧的韶石山景区,傍地浈水,是历史上舜帝南巡奏乐之处,内有"三十六石"的奇景;丹霞山两侧的大石山景区,类似丹霞山的奇山异峰,有丹寨幽洞、岩柱等自然景观。在丹霞山风景名胜区附近,有"金鸡岭"、"九龙十八滩"、"古佛岩"、"南华寺"、"马坝人遗址"等风景及名胜古迹,总面积约4万平方公里。目前,粤北地区以丹霞山风景名胜区为中心形成了我省一条重要的旅游线路。

1998年2月11日

第四章
Chapter 4

事务类文体

第一节 事务类文书概述

一、事务类文书的含义

事务文书是党政机关、社会团体、企事业单位处理日常事务,用来沟通信息、总结经验、研究问题、指导工作、规范行为的实用性文书。尽管它们不是《办法》中的法定文种,但却是在日常工作中使用得最为普遍和广泛的文书。

二、事务类文书的种类

(1)计划类文书——计划。
(2)报告类文书——调查报告、述职报告、总结。
(3)规章类文书——条例、规定、公约、办法等。
(4)记录类文书——会议记录、简报、大事记。

三、写作要求

(一)以方针政策为指导,以法律规定为依据

事务文书的政策性很强,它是党和国家的方针政策在有关实际工作中具体的体现。拟稿者须认真领会有关的政策,并运用政策原则去指导工作。同时,事务文书还必须以法律规定为依据,不能与现行政策和法规相抵触。

（二）深入调查研究，获取真实材料

撰写事务文书要了解实际情况，进行深入细致的调查研究，尽可能多地搜集、积累材料，只有这样才能明情况、知变化、定决策，才能发挥事务文书的指导性功能与务实的作用。

（三）实事求是，切实可行

事务文书，或拟订计划，或制定规范文书，或调研总结，或拟会议材料，都是为了解决工作中的实际问题，因此必须要实事求是，要解决的问题须具有科学的可行性。

（四）格式约定俗成，语言准确简练

事务文书的格式虽然不像行政公文那样程式化，但许多文种的格式也有约定俗成的共同特点。在结构方面，事务文书要求开门见山、突出重点、层次分明；在语言方面，要求用语准确，尤其是规章类文书，更讲究炼词炼句，不能出现歧义，表述不能模糊。

四、事务类文书与公务文书的区别

(1)事务类文书不具有统一的文本格式。

(2)事务类文书不能单独作为文件发文，需要时只能作为公文的附件行文。

(3)事务类文书必要时可公开面向社会，或提供新闻线索（如简报），或通过传媒宣传（如经验性总结、调查报告等）。

(4)事务类文书的制发程序无严格的规定。

第二节 计 划

一、计划的含义

计划是团体或个人为了在一定时期内很好地完成某项生产、工作或学习任务，根据国家法律、政策，上级指示和单位或本人的实际情况，提出要求达到的指标和相应的具体措施与步骤而写成的书面文书。

计划是计划类文书的统称，常见的有规划、要点、设想、打算、安排、方案等，它们之间的区别在于时间和内容方面的不同。规划用于较长期的、全面性的、大轮廓式的；要点是上级部门布置一定时期工作的主要任务；设想、打算是初步的内容，轮廓较粗的草案性计划；安排、方案用于短期内，对任务、要求、措施办法具体布置的计划。

二、计划的特点

（一）前瞻性

制订计划应以国家的法律政策为指导，以上级的指示为依据，还要搞调查研究，走群众路线。但是制订计划的最终目的还是发展,要有预见性,要看得广、看得远,要有充分的超前意识。

(二)明确性

计划中的任务能否顺利完成,常常取决于措施步骤是否恰当有力。因此,计划的目的、任务、指标、要求等一定要写得具体明确,执行计划的措施步骤更要明确切实。措施应该包括人力的组织动员、分工职责等。

(三)可行性

在制定指标、任务时,要从实际出发、量力而行。这里所说的可行性,应该包含着积极的因素,要体现一定的先进性。制定指标是一个关键性的问题,定得过高,通过努力还完不成,那就会挫伤大家的积极性;定得过低,不需要费力就可以完成,那就不能激发大家的积极性。因此,制订计划一定要从实际出发,使之切实可行。

三、计划的种类

计划按不同的标准有不同的分类方法:
(1)按内容分:工作计划、生产计划、学习计划、科研计划等。
(2)按性质分:综合性计划、专题性计划。
(3)按时间分:远景计划、年度计划、季度计划、月份计划等。
(4)按范围分:国家计划、地区计划、部门计划、单位计划、班级计划、个人计划等。
(5)按表达形式分:条文式计划、表格式计划、条文表格式计划。

四、计划的格式与写法

(一)条文式

1. 标题

由制订计划的单位名称、适用时限、计划内容和文种四个要素构成,如《××市园林局2005年公园建设及管理工作计划》;也可根据具体情况忽略其中的某些要素,如《上海市环保系统创建文明行业工作计划》,就省略了适用时限。

2. 正文

计划的正文一般由基本情况、目标和任务、措施和步骤等部分构成。
(1)基本情况:说明为什么制订这份计划及制订计划的依据或指导思想,是概括性文字。
(2)目标和任务:提出计划要达到的目标和要求,在写法上多为分条列项式。
(3)措施和步骤:措施是达到目的的具体手段,步骤是工作的程序和时间安排,要具体明确,切实可行。

3. 落款和日期

如在标题中已写出制订计划的单位名称,可不用署名;如是个人计划应先写单位名称再写姓名。日期写在署名的下一行。若是请求上级批转的文件计划,最后应以征询用语收结,如"以上意见如无不妥,请转各地研究贯彻"、"当否,请批示"。

(二)表格式

表格式计划行文简洁,标题与落款与条文式相同,表格是计划的正文部分,在标题下用列表的形式将计划的有关内容表达出来,显得具体明确。它适用于内容比较简单,时间较短,范围较小的计划,如生产计划、工作计划等。

(三)条文表格式

计划由两部分组成,一部分是文字说明计划的依据、事实等内容;一部分是表格。

【范例1】

2014年某社区妇联工作计划

为更好地开展社区妇联工作,让妇联工作在社区建设、创建优良社区人文环境发挥越来越大作用,经社区妇联部门全体会议讨论,特制定2014年社区妇联工作计划如下:

一是加强教育培训。围绕宣传贯彻中国妇女"十大"精神,通过专家授课、参观学习、座谈讨论等形式,引导广大妇女干部认清自己的特殊身份,提高广大妇女的政治理论素质;要通过法律法规、业务技能、客观实践等培训,进一步增强各级妇联干部服务基层、服务妇女群众的能力与本领。

二是着力培育和开发女性人才。全面实施《区2013—2014培养选拔女干部、发展女党员工作规划》,大力培育女领导干部、女性经营管理者和女专业技术人员三支队伍;配合组织部门不断推进培养选拔女干部、发展女党员工作,努力适应竞争上岗、公推公选等干部人事制度改革,推动女性走上领导岗位。

三是加强失业妇女的创业就业技能培训。结合社会需求和她们的实际需要,重点进行家政、插花等技能培训,帮助她们实现就业,解决自身及家庭生活问题。

四是抓好家庭教育工作。以社区德育中心、家长学校、小公民道德实践基地等为平台深入开展形式多样活动,着力引导全区广大家庭崇尚文明、健康、和谐的生活方式。

五是完善家庭教育工作长效机制建设。指导各社区家长学校以全国未成年人思想道德建设工作测评实地考察要求,开展家长学校工作;全面开展家长学校检测、评估工作;招募一批经验丰富、热心家庭教育工作的志愿者,定期开展活动;推动家庭教育课程进入中小学班主任培训内容,举办"家庭教育培训者培训"。

六是继续配合市妇联实施"家庭教育百千万工程"(百场公益讲座、千次家教活动、万户家庭受益)。组织家庭教育专家,深入社区家庭,广泛宣传家庭教育新思路,帮助家长树立正确的家教观念;针对儿童心理发展特点,邀请专家深入学校,以家长会的形式举办"开心一课,健康成长"专题讲座;继续开展家庭教育实践月活动,充分利用各种资源进行多渠道、多样化的宣传,提高家庭教育知识普及率,营造良好的家庭教育社会氛围。

七是促进家庭教育研究成果转化工作。开展家庭教育课题研究、实践活动,探索家庭教育新规律、新机制、新形式、新途径,提升家庭教育工作整体水平。跟踪、督促承担市家庭教育研究会的家庭教育课题按时完成。组织专家,深入街道社区开展中华民族优秀传统文化家庭教育活动,向广大家长宣传正确家庭教育理念和科学教子方法,营造促进未成年人健康成长的环境;进行家长学校师资培训,提升广大家长教育子女的水平;举办寓教于乐、丰富多彩的暑期夏令营、未成年人思想道德建设征文活动,年底对家长学校进行评估考核。

八是加强信息调研。重点围绕妇女群众关心的热点、难点问题,如:妇女干部队伍建设、外来务工妇女生存与发展、婚姻家庭新问题、家庭教育等进行信息调研。通过走访慰问、专题研讨等活动,组织力量深入街道和社区,现场实地了解妇女儿童生存状况和利益诉求,进一步找准各类问题切入点,提高工作实效性和针对性。

某社区妇联

2013 年 12 月 20 日

【范例 2】

关于 2013—2014 学年
新学员入学教育工作的安排

各系、基础部:

根据校党委的部署和要求,我校 2013—2014 学年入学教育的重点是:对新学员加强校规校纪的教育,特别是要抓好两个《暂行规定》的学习贯彻,使新学员入学后就能自觉地以学校的有关规章制度规范自己的思想行为,养成遵守纪律、刻苦学习的良好风尚,推动我校学风、校风的建设。现将有关事项安排如下:

一、入学教育时间:8 月 29 日至 8 月 31 日(共三天)。

二、入学教育的内容和要求:

1. 进行校规校纪教育。重点是组织学习《学员手册》中的各项规章制度,特别是两个《暂行规定》的内容。要求逐条学习讨论,从入学的第一天起就要严格贯彻执行。

2.(略)

3.(略)

三、入学教育的日程安排

时间		内容	备注
8月29日	上午	1. 建立班级组织，宣布分班、分组及临时班干部名单 2. 系师生见面 3. 学校情况介绍、专业教学介绍	以系为单位集中进行
	下午	听报告： 1. 关于校规校纪的规定和要求 2. 关于学籍管理的主要规定及要求 3. 关于消防治安管理的规定及要求	各系组织新生整队集合，于2:30进大教室
8月30日	上午	结合29日的报告，学习讨论《学员手册》中的各项规章制度	以班为单位组织学习讨论，请系领导、辅导员参加
	下午	着重学习《学生品行积分暂行规定》和《关于文明班级评选的暂行规定》	以班为单位
8月31日	上午	根据"文明班级"条件，制订自己班级创建文明班级规划，经全班同学讨论通过后，及时送学生处，并抄写一份贴在大厅	以班为单位
	下午	举行新学生开学典礼	各系组织整队，3:00入场

四、各系要切实加强领导，按学校统一安排要求，认真搞好组织实施工作。入学教育活动所需教室，由各系与教务处联系，统筹安排。入学教育结束后，各系须将有关情况向学校主管领导汇报。

××大学校长办公室
2013年8月23日

第三节 总 结

一、总结的含义

总结是对前一阶段的实践活动进行回顾检查、分析评价，从中找出经验教训或规律性认识的应用文。

二、总结的种类

总结依照不同的标准有不同的划分：
(1)按性质分：综合性总结(全面性总结)、专题总结。
(2)按内容分：工作总结、思想总结、学习总结、技术总结等。
(3)按范围分：地区总结、单位总结、部门总结、班组总结、个人总结等。
(4)按时间分：年度总结、季度总结、月份总结、周总结等。

三、总结的格式与写法

一般来说总结包括标题、正文、落款三个部分。

(一)标题

总结的标题大致有三种形式：

1. 公文式标题

由单位名称、时限、事由、文种构成，如《××省供销社系统1998年工作总结》，这种标题适用于全面性工作总结。

2. 文章式标题

标题中不出现文种，一般用于专题总结或个人总结。

3. 混合式标题

标题以双标题形式出现，正题揭示主题或概括经验体会，副题标明单位、时限、事由和文种，如《建世界一流大学，我们做了些什么？——清华大学研究生会1998～1999年度工作总结》。

(二)正文

总结的正文一般由开头、主体、结尾三部分构成。

1. 开头

概述情况，包括指导思想、背景、单位、时间、主要成绩或经验等。

2. 主体

分析情况，包括主要成绩、取得成绩的经验和存在问题的原因教训等，如果内容很多就要分条列项地写。

3. 结尾

这部分结论或提意见，一般是在总结经验教训的基础上简要提出下一步的打算或今后努力的方向等，如果是科学实验或技术总结，要在这一部分下结论。

(三)落款

落款包括具名和日期。如果具名已经出现在标题则可不具名。具名也可写在标题下。

【范例】

海安县文广新局2012年度网络舆情宣传管理工作总结

今年以来,在县委、县政府的正确领导下,县文广新系统高度重视网络舆情宣传管理工作,密切配合县委、县政府的中心工作,网络舆情宣传管理工作能按照县委宣传部的统一部署和要求,服务大局,努力构建和谐社会。

一、领导责任

1. 本单位建立了以陈琳局长为首,由郁局长牵头,徐主任负责落实的网络舆情宣传管理责任制。本单位的官方网站江海时空网,由李春连局长统筹,卞瑞华负责总管,现共有6名工作人员。每位工作人员分管网站的各个版块,凡符合政策上正面宣传的文章网站都会及时上载。网站论坛每2~3分钟刷新一次,论坛一有新帖,分管人员会立即回帖做好与网民的互动和舆情回应工作。一旦论坛上出现涉及赌博、色情、暴力、枪支、毒品、诽谤等不合宣传的新帖,网站工作人员都会在第一时间进行删除。目前,本单位建立了完善的网络发言人队伍,做到了具体落实网络宣传和舆情回应工作。

2. 本单位保障了必要的工作经费,确保网站所有电脑都能上网,并给6位工作人员配备了相机以方便采集新闻线索和即时信息。

二、舆情处置

1. 本单位网站工作人员均爱岗敬业、履行职责,每天执行签到制度,保持手机24小时畅通。

2. 网站工作人员实行轮班上岗,及时发现涉及本单位的各类民生诉求等信息,在24小时内做出回复或回应,解决合理诉求,确保舆情稳定。目前共接收到40条关于本单位的投诉建议咨询帖,回复率和办结率均达到100%,确保了网络问政工作的有效落实。

三、网络宣传

本单位积极弘扬健康向上的网络文化,做好网络舆论引导工作,利用县委宣传部指定的网站和版块进行宣传。县委要求全年发表本部门的正面宣传帖子不少于30篇,当前统计本单位共发帖45条,已提前完成县委宣传部的要求。

四、档案管理

本单位认真做好了网络舆情处置和网络宣传等方面的资料归档工作,包括上网浏览、发帖、跟帖、回复及网络信息宣传等情况的记录。

五、交办工作

本单位积极处置《舆情专报》、《舆情交办》等事项,消除网上不良影响。积极响应网络宣传交办工作,妥善处置重大舆情,注意扩大本单位的知名度和巧妙化解危机。

海安县文广新局

2012年12月7日

第四节　调查报告

一、调查报告的含义

对某一情况、某一事件、某一经验或问题，经过在实践中对其客观实际情况的调查了解，将调查了解到的全部情况和材料进行"去粗取精、去伪存真、由此及彼、由表及里"的分析研究，揭示出本质，寻找出规律，总结出经验，最后以书面形式陈述出来，这就是调查报告。

调查报告，一是调查研究，二是报告。调查研究是人们认识事物的基本方法。调查是了解和掌握客观存在的真实情况，搜集和占有事实材料；研究是对调查所获取的客观情况和事实材料经过分析，从中找出事物的内部联系和固有规律，引出科学的结论。

二、调查报告的特点

（一）针对性强

调查报告是围绕一个时期的中心，从实际需要出发，有针对性地调查某一问题或事件，分析其规律，总结经验教训，回答群众关心的问题。

（二）典型性强

调查报告的对象必须是明确的，可以发挥以点带面的功效，才能发挥作用。

（三）用事实说明道理

调查报告必须尊重事实，用事实说明道理，如果调查报告都是抽象的含义、空洞的理论，就失去了调查报告的特性。

三、调查报告的作用

（1）为有关部门制定政策、方针、决策提供依据。

（2）反映情况，总结推广先进经验，指导推动工作。

（3）反映重大的或人民群众普遍关心的社会问题，以引起有关部门的重视或促进问题的解决。

四、调查报告的种类

（一）按内容分

1. 综合调查报告

综合调查报告是对一个部门单位的情况从多方面进行调查，最后形成的具有综合内容的调查报告。这类调查报告的特点是多角度、全方位地反映情况。

2. 专题性调查报告

专题性调查报告是对某一方面的问题或经验进行调查之后写成的调查报告。其特点是内容单一,范围小,针对性强,集中一点问题深入剖析,得出结论。

(二)按性质分

1. 社会情况调查报告

社会情况调查报告反映的是社会的政治、经济、军事、文化、教育和生活等方面的基本情况。

2. 新生事物的调查报告

新生事物的调查报告及时发现和反映新人、新事,反映其产生的背景,提示其规律,具有指导作用。

3. 典型经验调查报告

典型经验调查报告反映先进单位或先进个人的典型经验。

4. 揭露问题的调查报告

揭露问题的调查报告旨在澄清事实,查明真相,引起有关部门的注意。

5. 考察历史事实的调查报告

考察历史事实的调查报告重新审定重大历史事件,用确凿的事实还历史以本来面目。

五、调查报告的写作过程

(一)调查研究

1. 准备工作

(1)明确调查目的。确定调查项目,就是选定调查题目和内容,只有目的明确才能收到良好的效果。

(2)掌握相关知识。应该了解与被调查者有关事项,使自己熟悉调查对象,这样才能使调查顺利进行。

(3)确定范围,选好对象。这个范围既不能太宽,太宽调查的成本就高;也不能太窄,太窄影响调查的公正性。

(4)制订计划。拟出调查提纲,制订调查计划可以使自己按计划有步骤地进行调查。

(5)设计调查问卷或表格。

2. 调查的形式

(1)开调查会。这是获取资料的重要方法,参加会议的人员不宜太多,3至8人为宜。会后应及时整理会议记录。

(2)个别调查。调查者与被调查者面对面交谈的方法,可以弥补调查会对细节了解不深的缺点。

(3) 问卷调查。把要调查的问题分成若干项,印在表格里,让被调查者用简单的方式回答,再逐项统计。

(4) 抽样调查。随机选取部分调查对象进行调查,分析调查结果并推断调查对象总体情况的调查方法。

(二) 材料选定

对经过深入细致的调查搜集到的资料,要及时进行整理,进行比较与鉴别,补充未搜集完的资料。在占有大量资料的基础上,围绕主题进行选材。

(三) 写法

1. 标题

标题可以有两种写法:

(1) 规范化的标题格式,即"发文主题"加"文种",基本格式为"××关于××××的调查报告"、"关于××××的调查报告"、"××××调查"等。

(2) 自由式标题,包括陈述式、提问式和正副题结合使用三种。陈述式如《东北师范大学硕士毕业生就业情况调查》;提问式如《为什么大学毕业生择业倾向沿海和京津地区》;正副标题结合式,正题陈述调查报告的主要结论或提出中心问题,副题标明调查的对象、范围、问题,这实际上类似于"发文主题"加"文种"的规范格式,如《高校发展重在学科建设——××××大学学科建设实践思考》等。

2. 正文

正文一般由导语、主体、结尾三个部分组成。

(1) 导语,又叫"前言"或"开头",在正文的前面,写一段不加任何小标题的文字作为开头,概括说明几点内容:有关调查本身的情况、有关调查对象的情况、有关研究结果的概况。

(2) 主体,是正文的核心部分,包括基本情况、分析结论、建议措施等,结构分为三种:一是纵式结构,按事物发生、发展的先后次序、依时间划分为几个阶段;二是横式结构,又称并列式,调查报告的各部分内容是并列的关系,把主题的材料分为相互并列的几部分来叙述;三是综合式结构,在一篇调查报告中纵式和横式交错使用,适用于头绪繁杂的事物。

(3) 结尾,又叫结论,是对调查的事实作科学分析后的结语,有的报告不用结语,内容写完就结束全文。

3. 具名和日期

注明调查者和成文日期。

六、调查报告和总结的区别

(一) 从应用对象看

总结仅限于本单位工作需要,应用范围小;调查报告要选择有典型意义的事件,探求规律,应用范围广,有广泛的指导意义。

(二)从人称上看

总结在写作时使用第一人称;调查报告使用第三人称。

(三)从阐述内容的侧重点上看

总结反映工作的全貌和实质性问题;调查报告则突出某一侧面。

(四)从表达方式上看

总结主要运用议论的表达方式;调查报告重在用事实证明某个观点的真相,主要用叙议结合的表达方式。

(五)从写作过程看

调查报告要站在客观的立场上,进行采访调查,整理成文;总结,不论自身是否具备典型条件,都从本单位出发,对工作进行回顾,查找经验教训和不足而成文。

【范例】

关于家庭暴力情况的调研报告

家庭暴力是侵害家庭成员特别是侵害妇女权益、对家庭和社会稳定具有危害性的行为,它是指家庭成员中的一方对另一方施暴的行为,包括家庭成员间的身体、精神(情绪)、性暴力行为。其特征是一方动用武力和权利来控制另一方。通过对妇联上访记录的分析,我们深切地感受到家庭暴力严重危害着广大妇女的身心健康,致使婚姻家庭破裂,严重影响了未成年子女的健康成长,扰乱了社会稳定秩序。家庭暴力是整个社会不容忽视的问题,应该引起全社会的共同关注。

一、家庭暴力的基本情况

(一)家庭暴力存在的几率较高,妇女是主要受害群体

对临武县妇联2008年6~10月的上访记录统计显示(见表1),在72个上访记录中就有32例家庭暴力,占来访案件的44.44%。而在从上访的主体来看,女性受害者31人,占全部受害人的96.8%,男性受害者仅为1人,占3.2%。

在上访的妇女中,长期存在家庭暴力的比例高达62.5%,更有8位妇女持有不同程度的验伤报告。据述,丈夫对她们轻者语言伤害,拳打脚踢,重者则用棍棒等各种工具施暴,包括威胁、恐吓、咒骂、讥讽、凌辱人格等精神上的折磨,使受害者在肉体和精神上造成了难以抚平的创伤,人身权利遭到严重侵害。由于家庭暴力具有一定程度的隐蔽性,遭受暴力的女性因种种原因,不愿为外人所知,因此,在实际上,家庭暴力发生率应该要远远高于统计数据。

表1 2008年6~10月县妇联接待家庭暴力上访情况统计表

	家庭暴力数	上访总数	所占比例
家庭暴力次数	32	72	44.44%
1~2次	4	32	12.5%
3~5次	8	32	25%
多次或经常	20	32	62.5%

(二)受到家庭暴力侵害的妇女求助率较低

在统计中我们发现多达62.5%的上访妇女是由于长期遭受家庭暴力忍无可忍,又或者是身体遭受到了严重伤害,又或者完全被切断经济来源导致无法生活不得已才向妇联求助。第一次遭受到家庭暴力侵害即投诉的妇女只占全部上访人数的12.5%。事发后马上求助的妇女也较少,多数是在遭受到多次侵害后才想到求助,而求助日期一般也在遭受侵害后数天矛盾仍无法调和的情况下才到妇联投诉。

(三)受到家庭暴力侵害的妇女中乡镇占多数

上访妇女中有90%的上访妇女来自各个乡镇,县城内的上访比例只占10%。在乡镇上访群体中,我们可以看到(见表2)文化程度普遍不高,初中以下的共有30人,占93.75%。高中毕业的仅为2人,占6.25%,而这部分群体又有80%是无收入。由此可以看出在乡镇尤其是一些较偏远、经济较落后的乡村,家庭暴力现象仍然是比较普遍,家庭暴力的受害者中更多的是没有社会地位,无职业保障的低学历者。

表2 乡镇上访妇女文化程度分析表

文化程度	人数	所占比例
文盲	2	6.25%
小学	12	37.5%
初中	16	50%
高中	2	6.25%
大专	0	0%
合计	32	100%

二、家庭暴力的成因

(一)历史原因

虽然新中国早已规定了"男女平等"的原则,但不容回避的是在县级封建思想还是在一定范围内存在,尤其在生产力不发达的农村,封建思想更是根深蒂固。很多人认为老公打骂老婆是天经地义的,这样的思想导致了其他的家庭成员也成为暴力的帮凶。一些男性将妻子当成自己的附属品和私有财产,稍不如意就将妻子作为攻击的对象。

(二)社会原因

1. 婚外情是家庭暴力产生的最主要的外因

近年,由于社会的不断开放,使得人们的思想也解放开来,思想的解放使得社会上婚外情的现象也普遍增多。我们在来访中发现(见表3)有31.25%的家庭暴力是由于丈夫有婚外情而引起的,这成了家庭暴力产生的最主要的外因。近年来,由于男性的重婚、姘居等婚外非法行为的增多,造成很多家庭夫妻关系紧张。有些为了达到贪新弃旧的目的,采用暴力手段,卑劣地迫使对方主动提出离婚,使一些受害妇女陷入在被丈夫背叛的同时又被殴打的双重痛苦之中。更有甚者,有的男人在外"包二奶",造成计划外生育,竟然强迫妻子与"二奶""和平共处",当妻子不服从时,就受到丈夫施暴。

表3 家庭暴力原因分析表

原因	数量	所占比例
外遇	10	31.25%
经济	2	6.25%
小事争吵	2	6.25%
男方恶习	10	31.25%
感情不和	4	12.5%
子女问题	2	6.25%
与家人关系	2	6.25%
其他	0	0%
合计	32	100%

2. 社会的宽容态度造成家庭暴力的滋生蔓延

家庭暴力向来被视为家庭私事,邻居不劝,社区居委会不告不问,司法机关认为家庭纠纷无从插手,即使被打得鼻青脸肿,如不构成伤害罪,对施暴者也无法处罚,这些实际上都是对暴力的默许,是对施暴者的宽容。国家法律法规对这一块也缺乏可操作性,尚无配套措施预防、制止家庭暴力,致使暴力的延续。

另外有关部门对家庭暴力问题重视不够。在接访中我们发现有80%的妇女在遭遇家庭暴力时去当地派出所报案或者去司法部门寻求帮助时,可是却被认为是一般家务事,不予过问和调解。即使处理也只是批评教育了事,使施暴者更加肆无忌惮地实施暴力行为,而使众多受害人投诉无门。

(三)自身原因

1. 妇女自身的原因

上访妇女中初中以下文化程度的占93.75%,90%的上访妇女来自各个乡镇,我们可以看出不论是施暴者还是受害者,综合素质低是产生暴力的内因。很多农村妇女没有社会地位,没有收入,妇女成家后完全依赖家庭和丈夫,故而被丈夫厌倦看不起,缺乏自我意识,缺少自强自立的精神。由于妇女自身素质、文化水平、个性心理等原因,许多妇女在遭受家庭暴力之后,顾虑重重,屈尊忍让,遮掩,妥协,一味迁就,自身的软弱和无知,无疑助长了施暴者的气焰,使得施暴者心理上更占优势,胆大妄为。

2. 男方素质低下的原因

从表3可以清楚地看出31.25%的家庭暴力是由于男方恶习产生的。很多农村男子由于从小缺乏良好的教育,生活中又染上嗜赌、嗜酒等等恶习,很多丈夫面对妻子的规劝和阻拦,不但毫无悔意,反而大打出手。在农村还有很多妇女因为没有生男孩而遭到丈夫的殴打,这也是产生家庭暴力的一个原因。

三、预防和制止家庭暴力的对策和建议

(一)加强舆论宣传和法律支持

通过普法宣传维护妇女儿童合法权益的法律法规知识,提高全民道德水平,增强全社会维护妇女儿童权益意识。利用电视、广播、报刊等新闻媒体宣传反家庭暴力的观点,点评家庭暴力的案例,谴责家庭暴力行为,加强舆论监督。积极发动群众参与内容广泛的反家庭暴力宣传,组织宣传队、宣传车、文艺演出,发放宣传资料,举办专栏橱窗,张贴横幅、标语等,在城乡开展一系列的学习活动,让老百姓知法、懂法、守法。加强对于法制队伍的建设,让法官、法律专业人员、律师及其他相关人员学习有关法律知识,且上述教育宣传一定要持续性开展。在家庭暴力高发地,危害严重地还应特别关注。

(二)健全社会法律法规,健全保障体系

健全社会法律保障体系,依法加强对妇女人身权及相关权利的保护。要进一步完善立法体系,增加有关内容和惩治力度,使惩治对妇女暴力的法律法规更加完整、更加有力、更加具有针对性,使受害妇女的合法权益得到有效保证,使侵犯妇女权益的案件得到公正处理。

其次,发挥社会各界力量,对家庭暴力实行综合治理。针对很多受害妇女在遭遇家庭暴力后请律师难、打官司难和无力支付法律服务费用等问题,积极开展法律援助工作,建立妇女权益保障社会。各级妇联和有关部门做好妇联信访工作,公安机关特别是基层派出所要热情接待遭受家庭暴力侵害的投诉者,及时进行调查和处理。

(三)提高妇女素质

在社会的大舞台中要有所为,树立积极参与社会的思想,只有在社会中有为,才能在家庭

中有位。妇女权益的享有与保护,要靠妇女自己去争取。全面提高妇女素质,对于维护妇女合法权益具有极其重要的作用。一方面,要鼓励妇女通过各种渠道,学科学、学文化、学法律,不断提高科学文化水平,掌握生产技能,积极参与社会生产。妇女只有在经济上独立了,才能摆脱在家庭中依附于男人的状况。另一方面,要大力培养妇女的"自尊、自信、自立、自强"精神,使她们充分认识到自身优势,进行正确的自我评价,不轻易为社会和他人的态度所摆布,不断完善、充实自己,积极广泛地参与社会实践,敢于在竞争中发挥出自己的聪明才智,不断提高社会地位。

(四)提高婚姻质量,争创五好文明家庭

夫妻互敬互爱是消除家庭暴力,提高婚姻质量的关键。要在全县城乡家庭中大力开展五好文明家庭争创活动,提高家庭成员素质,提高婚姻质量,促进家庭文明,从根本上预防家庭暴力的发生。

家庭暴力问题是一个复杂的社会问题,一直是妇女家庭地位提高的严重障碍,随着家庭和社会发展的融合程度提高,家庭中的暴力侵权问题已经越来越成为令人注目的话题。在此呼吁广大法律界人士和相关人员行动起来,共同为反家庭暴力做出应有的贡献,也呼吁广大群众为维护妇女、儿童和老人的合法权益,维护社会的安定团结尽自己一份微薄之力。

第五节 规章制度

一、规章制度的含义

规章制度是国家行政机关、社会团体、企事业单位,为了管理的需要,依照国家法律、法令和政策,在自己权限范围内制定的、具有法规性或指导性与约束力的公务文书。

二、规章制度的特点

(一)约束性

规章制度的制定就是规范人们的行为的,一旦制定并公布,有关部门和人员就必须遵守执行,违纪的要给予相应处罚,因此有较强的约束力。

(二)周密性

内容必须周密,对所涉及的对象和情况都必须考虑周全,而且要写得清楚。

(三)条款性

规章制度在表达上都采用条款式结构,分为章、条、款、目,把应规定的事项一一列出。

(四)广泛性

规章制度涉及的对象非常广泛,可以涉及从国家机关、社会团体,一直到基层单位,科室班组。

三、规章制度的种类

规章制度分为行政法规、章程、制度、公约四大类。

（一）行政法规

行政法规包括条例、规定和办法。行政法规对制发机关有严格的规定，全国的行政法规由国务院或全国人大、全国人大常委会负责制定，称"条例"，党的中央领导机关、中央军委可以制定条例。其他国家机关无权制定条例，只能使用"规定"和"办法"，县级和县级以下人民政府不能制定行政法规。

（二）章程

一般是政党、社会团体和学术组织使用，用以说明该组织的宗旨、性质、组织原则、机构设置、职责范围等，但有的企事业单位也有章程，如《中国人民保险公司章程》。

（三）制度

制度类包括制度、规则、规程、守则、准则、规范等。

1. 制度

制度是党政机关、社会团体和企事业单位为加强对本部门某项工作的管理而制定的，要求所属人员共同遵守的办事程序和行为准则。制度的制发者和执行者一般是上下级关系，如《南京市教委直属单位法定代表离任审计制度》。

2. 规则

规则广泛使用于党政机关、企事业单位和社会团体，它的目的和制度是一样的，但是与制度不同的是制发者与执行者的关系是管理者与被管理者的关系，如果被管理者不遵守该规则，管理者有权依据相关规定进行处罚。如《深圳市人民币特种股票登记暂行规则》。

3. 规程

规程是行政机关、生产单位、科研单位等制定的对某一事项或操作在一定范围内要求人们遵守的统一的要求和程序，其目的是规范人们的行动，以便有一个正常的生产和生活的程序。如《电工安全操作规程》、《沈阳市发热门诊工作规程》。

4. 守则（准则、规范）

守则（准则、规范）是由上级领导机关或代表大会制定，并向所属成员公布，要求他们自觉遵守的道德规范和行为准则。守则、准则等适用于人们的道德行为，具有约束性和规范性，但不具备直接的法律制约作用。

（四）公约

公约是人民群众或者社会团体经协商决议而制定的共同遵守的准则，如《南宁市民文明公约》。

四、规章制度的格式与写法

规章制度的结构一般包括标题、正文和结尾三个部分。

(一) 标题

1. 公文式标题

国家高级行政机关制定的规章制度经常采用此种标题。

(1)由制发机关、事由和文种三部分组成,如《国务院关于私有企业贯彻国民经济调整方针的若干规定》。

(2)由事由和文种组成,如《关于党内政治生活的若干准则》。

2. 适用对象(适用范围)和文种两部分组成

这种标题最为常见,行政机关、企事业单位使用的规章制度大都使用这种写法,如《失业保险条例》、《居民文明公约》。

(二) 正文

规章制度一般采用条文式。

(1)内容比较多的规章制度,一般分为总则、分则和附则三个部分,总则和附则一般只有一章,分则部分按内容的多少分为若干章节,从第一章到最后一章各条前后相连,连续编号,即所谓的"章断条连"式。

(2)内容比较少的规章制度,一般不分章节,直接分条列项来写。

(3)总则一般写制定规章的目的和依据,常用"为了……,根据……,制定本……",或"为了……,制定本……"

(4)分则是法规内容的主体部分,分章、节、条、款,从各个方面提出具体的规定和要求。

(5)附则说明实施要求、规章生效日期、解释和修改的权属机关以及与之有关的法规条文之间的关系等。

(三) 结尾

为了表明文件的权威性和效力,一般都会在正文之前、标题之下以括号形式标明发文机关和发文字号。

【范例1】

中国人民对外友好协会章程

(2007年5月第九届全国理事会会议通过)

第一章 总 则

第一条 本会是中华人民共和国全国性的人民团体,名称为中国人民对外友好协会,简称中国对外友协或全国友协。英译名为 THE CHINESE PEOPLE'S ASSOCIATION FOR FRIENDSHIP WITH FOREIGN COUNTRIES,简称 CPAFFC。

第二条　本会作为民间外交机构，代表中国人民在国际舞台上广交深交朋友，为中国特色社会主义事业争取广泛的国际同情，为中国与世界各国建立良好的国家关系提供巩固的社会基础。

第三条　本会以增进人民友谊、推动国际合作、维护世界和平、促进共同发展为不懈追求的工作宗旨。

第四条　本会贯彻执行中国独立自主的和平外交政策，遵循和平共处五项原则，开展全方位、多层次、宽领域的民间友好工作，为实现中国的和平发展与和平统一大业服务，致力于全人类团结进步的事业，为建设持久和平、共同繁荣的和谐世界而努力奋斗。

第二章　工　作

第五条　同各国对华友好组织和各界人士建立并发展良好的合作关系。通过派代表团互访，举行纪念会、报告会、座谈会、研讨会，参加双边及多边会议，交换文化资料等，增进各国人民之间的相互了解，建立信任，发展友谊。

第六条　按照民间外交的工作布局，倡议并组织对不同地区和国家的友协团体，开展民间性质的友好往来，向著名国际友好人士授予人民友好使者称号，或以不同方式表达敬意。

第七条　致力于维护世界和平、人类共同安全的事业，声援各国人民争取国家发展、社会进步、维护主权和安全的正义斗争。

第八条　促进对外民间经济合作，在贸易、投资、教育、科技、环保、城乡建设等领域与世界各国开展互利合作，推动国际间的人才交流。

第九条　开展对外民间文化交流，派出中国艺术团体访问世界各国，并接待五大洲的民间文化艺术团体和人士来中国进行友好访问，举办各种形式的演出和展览。

第十条　与世界各国各种类型的社会团体进行交流，学习并传播有益的经验，为构建和谐社会提供助力，特别注重开展青少年之间的国际交往。

第十一条　受政府委托，协调、管理我国各地同外国建立和发展友好城市关系的工作，推动中外地方和城市的交流与合作。

第十二条　作为在联合国有咨商地位的非政府组织，积极参加联合国及其他国际组织的交流活动。作为世界城市和地方政府联合组织的成员，代表中国地方政府参与国际合作。

第十三条　开展其他有关中国人民同各国人民友好合作的工作。

第三章　会　员

第十四条　本会实行单位会员和个人会员相结合的制度。

第十五条　中央各有关部门、社会团体、友协团体，以及各省、自治区、直辖市和所属城市的对外友好协会可以成为本会单位会员。各会员单位推举代表担任本会单位理事。如代表的工作岗位发生变动，会员单位应该另行推举代表。

第十六条　本会可聘请若干社会知名人士担任特邀理事，特邀理事即为本会个人会员。

第十七条　本会会员应该遵守本会章程，为实现本会宗旨而承担一定工作，积极参加本会组织的民间外交活动,并有权享受本会提供的在国际交往方面的服务。

第四章　机　构

第十八条　本会最高权力机构是全国理事会,每届任期五年,除任期开始时召开一次全体会议外,届中至少还应再召开一次。

第十九条　全国理事会的组成应注意广泛性和代表性,由上一届理事会与社会各界协商决定。

第二十条　全国理事会的职权:

(一)审查本会工作报告,决定工作方针和任务;

(二)根据形势发展和工作需要修改本会章程;

(三)决定聘请名誉会长和顾问;

(四)选举会长、副会长和秘书长。

第二十一条　会长、副会长和秘书长组成常务会议,主持本会日常工作并负责向全国理事会报告工作。常务会议可决定组成人员的个别调整,但必须经下一次全国理事会追认。常务会议可决定设副秘书长若干人,并建立必要的办事机构。根据需要,常务会议可决定临时召集全国理事会会议。

第二十二条　各省、自治区、直辖市及所属的市、区、县,都可以根据需要建立相应的对外友好协会。作为相应级别的人民团体,各省、自治区、直辖市以及市、区、县对外友协在业务工作上接受上一级对外友协的指导。

第五章　经　费

第二十三条　本会经费来源:

(一)国内外社会各界的捐助;

(二)本会举办活动的收入;

(三)政府资助。

第六章　会　徽

第二十四条　本会会徽由梅花图案、文字"友好"、"中国人民对外友好协会"和"CPAFFC"组成。会徽可在办公地点、活动场所、会议会场悬挂,在出版物和纪念品上印制,也可制成徽章佩戴。

第七章　附　则

第二十五条　本会会址设在北京。

第二十六条　本章程经全国理事会会议通过后生效。

第二十七条　本会终止需经全国理事会会议参会理事三分之二以上多数讨论通过方为有效。

【范例2】

集成电路布图设计保护条例

第一章 总 则

第一条 为了保护集成电路布图设计专有权,鼓励集成电路技术的创新,促进科学技术的发展,制定本条例。

第二条 本条例下列用语的含义:

(一)集成电路,是指半导体集成电路,即以半导体材料为基片,将至少有一个是有源元件的两个以上元件和部分或者全部互连线路集成在基片之中或者基片之上,以执行某种电子功能的中间产品或者最终产品;

(二)集成电路布图设计(以下简称布图设计),是指集成电路中至少有一个是有源元件的两个以上元件和部分或者全部互联线路的三维配置,或者为制造集成电路而准备的上述三维配置;

(三)布图设计权利人,是指依照本条例的规定,对布图设计享有专有权的自然人、法人或者其他组织;

(四)复制,是指重复制作布图设计或含有该布图设计的集成电路的行为;

(五)商业利用,是指为商业目的进口、销售或者以其他方式提供受保护的布图设计、含有该布图设计的集成电路或者含有该集成电路的物品的行为。

第三条至第六条 (略)

第二章 布图设计专有权

第七条 布图设计权利人享有下列专有权:

(一)对受保护的布图设计的全部或者其中任何具有独创性的部分进行复制;

(二)将受保护的布图设计、含有该布图设计的集成电路或者含有该集成电路的物品投入商业利用。

第八条 布图设计专有权经国务院知识产权行政部门登记产生。

第九条至第三十四条 (略)

第六章 附则

第三十五条 申请布图设计登记和办理其他手续,应当按照规定缴纳费用。缴费标准由国务院物价主管部门、国务院知识产权行政部门制定,并由国务院知识产权行政部门公告。

第三十六条 本条例自2001年10月1日起施行。

第六节　述职报告

一、述职报告的含义

述职报告是各级党政机关、企事业单位、社会团体的各级领导干部及管理工作人员在本系统、本单位、本部门向上级管理机关陈述自己在任职期间履行岗位职责情况、进行自我总结和评价的陈述性书面材料。

二、述职报告的特点

1. 个人性

述职报告以个人的身份写作,只陈述与其个人有关的事项。

2. 真实性

述职者一定要实事求是、准确地反映在岗位履行职责的情况。

3. 通俗性

语言应尽量口语化,让所有与会者都能听得懂。

三、述职报告的格式与写法

述职报告的结构包括:标题、称谓、正文、落款。

(一) 标题

标题可分为四种:

(1) 述职人、时限、文种,如《××2002年度述职报告》。

(2) 述职人、文种,如《××述职报告》。

(3) 正副标题式,如《开拓进取　勇于创新——××述职报告》。

(4) 直接用文体做标题:《述职报告》。

(二) 称谓

称谓可以是"各位领导"、"董事会"、"各位同事"等。

(三) 正文

1. 开头

介绍述职者所任职务、职责范围、指导思想和目标。之后用过渡句"现按岗位职责要求,将我任职期间的工作情况报告如下"来导出下文。

2. 主体

首先陈述取得的成绩,再指出存在的问题,最后进行适当的自我评价。

3. 结尾

对今后工作的设想和结束语。结束语一般为"以上报告,请领导和同志们指正"、"以上是我的述职,谢谢各位"。

(四)落款

落款包括述职人姓名和成文时间。

四、写作要求

(1) 实事求是。述职报告要讲真话、讲实话、讲心里话,以诚感人。无论称职与否都要与事实相符。要正确处理个人与集体、主观与客观的关系,要分清功过是非。承担责任要恰如其分,既不争功,也不必揽过。

(2) 写"述职报告"要形成制度,不仅在离任前要述职,而且在任期中也应定期述职。只有这样,才能更好地起到鞭策的作用。

(3) 内容要周详,重点要突出。在全面汇报任职期间所做各项工作的基础上,要突出任职期间的重大成绩和创造性业绩,以表明自己的胜任和事业心。应当明确,述职报告必须围绕"职责"二字做文章。它的写作目的,不是评功摆好,而是为了说明是否称职。

(4) 情理相宜。述职报告在叙事说理过程中,要有适度的感情色彩。

(5) 态度要诚恳。述职,是向机关和群众汇报工作。写作述职报告之前,应对自己进行认真的、全面的反思,并虚心听取群众的意见,弄清群众的不满和要求,对群众意见较大的问题尤其要如实阐述,以坦诚的胸怀,赢得群众的谅解和支持。接受群众的监督,而不是作报告,这个特定的角色必须明确,这也是写好"述职报告"的前提。

【范例1】

通信公司人力资源部主任的述职报告

2006年在公司总经理和公司领导班子的领导下,同部室人员共同努力工作,较好地完成了岗位工作职责。简述主要工作如下:

1. 认真落实和执行省公司关于加强和推动绩效管理工作的指导性意见,起草《通信分公司绩效考核管理办法》,组织并与各部门进行全面的沟通与协调工作,经公司相关会议讨论通过后,认真组织、落实和实施了对部门的绩效考核工作,并与近期按省公司要求的时间进度,全面推行了对员工的绩效考核管理工作。

2. 加强了对劳务人员的岗位考核与管理工作,在劳务合同到期前,配合各业务部门对现岗劳务工工作情况进行全面岗位考核与岗位评价,在中心区营业员岗位,引入岗位竞争机制,开展了岗位竞聘工作,实行末位淘汰制,对于不能继续适合岗位工作的7名劳务人员,及时终止了劳务合同,促进了劳务人员爱岗敬业的积极性。

3. 组织、实施了对数据业务经理及相关营业员岗位人员的招聘与培训指导工作,经公司考核委员会严格的考核,在70余名应试者中,经过笔试、综合面试、微机操作等三轮层层筛选,择优选聘13位同志,经岗前培训及考核,现已达到其相关营业员、数据业务经理的岗位要求,目前已上岗工作。由于注重综合素质,新聘人员很快适应岗位工作,受到业务部门的欢迎和肯定。

4. 加强干部管理工作,落实公司相关干部管理岗位调整工作,并及时跟踪新到任干部岗位工作情况,帮助相关干部适应岗位工作变化,达到岗位要求。注意加强思想工作,对部分干部岗位工作变动中,出现的思想波动都能从公司发展的大局出发,注意引导和帮助相关人员,使其理解和支持公司的工作安排,鼓励干部在工作中,边学习,边成长,一切以干好本职工作为前提,以工作绩效去赢得各方的认知,实现自身价值。

5. 根据部门人员的个性、特长及工作的关联性,适时地调整了部门内部相关工作职责和工作范围,理顺了工作,最大限度地发挥部门人员的工作潜力,按时完成了工资、工作绩效考核、季度奖金的兑现以及养老保险、住房公积金的扣缴、各类报表的报送、人力资源信息修改、补充等项工作。

6. 在总经理的全力支持下,积极与地方协调,使地方同意我公司提出的关于医疗保险按月以1 000元为基数的提取扣缴比例,年为企业节约缴纳金30多万元,从而维护了企业和员工的切身利益,在住房公积金扣缴方面,及时向公司总经理汇报,取得了领导的支持,按企业个人都参照20的比例进行扣缴。凡是涉及员工切身利益之事,能认真向领导如实汇报员工的想法。使领导能及时了解员工的想法,领导的适时决策,增加了员工的满意度,起到了中层干部应发挥的上下沟通,下情上达和上情下贯的衔接作用,提高了工作执行力。

7. 认真履行岗位工作职责,严于律己,在省公司组织人事干部"树组工干部形象、做公道正派表率"的征文活动中的《浅谈坚持公道正派是做好组织人事工作的根本保障》一文被省公司推荐,代表省公司组工干部征文,参加集团公司的征文活动。

8. 树立职能部门为经营、为生产一线服务的理念,对经营、网络和生产一线提出的各种问题,都能认真对待,善于倾听业务部门的各种意见和建议,对于职责范围内的事情,都能认真对待及时解决,对于超权限范围的问题,也能及时向领导请示,经批准后及时协调沟通。

9. 近期根据公司的发展情况,认真落实公司相关区、县营业员、基站维护员、数据业务经理的劳务工招聘工作,由于此次招聘人员达43人之多,为聘用到较高素质人才,积极与市人才交流中心、黑龙江大学分校等相关部门联系、沟通,现黑龙江大学分校已有应届毕业生30余人集体报名准备应试,市人才交流中心将首次与企业合作,将在11月18日在市人才交流中心,与我公司共同举办人才专场招聘会,广告信息的发布及场地,均由市人才交流中心负责提供,不仅提高了公司的宣传度,也为下步提高招聘工作质量,开了一个好头。

总之,在总经理的领导下,我在岗位工作中确实能尽职尽责完成岗位工作,取得一定的工作成绩,但自己经过总结和思考,也明显地感到自己还有很多需要加以注意和改进的地方,一是要注意工作的方式方法,严格管理是对的,但要求不宜太高,工作中应改正急躁情绪,特别是注意不能将工作中的急躁情绪传递和带给部门下属人员,应体谅和尊重个体的差异性。二是关注和加强与部门间的沟通工作,发现问题应主动沟通,当出现没按工作程序沟通的问题时,不能按部就班注重工作程序,而应以解决问题为出发点,从而最大限度地减少工作失误。下步工作重点是:认真做好岗位管理、绩效管理工作,努力加强和做好人力资源提升项目工作,为公司经营和生产发展,做好支撑与服务。

【范例2】

教师学年述职报告

在一学年里,本人在学校的安排下,担任了××教学工作。一学年以来,在学校领导的关心、支持下,尽职尽责做好各项工作。现具体总结如下:

一、班主任工作

在担任×班班主任工作中,做到认真完成学校布置的各项工作,重视班风、学风的培养,深入了解每个学生的思想动态。严格管理,积极与家长配合,研究教育学生的有效方法。及时发现问题,及时处理。针对学生常规工作常抓不懈,实施制度量化制度的管理。培养学生养成学习、清洁卫生等良好的习惯。努力创造一个团结向上,富有朝气的班集体。该班在各方面的表现都比较好,并在××比赛中荣获第一名。

二、教学工作

在教学工作上,根据学校的工作目标和教材的内容,了解学生的实际情况,通过钻研教材、研究具体教学方法,制定了切实可行的学期工作计划,为整个学期的××教学工作定下目标和方向,保证了整个教学工作的顺利开展。

在教学的过程中,学生是主体,让学生学好知识是老师的职责。因此,在教学之前,贯彻《九年义务教育××教学大纲》的精神,认真细致地研究教材,研究学生掌握知识的方法。通过钻研教学大纲和教材,不断探索,尝试各种教学方法,如"如何培养中学生创造能力"教学实验专题。积极进行教学改革。积极参加市教研室及学校组织的教研活动,通过参观学习,外出听课等教学活动,吸取相关的教学经验,提高自身的教学水平。利用网络资源、各类相关专业的书报杂志了解现代教育的动向,开拓教学视野和思维。艺术需要个性,没有个性就无所谓艺术。在教学中尊重孩子的不同兴趣爱好,不同的生活感受和不同的表现形式、方法等等,使他们形成自己不同的风格,不强求一律。艺术的魅力就在于审美个性的独特性,越有个性的艺术就越美,越能发现独特的美的人就越有审美能力,越有创造力。所以,在中学××教育中,有意识地以学生为主体,教师为主导,通过各种游戏、比赛等教学手段,充分调动他们的学习兴趣及学习积极性。让他们的天性和个性得以自由健康的发挥。让学生在视、听、触觉中培养了创造性思维方式,在进行艺术创作时充分得以自由运用。

三、第二课堂的开展,因材施教,做好培优工作

抓好第二课堂,实施素质教学。根据本校学生的基础,发掘有××兴趣、特长的学生,组织他们在第二课堂进行培养,并按年龄、基础等情况分为××兴趣小组初级班和创作班。按实际情况采用不同的计划、步骤、方法,进行有效的培训教学。学生经过一个学年有计划、有步骤的

培训后,××水平有了很大的提高。在学校的支持下建成本校特色的××,各方来宾对我校学生的××有着较高的评价。并在精神上支持我们的做法,在一定程度上提高了我校的文化氛围。

四、其他工作

除了日常的教学工作之外,负责校内大部分的宣传工作,为了能做好学校的宣传工作,不计酬劳,任劳任怨、加班加点,按时保质完成工作。如……

在这一学年的工作中,通过和同事共同的努力,提高了我校的××水平,取得一定的成绩。但在教学工作中,自身尚有不足之处,还需继续努力提高自身的能力。寄望于下一学年度为提高我校学生的××水平,营造校园的文化气氛,促进我校素质教育的发展作更大的努力。

第七节 简 报

一、简报的含义

简报是党政机关、人民团体、企事业单位内部用于汇报工作、反映问题、沟通情况、指导工作、交流经验、传递信息的一种简短的有一定新闻性质的文书材料。

二、简报的种类

根据简报的性质和作用的不同,常用的有四种:业务简报、中心工作简报、典型经验简报和会议简报。

(一)业务简报

业务简报是各机关业务部门长期编发的定期或不定期的简报,主要用来向上级及时汇报工作情况和问题,以供上级研究、参考。如《财政简报》、《工作简报》、《情况反映》等。

(二)中心工作简报

中心工作简报是配合某项中心工作而编发的简报。如《财经纪律大检查简报》。

(三)典型经验简报

典型经验简报主要是用来交流经验、介绍先进典型事迹的简报。

(四)会议简报

会议简报是对某个会议所作的连续性或一次性报道。主要反映会议概况、主要精神,会议期间主要领导的重要讲话和会议的决定,会议讨论的某些问题。

三、简报的结构和写法

简报的结构一般由报头、报体和报尾组成。

（一）报头

一是简报名称，一般用套红印刷的大号字体；如有特殊内容而又不必另出一期简报时，就在名称或期数下面注明"增刊"或"……专刊"字样；秘密等级写在左上角，也有的写"内部文件"或"内部资料，注意保存"等字样。

二是期号，可写在名称下一行，用括号括上。

三是编印单位。

四是印发日期，写在与编印单位平行的右侧。再下面，用一道横线将报头与报核隔开。

（二）报体

报体，即简报所刊的一篇或几篇文章。简报的写法是多种多样的，因此，它的形式也较灵活。大多数是消息，包括标题、导语、主体、结果和穿插在叙述中的背景材料。除消息外，还有别的文体，所以，不是每篇简报都有这几项内容。

一是标题，类似新闻的标题，要揭示主题，简短醒目。

二是导语，通常用简明的一句话或一段话概括全文的主旨或主要内容，给读者一个总的印象。导语的写法多种多样，有提问式、结论式、描写式、叙述式等。导语一般要交代清楚谁（某人或某单位），什么时间，干什么（事件），结果怎样等内容。

三是主体，用足够的、典型的、有说服力的材料，把导语的内容加以具体化。

四是结尾，或指明事情发展趋势，或提出希望及今后打算。要是主体部分已经把事情说清楚，那就不必再说明。

五是背景，即对人物、事件起作用的环境条件和历史情况。背景可以穿插在各个部分。

（三）报尾

在简报最后一页下部，用一横线与报核隔开，横线下左边写明发送范围，在平行的右侧写明印刷份数。

四、简报的编写要求

（1）材料必须真实可靠，这是简报的"生命"。

（2）要简明扼要，不宜长，一份简报以千字为宜。

（3）快写快发。

【范例】

福州软件职业技术学院
学生工作处简报

(2012~2013 学年第 6 期)

福州软件职业技术学院学生工作处　2013 年 4 月 16 日印发

一、学生工作动态

1. 学生处开展无主题辅导员工作经验交流会

3 月 19 日下午,学生处组织了第一次辅导员工作无主题交流,由各年级派出一位辅导员对近期工作存在的问题或一些好的工作经验进行交流,会上 12 级魏丽静老师提出了在工作中存在的 10 大疑问,引起全体辅导员的热议与解答。

2. 学生处开展第八届学生思政工作研讨会

3 月 28 日,为加强学生的科学管理,交流工作经验,学生处组织全体辅导员参加学院第八届学生思政工作研讨会,分为两组对主要议题进行了充分讨论。

3. 青年志愿者协会开展学习雷锋精神系列活动

为弘扬雷锋精神,切实加强我院学生的思想道德建设,青年志愿者协会在 3 月份开展了学习雷锋精神主题教育活动,以班级为单位,通过主题班会等形式,让雷锋精神走入校园,走进社会。

二、团学工作

1. 院团委开展推优工作

院团委开展新一批群团推优工作,各专业班级团支部积极参加,确定了 168 名优秀团员作为党的发展对象。

2. 女生部开展三七女生节系列活动

3 月 7 日女生部在生活区门口开展三七女生节系列活动。

3. 学院杯第七届篮球赛开赛

3 月 23 日由学院体育部举办的第七届"学院杯"篮球赛在院篮球场正式开赛。

4. 我院青年志愿者服务环境综合整治,传递"美丽福州"青春正能量

我院团委携手共青团福州市委和共青团台江区委于 3 月 5 日"中国青年志愿者服务日",在宝龙城市广场举行"青春雷锋·美丽福州"福州市青年志愿者服务环境综合整治统一行动启动仪式。

5. 我院团委自律会开展 2012~2013 学年卫生优秀宿舍评比活动

3 月 16 日为了增强我院学生的自我管理能力,培养主人翁的意识和责任感,创造一个良好的学习、生活环境,根据我院相关规定,团委自律会开展了 2012~2013 学年院级卫生优秀宿舍评比活动。

6. 我院举办第四届英语口语竞赛

2013年3月28日,由福州软件职业技术学院英语协会举办的"福州软件职业技术学院第四届英语口语竞赛"在B区报告厅举行。

三、就业指导工作

为鼓励和引导高校毕业生深入农村基层工作,推进社会主义新农村建设的步伐,服务海西经济发展,我院招就办发布2013年福建省"三支一扶"计划报名。

本章练习题

1. 下列说法表述错误的一项是( )。
   A. 机关、团体、单位或个人都可以写自己的计划。
   B. 制订计划,既要体现一定的政策与上级指示精神,又要结合自身的实际情况。
   C. 制订计划不仅是为了很好地完成生产、工作或学习任务,也可以交流。
   D. 计划是对一定时期内将要进行的实践活动预作构想、安排的事务性应用文。
2. 下列关于计划的种类说法表述正确的一项是( )。
   A. 按照性质分为综合计划、单项计划、集体计划、个人计划等。
   B. 按照内容分,有生产计划、工作计划、学习计划、科研计划等。
   C. 按照时间可分为远景规划、年度计划、季度计划、月度计划、每日安排等。
   D. 按照成熟程度可以分为方案、意见、安排、设想、草案。
3. 下列表述不符合计划特点的一项是( )。
   A. 定计划要有预见性,要看得长远,要有超前意识。
   B. 计划的明确性指的是目的、任务、指标、要求等要具体明确。
   C. 定计划、定指标是个关键问题,所以要定得高,这样才能调动大家的积极性。
   D. 定计划,前瞻性、明确性、可行性三个要求缺一不可。
4. 下列表述不符合计划格式写法的一项是( )。
   A. 计划一般由标题、正文、结尾与落款四部分组成。
   B. 计划全称标题由单位名称、适用时限、计划内容、计划种类四部分组成。
   C. 在标题中已出现制订计划的单位名称,可不用署名,个人计划则必须署上姓名。
   D. 尚未最后确定的计划,可以在标题后面注上"讨论稿"、"草案"等字样。
5. 下列有关计划正文表述正确的两项是( )。
   A. 前言应该写明制订计划的依据。
   B. 第二部分应该写出完成任务的措施和办法,及具体步骤。
   C. 第三部分要写一定期限内应完成的任务和达到的目标。
   D. 正文的末尾需写上结语,包括检查办法,执行希望或必要的补充说明等内容。
6. 下列有关计划作用表述错误的两项是( )。

A. 计划的主要作用是为了提高自觉性，避免盲目性。
B. 有利于自我督促、检查，使实践活动收取更大的成就。
C. 有教育职工、督促员工进步、号召大家积极进取的作用。
D. 可以调动积极性，保证工作任务的完成。

7. 阅读下面的计划，指出存在的问题，并予以修改。

××班本学期学习雷锋活动计划设想

为了搞好本学期的学雷锋活动，特制订如下计划：

一、把学雷锋活动和专业学习紧密结合起来，要求每个同学认真学好各门功课，不得无故缺旷课。

二、把学雷锋活动和精神文明建设紧密结合起来，要求每个同学搞好个人和教室卫生，遵守校纪，尊敬教师，不吵嘴打架。

三、请校内外雷锋式先进人物作报告。

四、第四周结合学校安排的值周工作，多做好人好事。

五、第十周结合期中考试，学习雷锋的学习精神，好好学习，争取考出好成绩。

六、第十三周至放假，以雷锋精神对照自己，找出差距，总结经验，宣传典型。

七、大力提倡岗位学雷锋，真正将雷锋精神融入日常学习、生活中去。

××班
××××年×月×日

第五章
Chapter 5

财经类文体

第一节 财经类文体概述

一、财经类文体的含义

对于财经类文体的含义,有狭义和广义两种理解。狭义的财经文书专指各类只为财经工作所用的财经专业文书,是专门用于经济活动的经济应用文体的统称。广义的财经文书则是人们在财经工作中所使用的各种反映经济活动的文书的统称,既包括财经专业文书,也包括一些在其他社会领域和部门广泛应用的文书。本章所涉及的财经文书主要指狭义的财经文书。

财经类文体是应用文体的一个分支,广泛应用于生产、交换、流通、消费等经济活动的各个环节,直接服务于生产和经营,在企业生产和经营中起着重要的作用。

二、财经类文体的种类

按照不同的标准划分,财经类文体可分为不同的类别。
(1)根据适用范围,财经类文体可分为宏观经济文书和微观经济文书两种。

宏观经济文书包括市场调查报告、市场预测报告等。它从宏观的角度分析和研究经济运转的规律及其发展趋势,帮助经济工作的决策者增强自觉性、减少盲目性,做出正确的决策。

微观经济文书包括经济合同、协议书、商品广告、商品说明书等。这些是具体事务、具体对象、具体产品能够遵循客观经济规律进行有序运作,体现双方或多方当事人的经济利益的一种依据或凭证,是连接生产和消费的一条重要纽带。

(2)根据用途分,可分为报告类经济文书、方案类经济文书、契约类经济文书。

报告类经济文书,主要指用于总结或分析经济工作的现状或发展趋势,包括经济工作总结、市场调查报告、经济活动分析报告等。

方案类经济文书,主要用于为决策者提供决策依据,包括经济决策方案、可靠性报告、市场预测报告、经济计划等。

契约类经济文书,主要是用于确定经济活动当事人双方的关系,彼此的权利与义务,包括经济合同、合作意向书、协议书等。

三、财经类文体的特点

(一)合法性

市场经济就是法制经济,有关的经济法规和经济政策既是经济运行的基本规则,也是经济文书写作的指导方针。在我国,经济工作是一项政策性很强的工作。这就要求经济文书的内容要体现和渗透经济法规和经济政策的精神,要以有关的法规和政策为依据去分析经济现象,研究经济形势,解决经济问题;要结合具体的经济工作任务、具体的事件、具体的问题去自觉贯彻宣传国家的有关法规和政策,反映国家政权的政治意向和根本利益。例如,如果不熟悉当前的经济政策,就很难写出准确的调查预测报告;签订经济合同,其内容必须遵循《合同法》的有关规定,必须规范在国家法律以及有关税务、财务、物价等方面的政策允许的范围之内;发布商品广告也要按照《广告法》的有关规定进行,保证广告内容的真实与合法。只有熟悉业务并按照经济规律和市场规律办事,才不会贻误工作,否则会造成不可估量的损失。

(二)准确性

财经类文体要真实、准确地反映客观的经济情况。财经类文体实用性很强,无论是内容还是形式都必须高度准确,必须真实可靠才能作为进行经济活动的依据。财经类文体的语言注重实用,签订合同是为了明确双方的权利和义务,事关法律,所以要求文字严密。经济活动分析报告侧重于准确的数字说明,精辟透彻的经济规律分析和研究,并加强语言的说服力和精确性。

(三)专业性

专业性是财经应用文最突出的特点。财经类文体所反映的内容是特定经济领域里的各种现象,每一种经济领域都对应一个专业领域。

(四)规范性

财经类文书专业性很强,为了表达得准确得体,处理得及时迅速,在长期的写作实践中,逐渐形成了各自不同的、相对固定的格式与写作规范。各种文体都有自己大致的模式,写作也要按照一定的规格、程式、标准和要求进行,不允许随心所欲,自行改变。例如签订合同等往往都有印刷好的格式,写作者只要在里边填充即可。

第二节 市场调查报告

一、市场调查报告的含义

市场调查报告就是运用科学的方法,有目的、有条理地对市场、顾客、购买对象和购买习惯等情况,进行全面或局部的搜集、整理、分析和研究,做出正确结论,提出合理化建议,形成书面文字材料,就是市场调查报告。市场调查报告是开展商业活动的基础。

市场调查报告是市场调查工作的最终成果,也是市场调研过程中的重要一环。拟制市场调查报告,应当运用科学方法系统地搜集、记录、整理和分析有关市场的信息资料,使工商企业了解市场发展变化的现状和趋势,为经营决策、广告策划等工作提供科学的依据。

二、市场调查报告的特点

(一)针对性

针对性是市场调查报告的灵魂。市场十分广阔,信息错综复杂,而市场调查只能是有针对性、有选择性地进行。针对性主要包括两方面:第一,调查报告必须明确调查目的,或是为了解决某一问题,或是对某一问题进行分析研究,为企业决策提供依据。第二,市场调查报告必须明确阅读对象,阅读对象不同,他们的要求和所关心的问题的侧重点也不同。

(二)时效性

在经济活动中,具体的工作任务都有一定的时间要求。要顺应瞬息万变的市场形势,调查报告就必须讲究时间效益,做到及时、迅速和准确地发现和反映市场的新情况、新问题。只有及时到达使用者手中,才能让经营决策者快速掌握情况,不失时机地做出相应的决策,调整经营方向,提高企业的应变能力和竞争能力,确保产销对路,避免和减少风险,真正发挥出调查报告的作用。

(三)真实性

市场调查报告的调查目的,主要是了解情况,为企业决策提供可靠的依据,因此必须如实反映市场现状和变化规律的信息。市场调查的内容和对象必须是客观真实的市场情况,写作时也要求实事求是,写入报告中的所有材料都必须准确无误,这是写作市场调查报告的基本原则。

三、市场调查报告的分类

(一)商品情况的调查报告

反映消费者对某一种商品或某一类商品的质量、价格、使用状况与技术服务等方面的评价、建议和要求。包括消费者对商品包装、商标、售后服务的评价,商品在市场上的情况,如市场占有率、市场覆盖率及其走向等。

(二)消费者情况的调查报告

反映购买某一种商品或某一类商品的消费者的数量及地区分布状况。包括消费者的性别、年龄、职业、民族、文化程度情况;消费者的个人收入和家庭平均收入水平、购买力的大小、购买商品的数量情况;消费者中哪些人是主要购买者,哪些人是忠实购买者,什么人是使用者,什么人是购买决策者;消费者的欲望和购买动机,影响消费者购买决策的因素;消费者的购买习惯等。

(三)销售情况的调查报告

调查销售情况以反映商品在市场上的供求比例、销售能力和影响销售的因素。包括销售渠道是否畅通、合理,如何广开渠道,减少中间环节;中间商的销售情况,如销售额、潜在销售量、利润、经营能力、本地区市场占有率;消费者对代销商和零售商的印象;商品储存和运输情况;采用人员推销与否的不同效果;不同广告媒体的宣传效果;销售服务方式如何等。

(四)市场竞争情况的调查报告

通过对竞争对手及其产品的调查,反映竞争对手的数量及其人力、财力、物力和经营管理水平。包括竞争对手产品的质量、品种、花色、式样及其特色;竞争对手所采用的市场价格策略、销售渠道策略、广告宣传策略;竞争对手产品的市场占有率和市场覆盖率;竞争对手的企业发展战略及目标等。

四、市场调查的方法

市场调查方法按其选择调查样本的方法来分有市场普查(一般只在产品销售范围很小或用户很少的情况下采用)、抽样调查、典型调查、重点调查等;按调查过程中对调查对象所采用的具体的调查方法来分,又有询问法(口头询问、电话询问、书面询问)、样品征询法、实验法、观察法、资料调查法等。

这些方法各有其长处和短处,也有各自不同的适用范围。在调查中可选一种方法,也可结合使用多种方法。通过市场调查获得大量详细的有价值的可靠的情报资料,这就为市场调查报告的写作奠定了坚实的基础。

五、市场调查报告的结构与写法

市场调查报告一般包括标题、前言、主体、结尾四部分。

(一)标题

市场调查报告标题的常见形式有公文式、文章式和新闻式三种。

1. 公文式

一般由作者（范围）、事由和文种组成。如《天津自行车在中外市场地位的调查》；有时作者也可以省略，如《关于当代青年消费问题的调查报告》。

2. 文章式

即不要求作者、事由和文种齐全，而根据内容的需要取舍，标题只要能够突出主题即可，如《我国平板电脑市场现状及前景分析》《出口商品包装不容忽视》。

3. 新闻式

这种标题类似新闻报道的标题，采用正副标题的形式，正标题标明内容，副标题标明对象、范围及文种，如《竞争在今天，希望在明天——全国手机用户问卷调查分析报告》《市场在哪里——天津地区三峰电动自行车用户调查》。

市场调查报告的标题可以多种多样，但标题无论采用哪一种形式，都要与市场调查报告的内容相符，力求做到简明、概括、新颖、醒目。

（二）前言

前言部分也称为引言，是市场调查报告的开头，一般交代清楚调查的目的、时间、地点、对象、范围和方法，说明调查的主旨和采用的调查方法，也可以概括全文内容和观点，以便使读者对全文内容、意义等获得初步了解。然后使用过渡句承上启下，引出主体部分。例如一篇题为《关于全市2013年电暖器市场的调查》的市场调查报告，其引言部分写为："××市北方调查策划事务所受××委托，于2013年3月至4月在国内部分省市进行了一次电暖器市场调查。现将调查研究情况汇报如下……"用简要文字交代出了调查的主体身份，调查的时间、对象和范围等要素，并用一过渡句开启下文，写得合乎规范。这部分文字务求精要，切忌啰嗦繁杂。但也要视具体情况，有时亦可省略这一部分，将其放在主体部分，以使行文更趋简洁。

（三）主体

主体部分是市场调查报告的和核心。要求用通过市场调查取得的资料，介绍被调查事物的基本情况，预测市场发展趋势，最后提出对策和建议。写作时，要根据材料的性质及其相互之间的联系，将材料进行科学的分类和合乎逻辑的安排，有时可以采用小标题的表达形式。

1. 基本情况

一般要用可靠的资料和翔实的数据真实地把基本情况介绍出来。这部分可按时间顺序进行表述，有历史的情况也有现实的情况，或者列示数字、图表或图像等加以说明；也可按问题的性质归纳成几个类别，采用设立小标题或者简要综述的形式。无论如何，都要力求做到具体、准确和如实地反映调查对象，富有条理性，以便为下文进行分析和提出建议提供坚实充分的依据。

2. 分析或预测

即在对调查所获基本情况进行分析的基础上对市场发展趋势做出预测，它直接影响到有关部门和企业领导的决策行为,因而必须着力写好。要采用议论的手法,对调查所获得的资料条分缕析,包括产品需求量、新产品的开发、消费习惯的变化、市场走向等等。进行科学的研究和推断,并据以形成符合事物发展变化规律的结论性意见。用语要富于论断性和针对性,做到析理入微,言简意明,切忌脱离调查所获资料随意发挥。内容较复杂时,可分成若干个方面,以小标题的形式加以阐述。

特别需要注意的是,市场调查报告虽然不以预测为重点,但很多报告的资料分析中,都暗含对市场前景的判断。

3. 对策和建议

这层内容是市场调查报告写作目的和宗旨的体现,要在上文调查情况和分析预测的基础上,提出具体的建议和措施,供决策者参考。要注意建议的针对性和可行性,能够切实解决问题。

(四)结尾

结尾是市场调查报告的重要组成部分,要写得简明扼要,短小有力。一般是对全文内容进行总括,以突出观点,强调意义;或是展望未来,以充满希望的笔调作结。视实际情况,有时也可省略这部分,以使行文更趋简练。

六、市场调查报告写作的注意事项

(1)要正确地把握文体性质和表达方式。市场调查报告是一种兼有说明文、记叙文、议论文的一些特点而又不同于它们的应用文体。它偏重于选用全面、系统、完整的事实、数据叙述说明问题,并且运用议论的表达方式提出建议或决策。

(2)资料信息要充分、真实。市场调查报告提供的事实要确凿,数据和图表要精确,提出的观点要鲜明,要讲究文章的逻辑性。

(3)语言要准确、简练、朴实,要清楚地表达内容。如果在市场调查报告中运用小标题,各小标题要力求简洁、醒目、匀称,格调一致。

(4)一份市场调查报告以写一个问题为宜,切忌涉及的问题太大太多,面面俱到。

【范例】

关于大学生网上购物情况的调查

一、引言

从2007年开始到2010年,中国网民数量在急剧地增长,而在网民数量急剧增长的同时,中国网民的购物比例也随之上升。2010年中国的互联网用户数量已经突破3亿,而网购的用户群体也占到整个互联网用户群的三成。这就代表着中国在2009年已经有了1亿用户的网购市场,并且这个数字还在增大。

中国网民的购物潜力仍未被完全释放。在欧美和韩国等互联网普及率较高的国家,网民中网络购物比例已经超过2/3。各大网络购物网站致力于打造更加简单易行的购物平台,网络购物的门槛越来越低,只要会上网就可以学会网络购物。中国网络购物的潜力还远未被释放。随着中国网民数量的增加和网络购物市场的成熟,网络购物市场必将展现出巨大的发展潜力。

统计数据显示(图5.1),2009年中国网购市场交易规模达到了2 483.5亿元,同比2008年的1 281.8亿元,继续大增93.7%。

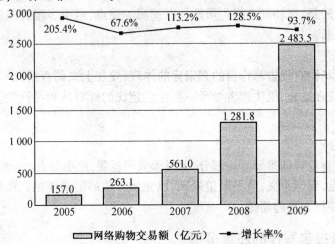

图5.1 2005~2009年中国网络购物市场交易规模

在我国,受网络影响最深、最广的莫过于有较高文化层次的大学生,作为最先接受新技术的群体,大学生对电脑和互联网更是情有独钟。而从网络购物者的文化程度来分析,上网购物的大学生已经达到总数的49.3%。

作为"高触网"的大学生,随着网络和电子商务的发展,他们成为网络购物群体中的主体。他们往往扮演着引领社会消费趋势的角色,尽管在校期间没有收入来源,在消费能力上受到了限制,但大部分学生4年之后都会获得一份高于社会平均水平的收入。所以在校大学生一旦突破了资金的限制,将会成为社会主要的消费群体,其在校期间的消费行为会代表未来几年的消费趋势。基于这样一种思考,我们对在校大学生进行问卷调查以期了解当代大学生网络购物的主要特征。

二、调查报告正文

(一)大学生网络购物的现实情况简介

淘宝、支付宝、商家信誉、旺旺——这些词语如今是大学生的常用语,在校园里、在宿舍里,怎样买到物美价廉的好东西,也是每天都能听到的讨论,再看看那些快递公司每天中午就像开展销会一样,在宿舍楼下摆开一长串各式各样的邮件。但是还有许多同学不屑于或者不愿尝试网上购物,阻碍他们的原因是什么?那些热衷于网上购物的学生,他们的购物动机、购买物品特点又是什么?男女大学生在网上购物有什么样的区别?

阻碍大学生进行网上购物的主要心理障碍因素是：产品的品牌、价格、质量、可靠性、保质期等方面，以及网站上同类产品的信息丰富程度、可筛选性、可对比性是否能够达到购买者的预期标准。此外，网上交易的安全性、方便与否也是影响因素。男生更多怀疑的是网站信息的可靠性，而女生则更多怀疑的是网上购买产品的质量。求乐、求廉、求方便是大学生网上购物的主要消费动机，男女消费动机存在显著差异。男生比较看重便捷，而女性更加重视价格。从网上买来一件商品自己是否满意，除了商品本身外，支付方式、商家信誉、运送满意度也是影响总体满意度的几个重要方面。因此，网上购物对于大学生而言的利弊是同时存在的，我们将就此类问题进行简述与分析。

(二) 调查方案

1. 调查的背景：随着网络普及，电脑成本的不断下降，网上购物已经从当时雾里看花遥不可及的状态，变成了当今最火爆、最适合上班族、年轻族群购物口味的一种购物方式。网上购物已经慢慢地从一个新鲜的事物逐渐变成人们日常生活的一部分，冲击着人们的传统消费习惯和思维、生活方式，以其特殊的优势而逐渐深入人心。大学生作为对网络最敏感的人群，他们对网上购物行为接受很快，是未来购物市场上的潜在用户。然而，近年来，根据消协统计，网购成为增长最快的投诉热点之一。网络欺诈层出不穷，商品也不总是物美价廉，卖家中也出现了因一句差评而线下"追杀"买家的现象，服务质量差强人意。

2. 调查目的：通过对大学生网络购物的调查，了解并寻求大学生购物的趋向以及大学生的购物标准等问题。这次大学生网上购物调查研究目的是研究大学生网上购物行为并对其进行分析，了解当代大学生对网络购物的消费态度，正确指导大学生网上购物消费行为，以及未来对网购发展潜力的期望。

3. 调查方法与对象：为了了解大学生对网购问题的看法，我们小组以福州教育学院为试点，针对2008级同学展开了调查。调查中，我们采取分层抽样的方法，共投放了100份调查问卷，还采访了20余名同学，收集同学们的看法和意见。

(三) 调查结果数据分析

调查主要以问卷形式为主，在有限的时间内，我们发放了100份问卷，回收到有效卷96份（有些没有回复，有些答卷由于有关原因无效）。首先要声明的是由于福州教育学院属师范类为主的大专院校，因此2008级的学生也是女生居多，我们在发放问卷的时候也考虑到这个问题，最后按男：女=1：7，发给男生13个，女生87个。以下是数据结果。

回收到的96份问卷中，12份为男生，84份为女生。从未网购的和经常网购的各占18.75%，偶尔网购的占25%，其余为5次以下网购经历。选择网购的原因这道题的统计如图5.2所示。

但是，在网购的缺点上，有56.25%认为商品质量低劣，认为到货时间慢的和邮费贵的各占31.25%，有25%如此之高的比例认为网络欺诈使她们对网购望而却步。对商品质量很满意的为0，这说明质量差还是大学生对网购产品的主要意见，各37.5%同学选择了质量比较满

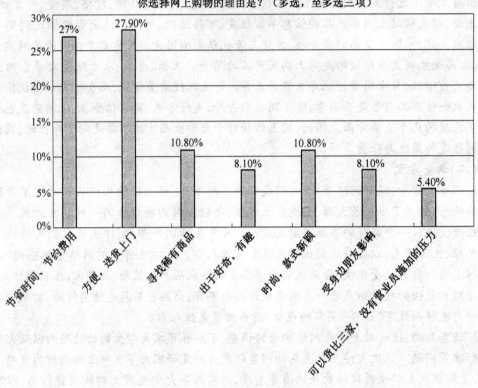

图 5.2　选择网购的原因

意和一般。而质量有问题时主动联系卖家要求退换货的和自认倒霉不影响下次购物的打成平手，均占31.25%，而还是有18.75%的同学不知道怎么联系卖家，这似乎不符合大学生的现状，因为大学生对网络的操作比较熟稔，应该知道怎么处理问题。购买的商品多种多样，2008级的同学们有75%主要购买服装类，各有12.5%的同学购买过玩具类、书籍影像类、化妆品、话费充值、电器等，6个同学选择了网络游戏类商品，而我们小组在倒回去第一题时发现，有5个是男生，有1个是女生，这还是与现实情况相符的。在购买过程中，通过浏览商品叙述及图片介绍来决定是否购物的占56.25%，18.75%的同学向卖家咨询，查看评价是最终决定是否购物的重点，有93.75%的同学选择了这项，没有人敢于做"吃螃蟹的第一人"，没有人购买过的商品，一般直接排除考虑范围。通过网银来付款的占56.25%，通过支付宝来支付的占31.25%，货到付款的占18.75%，直接汇款的占12.5%。每个月生活费在600～1 000的占56.25%，在600以下的占37.5%，1 000～1 500和1 500以上的各占6.25%，这说明当代大学生的生活消费水平还是处于正常状态。在网上购买的商品价格一般范围统计如图5.3所示。

有56.25%的人是从网站链接中最初了解到网购的，31.25%是经周围同学的介绍才知道的，还有12.5%的同学选择了报纸、杂志和其他方式了解到网购的有关情况。在"您觉得网购

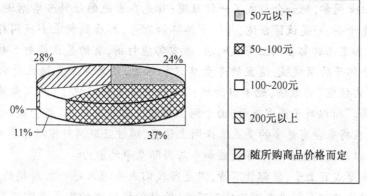

图5.3 网上购买的商品价格一般范围

的前景如何"这个问题中,有50%的同学选择"发展潜力很大,很可能取代传统购物方式",而有31.25%的同学认为短期内不会有太大的发展,6.25%的同学认为网购没有潜力,不可能取代传统的购物方式。

这是对问卷调查的数据进行直接的统计及简单的分析。以下要对有网购经验的一类做出具体分析。

(四)认为网购优点多于缺点的经验的具体分析

1. 价格便宜,透明

网购最能够吸引消费者之处在于便宜,它满足了多数人追求物美价廉的消费心理,网上商品为何能比零售店里来的便宜?我们咨询了一位开网店的朋友,她告诉我们,网络商店库存小,资金积压少。网络商店中很多商品一般是在客户下订单后再进行商品调配,不需要很多库存,从而减少资金的积压,所以所具有的成本就比较低,最终体现到价格上。同样的产品价格比零售店便宜一些非常正常。而传统商店就需要在顾客选购商品的同时提供商品。当然,不同的商品,具有不同的库存需求,比如对于价格样式、功能等方面变化不大的商品可以有适量的库存。而市场需求、价格变化大的商品一般都是在接到订单后再进行商品调配,自然会比网上卖的贵。

网店无需交纳房租、税收、水、电等费用,可以使卖家有效地减少成本。网店一般都还有一些特殊的进货渠道,掌握着一手货源,甚至是厂家直销,剔除了批发零售过程中间商环节的利润,网络店铺的利润率在10%就可以盈利了,即使加上运费,商品价格依然很低。另外,还有团购、竞拍等网购方式,可以用非常低廉的价格得到心仪的物品。而传统的商店卖的商品除了它本身的价格外,还要加上货物的运输成本还有人工费、房租、税收、水、电等费用,在传统商场,一般利润率要达到20%以上,商场才可能盈利。所以在调查的人员中有75%在网上购买服装;18.75%在网上购买饰品……

在采访调查的过程中,我们也从许多精打细算的网购者中得知了他们独特的购物模式。

比方说其中一位女同学,她如今形成了一种习惯:首先在当地的服饰专卖店逛街,但是看中合意的衣服并不急于买,而是试穿合适,并记下品牌和货号,然后到网上去找同样款式的衣服购买。"现在很多知名品牌都在网上有代购店,通常都能打折,有的甚至能打5折。我过年的时候曾经看中一个牌子的羽绒服,这里的专卖店只打八折,结果网上直接就是六折。"对于自己这种似乎有点"占便宜"的做法,她不以为然:"如今都是金融危机了,大家都希望花最少的钱买更实惠的东西。"所以对于商家来说,由于网上销售没有库存压力、经营成本低、经营规模不受场地限制等,在将来会有更多的企业选择网上销售,通过互联网对市场信息的及时反馈适时调整经营战略,以此提高企业的经济效益和参与国际竞争的能力。

网店可以说是成百上千,数都数不清,但是当我们点击进入每一家店铺的时候,我们可以发现每件商品的价格都是标注在商品的正下方,这种价格透明的方式非常适合我们新时代的大学生。在网上购物通过相关的比价搜索功能就可非常快捷地查找出最价廉物美的卖家。大家是不是觉得在那些售货员面前有些局促或心虚,不好意思问来问去,问东问西?碰到服务态度好的是运气,但往往消费者的运气是不怎么好的,想想看,你花钱还要看别人的脸色是什么滋味。

据调查统计,大学生的每月生活费600元以下的有37.5%,600~1 000元的有56.25%,1 000元以上的有6.25%。物价不断上涨,我们的生活水平却迟迟不前,面对社会的高消费,更多的学生当然选择能够把手中有限的钱用到最适当的地方,面对相同的物品不同价格,当然会很好地考虑、合理地安排。价格实惠、透明成了当代大学生的重要选择。

2. 种类多、可买现实生活中买不到或者异地商品

"如今网上有啥东西没卖的?"说起在网上购物的原因,很多同学在问卷调查中都这样说道。的确,我们知道,由于实体店铺的经营场地是有限的,而网络上的店铺是没有空间大小限制的,因此网络商店中的商品种类多,有50%的同学选择网购也是被这点所吸引。它可以包含国内外的各种产品,充分体现了网络无地域的优势。在传统商店中,无论其店铺空间有多大,它所能容纳的商品都是有限的,而对于网络来说,它是商品的展示平台,是一种虚拟的空间,只要有商品,就可以通过网络平台进行展示,可以把世界的各类知名品牌全部放在上面展示。因而,原则上网络店铺可以销售的商品种类比实体店铺要多得多。这样,消费者也就拥有了更多的选择权。大到家电汽车,小到牙刷图钉,只要在搜索里输入你想购买的商品,立刻会出现琳琅满目的商品信息。

网购还打破了地域的限制,不管你在什么地区,都一样能享有网络提供的商品资源,有机会买到在本地市场难觅的商品,也防止了地域性的垄断。比如,你喜欢宜家的产品,但自己所在城市并没有宜家专卖店,换在以前,这或许是个烦恼,但有了网购之后,只要选择一个网上代购,一切轻松搞定。尤其是对于相对不发达地区的消费者而言,也可获得与其他发达城市居民一样的商品选购范围。现在打开任何一个知名的购物网站,你会发现,只有你想不到,没有买不到的东西。很多同学从初中开始就一直是网上购物的忠实"粉丝",历数在网上购买的东

西,没有上百,也有好几十样了。"网上的东西多啊,即使我在福州,也能买到海外代购的化妆品,买到本地没有卖的商品。"其中一位受访问调查的同学说,之前她在网上花100多元买了一台酸奶机,而这个"稀罕"玩意在福州的电器专营店根本没有卖的。"你看我买的很多东西,比如港版的诺基亚手机,日本代购的化妆品,还有全国各地的小吃特产,应有尽有"。有3.125%的同学会在网上购买食品,看来美食的诱惑是不受地域的影响的。现在很多的男生都喜欢看书,但是有很多的书籍福州都没有卖,或者已经卖光了、缺货,要是在以前只能等着书店进货,但是现在就可以在网上购买,还可以打折,比商店的价格更便宜,所以有达18.75%的同学往往会选择在网上购买书籍。所以现在你只要手捧电脑,就可买到全世界任何地方的商品,不是只仅限于你所在的地方了。

3. 商品查找容易

在现实的商场中往往大都将不同类别的商品分置于不同楼层销售,同一个楼层又分好几个区域,若商场面积较大,逛完一圈往往得半天时间。而我们购物往往是要货比三家的,如果真的要做到物美价廉就得花上好几天的时间,等到我们再到商店里买商品,可能已没货了,要等商家再进货。这对我们要很好地买到自己想要的物品造成了很多麻烦。而我们在网络商店中基本都具有店内商品的分类,搜索名字、功能,购买者可以很快速地找到需要的商品,也可以根据导航栏中的商品分类选购商品,节省了寻找时间。同时我们也可以在几个店铺里进行价格比较,甚至是十几家店同时进行,同时也可以跟卖主进行讨价还价,直到选中自己觉得合适的店铺和合适的价格再进行购买,比传统商店中,购买者寻找商品花的时间和精力就少很多。

不同城市的商品同样也可以查找到销售地并购买,省了很多精力和时间。如:一个女同学很喜欢一款手表,只知道大概的样子,具体的牌子都不知道,找遍了福州的大街小巷才知道福州没有卖,要托人到上海买,还不能确定上海有没有卖,当时的她还没有接触到网络根本不知道网购这个形式的存在。后来是姐姐帮她在网上按她所描述的那样,在网上浏览了相关的手表终于发现了这款手表并买下。如果不是网购要想买到这只手表真的是大海捞针。从这件事中,我们可以很清晰地看出网购的方便度,它不仅仅是能让我们了解到我们想要商品的境况,买到异地的商品,更能让我们快速查找到我们想要的东西,并快速买到手中。

4. 方便、省时、省力

(1)没有时间的限制,又省时间。

网店是一年365天、一天24小时经营,只要你想逛街,就可以在电脑网页上"逛商店"了。而且只要商店上新货,你就可以在第一时间看到新产品。最好的是,订货时间不受限制,网络购物没有任何时间限制。作为网络商店,它可以24小时对客户开放,只要有电脑、有网线,用户在需要的时间登录网站,随时随地都能上网淘你想要的宝贝,即使在深夜2点,你也可以在几秒钟之内从一家商店晃荡到另一家商店,随时随地满足自己的购物欲望和购物需求,而且自由自在,用不着应付服务员的推销。选择相应的商品配送方式,享受送货上门的服务。几天后就会收到你当时所买的商品。往往在冷天、热天、晚上很晚的时候想看看今年最新流行的服装、饰品等，这时我们就可以在网上尽情地浏览，看到中意的还可买下。而在传统商店中，消费者大多都要受到营业时间的限制，正当逛到尽兴的时候商店就要打烊了。而且作为学生的我们也只能在周末的时间进行购物，而那个时间往往也是上班族双休的时间，两批人群挤到了一起，造成了很多的不便，同时也影响到了购物的心情。

（2）满足懒惰者的需求。

大学的生活可以说是丰富多彩的，但她称自己的生活为"懒惰生活"。每次想购物时她就想到网络，懒洋洋地往电脑前一坐，鼠标一点，便上了某个购物网站，先浏览一番最新物品信息，然后便开始用鼠标拖着东西往购物车里塞，不用担心天冷天热，也不用担心东西多得拎不动，只要银行交易卡里有足够的钱支付，剩下的事便是待在宿舍等着送货上门签字，省去了跑来跑去买东西的时间和精力，而且不用讨价还价，少费口舌。她觉得："懒惰生活嘛，当然一切都是以简单而省事为主旨了。"

（3）不出门，不便出门。

有人甘愿在宿舍做"宅人"，网购并不意外，但是更多的普通人则是觉得足不出户确实方便。由于网络购物足不出户就可购买到所需商品，因而极大地节省了购物时间，购物时不会受恶劣气候影响，更不用排长队等候那些热销的商品，若是现实生活中的购物地点距离很远还免除了舟车劳顿。因而，这种在线交易的方式对于平日里工作慵懒的懒人一族尤为适用，即便是因学校偏僻等原因没时间逛街，也可利用工作间隙的少许时间完成商品购买。对于那些受伤行动不便的同学来说，想买东西又苦于行动不便实在是难过，但是有了网购就可以免除这些困扰。

如：张同学因体育课脚扭伤，平时可以勉强从宿舍走到教室上课，但是不可以长时间地站立和行走，每当同学出门逛街时她都很想去，但苦于自己的脚，最后她在网上实现了"逛店"。只要在电脑的前面就可以得到逛店的享受，免去了出门的劳累。在网上跟卖家商量好号码价格定了货也只要等着就有送货上门，只要一两天同样张同学也能穿上新衣服。据调查显示，有75%的同学会在网上选择服装类。

（4）节省体力。

喜欢逛街的朋友都知道，逛街不仅仅是种乐趣，在一定程度上也是种体力活动。就我们福州大学城的学生要到东街口都得倒两三趟车，花费一个半小时左右，碰到堵车花个两三小时的是不在话下，费时又费力，这就会使得购物过程很疲劳。一般非大宗商品商场是不提供送货到家服务的，因而往往每次逛街都是大包小包地满载而归，即便是可以寄存包裹也很麻烦，有时一天购物回来人都要虚脱掉。所以大家都不喜欢出门，常常堆积了很多要买的东西的清单再找一天出去购买。

5. 安全免带现金

我们都知道现在社会上发现很多的抢劫事件，刚刚从银行走出不到几步就被抢劫的案例不计其数。为了免去现金的交易方便人们消费发明了网上银行。网上支付较传统的现金支付更加安全,可避免现金丢失或遭到抢劫。网上购物一般都是比较安全的,只要你按照正确的步骤操作,谨慎一点是没问题的。最好是在家里用自己的电脑登录,选择第三方支付方式,如:网上银行、支付宝、财付通等。在网购调查中有56.25%的同学是选择了网上银行进行交易,因为网银不仅仅可用于网购还可用于其他的网上交易。在网购调查中,有31.25%的同学选择了支付宝,在国内网购使用支付宝交易系统则相对安全一些,使用它基本能保证货款和货物的安全。因为你选购商品并付款后,货款由支付宝替买卖双方暂时保管。只有买家收到货物并确认无误后,卖家才能拿到货款。这样最大限度地控制了交易安全性和物流配送这两个影响网购的最大因素。而且为了提升支付宝账号的安全性,防止账号密码被木马程序或病毒窃取,我们还可以使用支付宝安全控件。所以网购同时也给我们减少甚至免去了这个危险事件发生,让我们可以更轻松地购物。

6. 便捷赠送方式

在现实生活中,礼尚往来是我们传统不变的美德。当我们要送礼物给远方的朋友、亲人、客户等,需要先购买商品,再包装、邮寄出去,整个过程非常繁琐。邮寄由于在路上花费的时间太长了,当收到礼物的时候可能是过了半个月之久,有时这个礼物就失去了它原有的意义。而若是通过网络购物的方式,就可简化很多的步骤,通过电子商务网站提供一站式服务直接送到对方手上,十分方便。这也是体现一种跟得上时尚潮流的方式。

如:今年的六月是洪同学妈妈的生日,远在上海的读书哥哥考虑着要送什么给妈妈,最后通过网络,定购了家乡一家花店的一束康乃馨,在妈妈生日那天花店的店员准时地将鲜花送到了洪同学的妈妈的手中,感动不能用言语来表达。通过网购让一个在外的孩子尽了孝道。

今年的情人节,陈同学想送男朋友巧克力,但是正处于八月酷暑,经过了长时间的运输巧克力可能没到北京就已经融化了。经过同学的强烈建议,她在网上选择了北京的一家巧克力专卖店,购买了一盒巧克力送给在北京工作的男朋友。

男朋友收到巧克力时还是完好无损的。网购让情人更甜蜜。

7. 购物环境安静

在现实生活中,颇令人反感的是商场、店铺中的导购、销售人员从进门开始就不停询问消费者的购买意向、介绍本店商品等等,完全没有给消费者自己选择的权利,这时会使很多消费者感觉不自在、有压力,最后就是反感地走出了商店。这不仅造成了商店销售量的下降,同时也影响了消费者的购物心情。还有些商店甚至有些职业素质偏低的销售员会视消费者的穿着、身份等区别对待,到一些高档的商店试衣服,店员一看你是学生便觉得你肯定不会买,也不用加以太多的服务,问价格就爱理不理或呼高商品的价格,好让我们自然而退。明明对这个商品很感兴趣的我们,但看到店员的冷淡往往都不想再多问几句。还有些店铺的店员是刚开始很热情地介绍他们的商品,但是一到试穿,若试穿后不买,更会冷言冷语,高傲地拿走商品并表现出赶人的形态,这让我们消费者极其不满,同时也严重地破坏了我们购物的心情。而在网上店铺购买商品,则没有这些烦扰,自己可以随意浏览在线陈列的商品,不会再有人催促,想看多久都可以,不会有人将商品强行卖给你,对商品有什么不明白的地方,如:衣服号码的大小、颜色等都可以向卖家询问,卖家都会态度很好地回复你,并给出很好的建议,看好商品还可以和卖家做出相应的还价,最后有些商店还会有小礼物送你。这样的态度是我们所想要的理想购物,这让我们当代的大学生十分的满意。让我们真正地感觉到了钱花得值。

8.提供就业机会

现在的中国处于就业压力巨大的时期,很多的大学毕业生都在烦恼工作难找。网购,这又是一个新兴的产业。我们说有职务的空缺就需要有人在担任这个职位,网购不仅仅是我们买家对着电脑买东西,同样电脑的另一边在一个时间也要有着一个相对应的卖家,那由谁来承担这个工作呢？同样的也是千千万万的工作者。有了网购,为他们提供了工作的岗位。

大三正是一个要毕业的时期,每个人都面临着就业的压力,但是有一个大三的江同学她就不担心,仔细调查原来是她自己开了一个网店,她作为代理商不用资金的投入也不用辛苦劳动,轻轻松松就可以赚钱。因为有经济收入,她不用像其他同学那样,只要有工作就算是不合自己专业的工作也先接受去做,所以她一方面做代理商,一方面慢慢地找自己想要的、合适的工作,就算短期内找不到她也不用发愁。

网购为人们提供了就业的岗位,让人们的生活更加丰富多彩。

正因为网购拥有如此动人的魅力,已经很少有人能抵挡它的诱惑。

(五)认为网购缺点多于优点的及没有网购经验的具体分析

随着人民生活水平的提高和网络的普及,网络购物模式已经渐渐为人们所认可,消费者在享受方便、快捷的网购快感时,货不对板、售后态度差、二次消费等弊端也无可避免地摆在面前。

由于网购具有无地域限制的优势,导致网购一般是远距离付款购物,所以网购通常带有物流昂贵、送货时间长、购物质量依据匮乏、远距离鉴别困难的弊端;为了扩大网购的信息来源,网购的平台通常入门条件很低,对于信息的监管也相对困难,这导致了网购商品质量依据匮乏、虚假信息泛滥、销售者资质无保障的弊端;另外由于一些具有视觉耦合性以及在现实购物中所需要模糊购物筛选的商品都需要在购物前确定商品的最终品质和适合度,这类商品如果在网购模式中购买会有很大的购物风险,这种网购风险也是网购的一种严重弊端。

由于网购存在风险以及网购的其他弊端,导致了在网络和电子商务日益发达的今天,仍有绝大多数消费者仍然选择更为安全和宽泛的现实购物流程进行购物。

下面我就来对此进行分析：

网上购物虽然有很多人知道,但很多人却不愿网购,那是因为,第一,很多人害怕被骗;第二,有些买家在收到物品后,觉得没网上看到的好;第三,因为大多数地方都有超市而且又近,所以他们觉得没必要在网上购买。我虽然对购物没有太多的经验,但站在众多的买家角度想,我想他们也会有以上的顾虑！很多人会这样想,网购虽然方便快捷但也存在很多问题。

1. 诚信问题

网购行业中不诚信、不守商道的行为急需治理,这样的行为不仅让网购在消费者心中的地位下降,其受骗上当的经历更会让有意尝试网购的消费者产生种种顾虑,并且此种行为还间接损害了那些守法诚信经营的网络卖家的利益。打击炒作信用以及背后的黑色产业链,就是捍卫合法经营商家的权利。坚决打击一切非法行为,坚决支持并保护诚实守信商家的合法权益,才能营造出让消费者放心的网络购物环境!

网店炒作信誉本身对消费者来说是一种欺诈行为,所得数额巨大、情节严重的话会构成刑法上的诈骗罪。专门从事信誉炒作的公司或个人要承担帮助侵权的连带责任,同样因为所获金额巨大、情节严重会构成刑事诈骗。那些从网店店主那里收钱之后逃之夭夭的公司或个人的行为是典型的诈骗。因此相关法律法规对此类事件予以监督势在必行。

2. 物流费用昂贵

网购一般都是远距离付款购物,所以物流费用普遍都很昂贵。大家可以到淘宝上看一看,很多商品虽然价格便宜一些,但是再加上物流费用,价格也不菲。再加之,如果不合适,退换货折腾掉的物流费都是无谓的损失啊。

3. 实名后网购纠纷仍难避免

为了进一步规范网购交易市场,从2010年7月1日起,国家《网络商品交易及有关服务行为管理暂行办法》正式开始实施。个人网店实施"实名制",并对具备条件的网络商家进行工商登记。有了这个"支付宝实名认证"的标识,意味着网店不再"虚拟",一旦出现经济纠纷,消费者可以根据网店公布的相关信息直接找到真实的责任人进行问题处理。

虽然现在不少网店已经通过实名登记,对消费者公布了店主的姓名和具体地址,但一旦发生纠纷,很多消费者都因与店主不在同一城市,而自动放弃追讨,主要购买者认为自己买的物品只是一个小钱,自认倒霉,何必去搞得那么累呢,只要下次不要再来这家店就好了。

一位有多年网购经验的同学讲述了她的经历。王同学早在几年前就已成为网购一族,热衷于网购主要还是图个方便快捷、物美价廉。最开始,王只是在各大网店里挑选衣服、裤子、鞋等价格较为便宜的衣物,偶尔遇到货不对板、售后态度差的情况,王也会施以"报复":在该网店的评价上打差评,把店主的恶劣行为公布在网上及论坛。

2010年7月,《办法》出台,个人网店开始实行"实名制"。王在网上购物也更放心了,她把目光投向了电子产品,她相中的一款手机市场上要卖5 000多元,而网上却只要4 000元左右,近千元的差价让她决定挑选一家有实名制认证的商家网购。

没想到手机拿到手后,王立马发现了问题。"刚开始还能用,谁知道充了一次电后就开不了机。"王怀疑这是一部返修机,于是她照例找到店主进行理论,对方建议她将手机邮寄到检测地点进行修理,但王表示自己购买的并不是二手机,还没开始用就出现质量问题,商家理应退货。

就此问题,王和店主纠缠了好多天,最后王经不起长途电话的折腾,妥协了。她认为,虽然现在不少网店已经通过实名登记,对消费者公布了店主的姓名和具体地址,但一旦发生纠纷,很多消费者都因与店主不在同一城市,而自动放弃追讨。"《办法》的出台让虚拟的网店不再'虚拟',从形式上看是有利于消费者的维权,但实际上网购维权还很困难,操作起来也很麻烦。"王感慨地说道。

4. 购物质量依据缺乏,质量鉴别困难

网购商品只能凭借商家的照片,但是有的不良商家照片显示的是真品,但是发的货就可能是仿品,照片只是个样子。我之前就上了一次当。网购的衣服做工很差,与照片上的截然不同。虽然可以退货,但是往来的物流费就白白花掉了。

虽然有人提出来,要选准网店。可是这种经验是要积累的,可这种积累浪费了多少钱来做奠基呢？我想没有人敢说第一次网购就能十分满意。

5. 网购培养了更多的"宅人"

网购可以足不出户,但是在网上选购物品损伤的是你的健康:电脑的辐射也不小啊！出门购物虽然有人会感到累,但能够借助购更多地接触社会。如果邀上好友一起去逛,也是很好的交流机会啊！既锻炼身体,接触户外新鲜的空气,也是一种放松,总比下了班就宅在家里强啊！否则还会导致免疫力下降呐。

6. 没有网购过的,他们就是不喜欢网购,一小部分可能是不信任网购,但他们绝大部分喜欢上街购物,因为他们认为这样既可以让自己放松；又可以运动让身体更健康；而且又可以试穿各种各样的衣服,这样让自己很开心。这也就是他们不喜欢网购的原因。我自己是比较排斥网购的,毕竟是陌生人,不能确保对方的信誉,不能保证买到的东西百分之一百是真货,我知道类似我这样想法的人很多,但是很多人还是跃跃欲试,忍不住还是网购了,然后接着就开始漫长的等待（其实等待的时间是很短的,但在买家看来却是煎熬,因此变得漫长）,东西拿到了又左思右想,下意识地怀疑是不是假货,然后在论坛里面请大家鉴别,可是由于提供的是图片,大家也说不准,最后弄得买家心里多少有点不痛快。

我们采访了一位平时比较少接触网络的周同学,平时也从来没有网购过,但是周围同学有的网购,对她产生了一定的影响,她说:"我真的不理解为什么大家那么热衷网购,宿舍有的舍友也有网购过,也免不了怀疑的心态,拿到手的东西也不是很满意,那为什么还会继续买呢？还不如等到专柜有活动的时候再出手,只要平时多关注不难发现,一些牌子经常都有搞打折等活动,这样算下来比网购放心多了。"这是周同学的看法。

（六）网购发生的问题的解决办法与措施

网购属于电子商务的一个领域,只有将电子商务这个大平台、大环境做好,才能保证网购的健康、可持续发展。

1. 做好电子商务的发展规划和宏观指导

电子商务是一项新生事物,其技术发展速度很快,业务方式没有最终定型,给政策的制定带来了一定的困难。这就要求政策制定者对市场的变化保持高度的敏感,加强研究,适时制定鼓励电子商务发展的政策。

2. 加快信息基础设施建设

电子商务的发展有赖于完备的信息基础设施作为基础。全球电子商务销售额的80%发生在美国,美国在竞争中的优势地位是以其资金、技术的高投入和完备的信息基础设施建设作为基础的。

在亚洲,电子商务发展得比较好的国家,如日本、新加坡、韩国等,无一例外都有较为完备的信息基础设施作为基础。与发达国家的高投入及密如蛛网的信息高速公路相比较,我国在信息基础设施建设上明显投入不足。全国只有上海、天津等几座城市信息设施建设做得比较好,形成一定规模。从全国的范围来看,我们在光缆铺设、电脑普及以及网络建设方面明显落后,许多边远贫困地区至今没有建立网点,成为信息高速公路建设的"盲点"或"荒漠"。

3. 重视企业网络经济安全

企业电子商务和信息网络建设发展的同时,不能忽略网络安全问题。来自信息系统内部、外部的非法入侵将更加隐蔽,如果商业机密被盗取,信息系统被破坏,大批数据丢失,都将对企业的生存带来严峻的考验,使之在竞争中处于不利地位。Internet 电子商务的安全性问题目前已成为大家关心的焦点,如何保证商业秘密不被泄露、电子签名的准确性、数据库的保密性以及网络交易系统的健康有序地运行等等都是不容忽视的关键所在。

4. 政府的支持和人才的培养

政府支持首先在网络基础设施的建设上,需要政府加大力度,合理引进资金投入,提高投资效率,建设更加安全快捷的信息网络。建立平等、开放的市场竞争机制。通过市场竞争体制,用户可以得到较好的服务和低廉的价格。

第三节 经济合同

一、经济合同的含义

《中华人民共和国合同法》规定:"合同是平等主体的自然人、法人、其他组织之间设立、变更、终止民事权利义务关系的协议。"

自然人是指因出生而取得民事权利能力的民事主体。我国《民法通则》中,公民与自然人在法律地位上一致,但范围不同,公民:社会中具有我国国籍的一切成员;自然人:包括本国公民,也包括外国人和无国籍人。

法人是具有民事权利能力和民事行为能力,依法独立享有民事权利和承担民事义务的组织。根据《民法通则》第37条规定,法人必须同时具备四个条件:依法成立;有必要的财产和经费;有自己的名称;能够独立承担民事责任。

其他组织是指依法成立,有一定的组织机构和财产,能够作为当事人参加民事法律活动,但又不具备法人资格的组织,也称非法人组织。如:非法人企业、非法人私营企业、银行或保险公司的分支机构、附属性的学校等。

经济合同(不包括劳动合同,也不包括婚姻、收养、监护等有关身份关系的协议)是合同的一个重要种类,它是自然人、法人、其他组织之间为实现一定的经济目的,明确相互的权利义务关系而订立的书面协议。

经济合同具有法律的约束力,保护合同当事人的合法权益,它的订立有利于国家加强对于社会经济的监管,有利于形成良好的社会经济秩序,构建和谐社会。

二、经济合同的特点

1. 合法性

经济合同是具有法律效力的文书,内容必须符合国家有关法律法规要求,其作用的发挥要以内容的合法为前提,内容不合法,合同就会被视为无效合同。

2. 经济性

经济合同的签订就是为了实现一定的经济目的,它明确的是当事人在经济活动中买卖商品、提供劳务等而发生的经济关系,与当事人的经济利益息息相关。

3. 约束性

经济合同生效后,对双方当事人都具有法律约束力。合同一经签订,即具有法律效力,当事人应当按照约定履行自己的义务,不得擅自变更或者解除合同。

4. 平等性

合同的签订是双方当事人在平等、协商、一致的前提下签订的,合同双方的法律地位是平等的,当事人任何一方不得把自己的意志强加给对方。双方必须遵循自愿公平、协商一致的原则订立互惠互利的经济合同。

三、经济合同的分类

经济合同的种类可以从不同的角度进行划分。

(1)按合同期限的长短划分,有长期合同、中期合同和短期合同。

(2)按内容划分,有买卖合同、赠与合同、借款合同、租赁合同、承揽合同、建设工程合同、运输合同等。

(3)按订立经济合同的形式划分,有书面形式的合同、口头形式的合同和其他形式的合同。

(4)按写作形式划分,有条款式合同、表格式合同和条款表格式合同。

另外,常见常用的还有保险合同、房地产合同、委托合同等。

四、经济合同的结构与写法

合同一般都有着固定的结构形式,一份完整的合同应该包括首部、正文、尾部三部分。

(一)首部

首部包括标题、编号、当事人双方的名称或姓名、签订地点和时间。

1. 标题

合同的标题或按合同分类标明合同名称,如"租赁合同""借款合同"等;或在"合同"前加上标的名称或经营业务范围,如"办公用品买卖合同""建筑安装工程承包合同"等。

标题一般放在合同首页第一行居中,用大号字体标明合同名称。

2. 编号

合同规范的文本都具有标准的编号。规范的合同文本其总编号为:"GF-××-××××"。其中"GF"是取"国"和"范"的第一个字母,是"国家示范"的意思,中间的"××"指该合同签订的年限,后四个"××××"中前两个指的是该合同的种类,其种类的顺序号是由《中华人民共和国合同法》所规定的,如买卖合同的编号是01,租赁合同的编号是05,居间合同的编号是15,后两个则指的是该单位在该年度所签订合同的序号。例如2014年该单位所签订的合同是第一份买卖合同,那么规范的编号即为"GF-14-0101"。

编号一般在标题下一行靠右标注,具体使用中也可根据情况省略编号。

3. 当事人双方的名称或姓名

当事人的名称是指法人的名称,即签订合同单位的法定名称;当事人的姓名是指自然人的姓名。在当事人名称或者姓名前后注明双方约定的固定指代:"甲方""乙方"或"供方""需方",或"发包方""承包方",或"出租方""承租方",或"买方""卖方"等。在合同中不能用"我方""你方""他方"这样的简称,以免引起混乱。

4. 签订地点和时间

一般注明合同编号、签约时间、签约地点。合同没有编号的,签约时间和签约地点放在合同签署后面。

(二)正文

正文是合同的主体,是经济合同实质性内容的部分。正文一般包括两个部分。

1. 开头

开头简要地说明签订合同的目的或依据,是否经过平等友好协商等。如"为了……(目的),经双方协商一致,签订本合同,并共同遵守下列条款"。或写成"根据……(法规)的规定,经双方协商友好一致,特订立此合同"。

2. 主体

这是反映合同正文内容的核心部分,是双方行使权利、履行义务的法律依据,所以要逐条写明双方议定的各项条款。经济合同应该具备的主要条款包括以下几项。

(1)标的。标的是合同当事人权利义务共同指向的对象。如购销合同是卖方交付的出卖物,建设工程合同的标的是工程项目,借款合同的标的是货币。可以是有形资产(如商品、房屋)、无形资产(技术转让合同中的智力)、某种行为(如运输合同中的运输行为)。标的必须明确具体,如某种商品,应该写明品种、型号、规格、等级、花色等,否则合同无法履行。

(2)数量和质量。这是合同标的物的具体内容。数量是标的的具体指标,是确定权利与义务大小的度量,包括数额和计量单位。数量一是要采用国家法定的度量衡单位来计算;二是要详细具体,如以包、箱、袋作单位计算数量时要说明其里面装了多少斤或多少件等。对尾差、自然损耗率等的许可范围也要加以说明。质量是指标的的物理、化学、生物、机械性能素质和外观状态标准。国家有规定的,要说明按国家哪一年颁布的标准执行,国家没有规定的,合同当事人各方要协商确定标准。质量标准应该详细、具体,忌笼统、含糊。标的没有数量和质量的合同无法成立生效。

(3)价款或者酬金。价款是取得标的物所支付的代价,报酬是获得服务或智力成果应支付的酬金。合同对价款或报酬的约定,一般包括单价、总价、货币种类及计算标准、结算方式及支付方式、程序。价款或报酬必须详细明确,如产品,除了价格以外,还应明确运费、保险费或者保管等其他费用的支付方。此外,如果国家有规定价格的,应定明按规定价格政策计算。这是合同当事人之间权利和义务的具体表现,也往往是双方争执的焦点,必须书写清楚、具体、准确。

(4)履行的期限、地点和方式。履行期限是履行合同的时间要求,可约定即时履行,或定时履行,或在一定期限内分期履行,过时则属违约,过期则属合同无效。日期用公元纪年,年、月、日书写齐全。履行地点是指履行合同义务和接受履行的地点,它直接关系到费用和风险的承担,以及发生纠纷后由哪个地方的司法机构或仲裁机构解决的问题。建设工程承包合同之履行地点即建筑工程所在地;购销合同之履行地点则取决于当事人双方约定的产品交货方式,如果是提货,则提货地点即为履行地点;代办托运,则托运地点即履行地点;送货,则接货地点就是履行地点。履行方式是指当事人采用什么方法来履行合同规定的义务,它因合同的性质不同而不同。例如货物验收采用什么方法,对隐蔽性问题是否允许使用后提出;货物是自行提取,还是代办托运;货物采用什么运输工具;何方支付运输费用;价款或酬金是支付现金,还是用支票;是一次付款,还是分期付款,保险等都要具体明确。一般说来,履行方式包括标的的交付方式(送货、自提、代运)和价金的结算方式。三票:汇票(银行汇票、商业汇票)、本票、支票;一卡:信用卡;三方式:汇兑、委托收款、托收承付。订立经济合同时,必须明确一种具体的履行方式。

(5)违约责任。违约责任是指当事人不履行合同或不按约定履行合同,依法或依照约定应承担责任。违约责任可依法规定,也可由当事人约定。违约责任的方式有继续履行、采取补救措施、赔偿损失、支付违约金、给付定金等。这是合同履行的保障性条款,是合同不可缺少的条款。违约责任还应考虑周全,需逐一估计其可能发生的事,包括写明发生当事人不能预料、无法躲避且不可抗拒的如地震、台风等自然灾害带来的情况如何处理等。

（6）解决争议的方法。这是指当事人在合同订立后出现争议而寻求解决的方式。合同争议包括对合同条款理解的争议，对合同履行的争议以及对合同法律适用的争议。解决争议的方法一是通过协商解决，二是由第三人调解，三是通过仲裁解决，四是通过诉讼解决。

以上条款在有些经济合同中未必都使用，还有些条款我们也没有一一列举。在一份合同中，具体应该写明哪些条款，视当事人的约定。另外根据法律规定的或按经济合同性质必须具备的条款，以及当事人一方要求必须规定的条款，也都是经济合同的主要条款。这些条款要根据合同的性质、目的的不同而有区别。如：

①在建筑、安装工程合同中，应明确规定工程范围、建设工期、中间交工时间、工程开竣工时间、工程质量、工程造价、技术资料交付时间、材料和设备供应责任、拨款和结算、交工验收、双方互相协作等条款。

②在仓储保管合同中，应明确规定储存货物的品名、规格、数量、保管方法、验收项目和验收方法、入库和出库手续、损耗标准和损耗的处理、费用负担和结算方法、违约责任等条款。

③在财产租赁合同，应明确规定租赁财产的名称、数量、用途、租赁期限，租金和租金交纳期限，租赁期间财产维修保养的责任、违约责任等条款。

④在借款合同中，应明确规定贷款的数额、用途、期限、利率、结算办法和违约责任等。

⑤在保险合同中，应明确规定保险标的、坐落地点（或运输工具及航程）、保险金额、保险责任、除外责任、赔偿办法、保险费交付办法以及保险起讫期限等条款。

⑥在科技协作合同中，应明确规定科技协作的项目、技术经济要求、进度、协作方式、经费和物资概算、报酬、违约责任等条款。

（三）尾部

尾部包括结尾和落款。

1. 结尾

这个部分主要写明合同的份数、保管人，以及需报送的主管机关，合同所附的表格、图纸、实物等附件。有的还需说明合同的有效期限等问题。

2. 落款

落款应写明双方当事人的有关情况：

（1）双方当事人各自的名称，并加盖印章；

（2）双方的地址、电话号码、传真号码、邮政编号、电子邮件地址、开户银行、银行账号等；

（3）签订合同日期。

如果合同请有关机构签证或公证的，要写明机构的名称，并加盖印章。

五、合同的写作注意事项

1. 熟悉有关的法律和法规

合同与其他应用文书不同，合同的签订必须依据有关的法律法规，无论是在内容上还是在签订的程序上,都不得与国家的法律和法律相违背。为了使合同的签订合法有效,要求合同的签订者在签订合同时熟悉有关的法律和法规。

2. 内容具体,格式规范

合同的内容是双方当事人履行合同的依据,为了使合同能够顺利地履行,签订合同时,一定要做到内容具体明确,条款规定全面完整。撰写时还需要采用规范格式,保证合同条款的齐全。

3. 语言准确,表述清晰

合同的语言要严谨准确,言简意赅,且合乎语法规范。对合同内容的撰写要表述清晰,切忌词不达意或含糊不清,不能使人产生歧义,以免出现不必要的合同纠纷。例如,必须使用规范汉字,不使用"最近""基本上""可能""大概""上一年"一类模糊词语。价款和酬金数字必须大写。

【范例1】

购销合同

需方:　　　　　　　　　　　　　合同编号:PS20110704A002

供方:上海朴圣家具有限公司　　　签订日期:2011年07月04

为保障供需双方的合法权益,根据《中华人民共和国合同法》及有关法律,经供需双方友好协商,一致同意按下列条款签定本合同。

一、货物清单:

商品名称、型号、尺寸、颜色、保用期、单价和数量等,详见货物清单,共6页。

二、合同总金额:(RMB)110 000.00元,大写:人民币拾壹万元整。

三、付款方式:

1. 合同定金:50%的合同金额于合同签定时支付,预付款兑现后进行生产,计55 000.00元。

2. 合同余款于交货完毕后三天内全部结清。

3. 需方完全付清货款之时,即为货物所有权转移之时。

4. 支付方式:□转账支票　　□银行托付　　□现金支付

四、交货时间:　　　年　　　月　　　日

五、交货地点:　　　　　　　　联系人及方式:

六、运输方式:上海市内运输由供方承担,市外由需方承担运费及保险费用。

七、安装:上海市内安装费用由供方承担,市外由需方承担运输、安装及人员的全部费用。

八、品质保证:供方将根据附件货物清单中的保用期及保证书之条款提供产品保用服务。

九、售后服务:由供方提供家具,需方在正常使用时如有损坏,供方应在二十四小时内作出回应,七十二小时内派维修人员到现场解决。

十、货物接收和验收：

1. 供方依合同所定交货时间将货物运至指定地点时，需方必须提供可组装现场。若不能提供组装现场，需方即应接收并妥善保管全部货物。同时需方应支付合同总金额的　%。

2. 需方应在组装完毕后三日内验收完成（油漆产品则应组装完毕后即验收），如有异议应在此期限内以书面形式向供方提出，需方在期限内不验收视为验收合格。

十一、违约责任：

1. 供方非因不可抗力（如地震、水灾、风灾等）而不能交货，则应支付不能交货部分货款金额的万分之五/天的违约金。

2. 需方责任：货物清单上所列产品及颜色不得任意退、换（除质量问题）；订制品、屏风、高隔间，需方应全额赔偿；椅子、沙发等有色产品及木制品以售价之50%收取赔偿金，运输费用另行承担；有损坏者不接受退、换。

3. 需方逾期付款，则应支付逾期付款金额的万分之五/天的违约金。

4. 如因需方原因要求延期交货，应于交货日2天前通知供方，交货逾期15天以上，供方以每万元货品每天20元计仓储费。

十二、因本合同涉讼时，供需双方应协商解决；协商不成双方同意由供方所在地法院为第一审法院。

十三、报价单及平面设计图纸是合同不可分割的组成部分，与本合同具同等法律效力。

十四、本合同及报价单适用于上海地区。

十五、本合同空白待填写部分双方协商一致后填写，其他部分不得涂改，如有涂改痕迹，必须加盖合同章，否则视为无效。签字盖章的合同复印件与原合同具有同等法律效应。

十六、本合同一式二份，双方各执一份。

十七、本合同经供需双方签字(盖章)定金到账后生效。签字(盖章)的合同复印件与原件具有同等法律效应。

十八、本公司产品均享有五年保用服务之保障，在正常使用情况下，与保用期间内，产品如有任何损坏，我公司将积极负责地采取必要的补救措施，以维护顾客之消费权益。

需　方：(盖章)　　　　　　　　　供　方：(盖章)上海朴圣家具有限公司
代表人：(签字)　　　　　　　　　代表人：(签字)
地　址：　　　　　　　　　　　　地　址：
日　期：　　　　　　　　　　　　日　期：

【范例2】

房屋租赁合同

出租方(以下简称甲方)：＿＿＿＿＿＿

身份证：＿＿＿＿＿＿＿＿＿＿＿＿＿＿

联系电话：＿＿＿＿＿＿＿＿＿＿＿＿＿

承租方(以下简称乙方)：＿＿＿＿＿＿
身份证：＿＿＿＿＿＿＿＿＿＿＿＿＿
联系电话：＿＿＿＿＿＿＿＿＿＿＿＿

根据《中华人民共和国经济合同法》及有关规定，为明确出租方与承租方的权利义务关系，经双方协商一致，签订本合同。

第一条 房屋情况

房屋坐落于哈尔滨市＿＿＿＿＿＿。位于第＿＿层，共＿＿＿〔套〕〔间〕，房屋结构为＿＿＿＿，建筑面积＿＿＿＿＿平方米(其中实际建筑面积＿＿＿＿＿平方米，公共部位与公用房屋分摊建筑面积＿＿＿＿平方米)；该房屋的土地使用权以〔出让〕〔划拨〕方式取得；该房屋平面图见本合同附件一，该房屋附着设施见附件二；〔房屋所有权证号、土地使用权证号〕〔房地产权证号〕为：＿＿＿＿＿。

第二条 租赁期限

租赁期共＿＿＿个月，出租方从＿＿年＿＿月＿＿日起将出租房屋交付承租方使用，至＿＿＿年＿＿月＿＿日收回。

第三条 租金及抵押金的交纳方式

每月租金为＿＿＿＿＿＿＿，承租方第一次付＿＿＿＿个月，租金合计＿＿＿＿＿＿，第二次付款应在前次租期满前一个月＿＿＿＿＿＿年＿＿＿＿月＿＿＿＿日支付。

承租方缴纳＿＿＿＿＿＿元抵押金，用于房屋内水、电、煤气等生活费用及家具家电等设施的抵押。承租方负担承租期间产生的所有费用，房屋租赁到期后，如无拖欠费用，抵押金返还。承租期间如果损坏室内设施或家具家电，赔偿金从抵押金扣除，抵押金不够赔偿的超出部分需要承租方承担。承租方在合同规定的承租期限内主动终止合同，应提前30日通知出租房，否则，出租方不予退还剩余租金和押金。

第四条 违约责任

承租人有下列情形之一的，出租人可以终止合同、收回房屋，押金不予退还：

1. 承租人擅自将房屋转租、转让或转借的；
2. 承租人利用承租房屋进行非法活动，损害公共利益的；
3. 承租方逾期交付租金的，除仍应及时如数缴纳外，应支付租金总额百分之一的违约金。
4. 承租方违反合同，擅自将承租房屋转给他人使用的，应支付年租金总额百分之五十的违约金；如因此造成承租房屋毁坏的，还应负责赔偿。

第五条 其他约定事项

1. 承租方租赁期满后不再租赁此房屋的，应提前30天告知出租方；
2. 水电费、有线电视费、煤气费、卫生费、物业费等生活费用均由承租方负担并出具最后两次缴费单据给出租方查验，如缴费单据丢失，从押金中扣除500元作为欠费保障，出租方承担包烧费。

3. 承租方在租赁期间不得擅自在室内外进行房屋格局改动,如发生结构变动,造成门窗、地面、墙面、暖气、水电等设施损坏时,在承租期满时承租方需恢复原状,并承担由此造成的任何方面的损失。

4. 承租方在承租期间使用水、电、煤气等设施时,由于操作不当导致其人身或邻居受到伤害的,其法律责任及经济损失由承租方完全承担,并赔偿由此给出租方造成的一切损失。

5. 房屋内设施:＿＿＿＿＿＿＿＿＿＿＿＿＿＿＿＿＿＿＿＿＿＿＿＿＿＿＿＿

第六条　免责条件

1. 房屋如因不可抗力的原因导致毁损和造成承租方损失的,双方互不承担责任。

2. 因市政建设需要拆除或改造已租赁的房屋,使出租方和承租方造成损失,互不承担责任。

若因上述原因而终止合同,租金按实际使用时间计算,多退少补。

第七条　争议的解决方式

本合同在履行中如发生争议,双方应协商解决;协商不成时,任何一方均可向工商局经济合同仲裁委员会申请调解,调解无效时,向市工商行政管理局经济仲裁委员会申请仲裁,也可以向人民法院起诉。

第八条　本合同未尽事宜,一律按《中华人民共和国经济合同法》的有关规定,经合同双方共同协商,作出补充规定,补充规定与本合同具有同等效力。

第九条　本合同正本壹式贰份,出租方、承租方各执壹份;均具有同等效力。

电表数字:

煤气数字:

水表数字:

出租方:(签名)　　　　　　　　　　　承租方:(签名)

电　话:　　　　　　　　　　　　　　　电　话:

身份证:　　　　　　　　　　　　　　　身份证:

地　址:　　　　　　　　　　　　　　　地　址:

年　　月　　日

【范例3】

物流服务合同

合同编号:

甲　方:　　　　　　　　　　乙　方:上海××货运有限公司

住所地:　　　　　　　　　　住所地:上海市××区×××路××××号

电　话:　　　　　　　　　　电　话:021-3920××××

根据《中华人民共和国合同法》等有关法律法规,甲乙双方经友好协商,在平等自愿的基础上就乙方为甲方提供国内、国际物流(速递)服务,签订如下合同,以期共同遵守。

本合同包括：
1. 合同文本
2. 附件一：快件价格、时效表

第一条：服务内容、区域
甲方委托乙方办理国内、国际物流（速递）服务业务。

第二条：合同期限：
本合同有效期：自201 年   月   日至201 年   月   日。

第三条：甲方的权利和义务
3.1 对所托运的货物进行妥善包装，该包装应符合运输的要求及仓储保管的要求。如果托运易碎、易渗漏货物及危险品等特殊货物，应事先向乙方说明，并向乙方提供必要的仓储保管、运输技术资料或文件。需特殊包装、加固时，乙方有义务提供此类服务，相关费用由甲方承担，同时甲方负有协助、支持乙方开箱验货的义务。

3.2 认真填写运输面单，将货物的名称、数量、收件人的地址、单位名称、收件人、联系方式等信息详细提供给乙方，如由于甲方提供信息错误，导致货物遗失的，乙方不承担赔偿责任。

3.3 不得交寄易燃、易爆、易腐蚀或货币、非法出版物等国家明令禁止的禁运品。

3.4 按照约定价格及时支付运费的义务。

3.5 甲方有义务提供给乙方每天所发出的快件汇总信息，以便乙方及时录单，主动跟踪服务。

第四条：乙方的权利和义务
4.1 双方在货物交接时，应确认货物原始包装的完好，若发现包装有破损情况，甲方应及时知会乙方，由乙方按符合运输要求及仓储保管的标准包装货物，并有要求开箱验货的权利。

4.2 将甲方交付的货物安全、完好、准时送达到甲方指定的地址和收件人或收件单位。

4.3 如果甲方要求在同一派送区域内改变送货目的地，乙方有义务无偿提供服务。

4.4 免费为甲方提供货物运输、签收的查询服务；

4.5 及时向甲方通报货物运输的进展情况，出现异常情况，应及时通知甲方，商议处理。在紧急情况下，乙方可以自行采取有利于甲方的处理办法，并及时将结果通知甲方。

第五条：送达及退回
5.1 收件人收到乙方送达的货物时：
a. 经检验确认货物无损坏、无缺失的，在回单上签收；
b. 经检验发现货物有损坏、有缺失的，有权拒绝签收，乙方须及时通知甲方，在得到甲方许可后，把货物退回甲方，甲方不承担此项运费（甲方责任除外），如果在乙方的通知72小时后未作出回复确认，按许可处理。

5.2 无法送达：货物到达目的地，因当天联系不到收件人或无法找到送货地址的，乙方应在2个工作日内告知甲方，三日内仍无法正常派送的，乙方应及时通知甲方将货物退回，发生费用(按附件价格标准执行)由甲方承担。

5.3 由于乙方原因如途中损坏等造成货物被退回的,由乙方承担运费(快件被签收除外)。若因此致使甲方受到损失的,甲方有权要求乙方承担赔偿责任。

第六条:费用与结算

6.1 本合同所称快递运输费用的计算以乙方提供甲方专属快递单号下所记录的货物实际重量为基准,计量单位为1千克,首重不足1千克的按1千克计算;续重不足1千克的,按1千克计算,泡货按长×宽×高÷6 000计算。

6.2 在费用核算无误后,由乙方依据费用总额开具正规发票给甲方,甲方在收到发票后的7个工作日内,须向乙方支付相应费用。

6.3 费用的支付形式为:支票、银行转账、现金。

6.4 甲方如果未能按时付款的,在最后期限延迟15个自然日,从第16日开始甲方需向乙方支付滞纳金每日按3%计算,截至甲方付款为止(以付款凭证为据)。

第七条:保险及理赔

7.1 运输过程中造成货物遗失或毁损,价值人民币伍佰元以内的由乙方负责赔偿;赔偿标准以该票货物发票价格为准,超出伍佰元的快件,甲方若不购买保险,因乙方过错造成损毁或遗失的,乙方负责赔偿,但最高不超过伍佰元每票。乙方自遗失或毁损发生之日七日内,以现金方式赔付。若乙方未按此约定执行,甲方有权自行从乙方的运费中扣除。

7.2 超出伍佰元的快件,甲方选择购买保险,保险费率为0.3%,发生遗失、短缺、毁损的,乙方按该票快件的保价金额进行赔补,但最高不超过壹万元每票。乙方可要求甲方提供该票快件实际价值的原始发票和相关材料。

7.3 除不可抗力外,乙方应承担由于货物错运等原因造成的延误交付的责任。延误5日以内(含5日),每延误1个工作日,该票货物运输费用减免七分之一,延误超过7日(含7日),该票货物运输费用全免。

第八条:适用法律及争议处理

本合同所有条款适用中华人民共和国法律。有关本合同出现的任何争议应由甲乙双方友好协商解决。协议不成的,交由上海仲裁委员会根据仲裁准则进行裁决。

第九条:保密

履行本合同过程中,甲乙双方都应向另一方提供相关操作信息、产品信息和电子档的客户汇总信息等其他营业信息。被提供的信息将被视为机密,所有权只属于提供信息方。接收信息方只能把另一方提供的信息用于本合同义务和职责的执行中。除本合同允许外,任何一方不应向其他第三方公开机密信息。

第十条:其他

10.1 本合同所指"以上",不包括本数;"以下""以内"含本数。

10.2 本合同自双方签字日生效,有效期为壹年。

10.3 双方如有超出本合同条文范围的事项,需提早一个月以书面的形式,双方协商解决,另行约定。

10.4 本合同一式贰份,甲乙双方各执壹份。

10.5 本合同终止后,协议双方仍承担合同终止前本合同规定的双方应当履行而尚未履行完毕的一切责任与义务。

甲　　方：　　　　　　　　　　　　　　乙　　方：上海××货运有限公司
代 表 人：　　　　　　　　　　　　　　代 表 人：
联系电话：　　　　　　　　　　　　　　联系电话：
　　　　　　　　　　　　　　　　　　　　　　　　　年　　月　　日

附件一

××快运国内特快专递分区价格表

分区	一区	二区	三区	四区	五区	六区
收费标准	首重10/kg 续重3元/kg	首重10/kg 续重4元/kg	首重10/kg 续重5元/kg	首重12/kg 续重8元/kg	首重12/kg 续重10元/kg	首重50/kg 续重35元/kg
省、市	省内 重庆	上海、北京 天津、安徽 广东、江苏 浙江、江西 湖南、湖北 河南、河北 广西	甘肃、贵州 云南、福建	黑龙江、内蒙古、辽宁、吉林、青海、宁夏	新疆、西藏	香港、台湾 澳门

第四节　广　告

一、广告的含义

广告,是通过各种传播媒体,向公众传播某一信息或宣传某一事项所使用的文体。在商业领域里,厂商向消费者传播、宣传商业信息,以促进和扩大商业活动。

广告分为广义广告和狭义广告。

广义的广告,即"广而告之",包括经济广告和非经济广告。经济广告即商业广告,1994年10月27日第八届全国人民代表大会常务委员会通过的《中华人民共和国广告法》中对广告的界定,即指商业广告:"本法所称广告,是指商品经营者或者服务提供者承担费用,通过一定媒介和形式直接或者间接地介绍自己所推销的商品或者服务所提供的商业广告。"它以促进商品销售或提供劳动服务信息为目的,与经济利益密切相关。非经济广告是指经济以外的各种广告,它虽然也传达信息,但跟经济利益没有关联,如社会团体的公告、启事、声明等。

狭义的广告指经济广告,即商业广告。

广告一般通过报纸、杂志、电台、电视台、传单、招贴、邮寄品、包装品、霓虹灯、路牌、交通工具、店铺门面、橱窗、柜台以及模特儿表演等形式,介绍商品,提供服务,树立形象等。

本节所阐述的广告是指广告文案,也就是广告作品中为传达广告信息而使用的全部语言符号所构成的整体,即广告文本。它是广告创意的基础,也是广告内容的语言文字载体。无论运用哪种媒介的广告,可以没有图画,可以没有声音,但是却不能没有文字,即使广告中没有直接的文字表达,或没有声音的直接传递,但在广告的创意和设计中仍然需要以一定的文案为基础,可以说无论是采取哪一种媒介传播广告信息,一旦离开了文字就寸步难行。

二、广告的特点

1. 真实性

商业的广告在推介产品时,要以事实为依据,真实、健康、清晰、明白地向社会诉说商品的性能、用途及使用方法等。

2. 目的性

做广告的主要目的就是获得利润,销售产品和推销服务。在做广告的时候必须要牢记这一点,经济性是广告区别于其他文体的一个重要特点。

3. 艺术性

随着社会的发展、科学的进步,社会对广告也提出了越来越高的要求。除了实现经济目的外,广告也被当作一种艺术品来欣赏。在制作时,要把文字、图画、音响、实物多媒体结合在一起,这样才有较强的逼真性和艺术感染力。

4. 商业性

随着市场经济的发展,市场竞争也异常激烈,企业、商家增强竞争能力,既要靠高技术、高质量,又要借助与公共关系密切配合的、高水平的广告宣传活动,制作精良的广告既可以提高商品的竞争能力,又可以说服感染消费者,促进购买行为,为企业、商家带来良好的经济效益。

三、广告的种类

广告根据分类标准不同,可以分为以下几类。

(1)按内容分,有商品推销广告、劳务信息广告、服务广告。

(2)按媒介分,有电视广告、广播广告、网络广告、报刊广告,交通工具(车船广告)、交通设施(路牌)广告、橱窗广告、灯箱广告、传单广告、邮政广告等。

(3)按制作方法分,有文字广告、物像广告、文字物像相结合广告,表格式广告、表演式广告、综合式广告。

(4)按文字表达方式分,有陈述体广告、论证体广告、抒情体广告、问答体广告、书信体广告。

四、广告的作用

1. 传播信息,促进生产和流通

企业通过做广告,把有关生产和商品的信息传递给消费者,满足和刺激消费者的需求,反过来消费者的需求又刺激生产,形成良性循环。

2. 指导消费,活跃市场和企业

广告可以引导消费者如何选择商品和如何认识新商品,同时由于商品的家喻户晓,可以使商品销量猛增,市场得到活跃繁荣,企业也可通过广告的宣传树立信誉,创造名牌,取得竞争的活力。

3. 促进竞争,塑造企业形象和商品品牌

现代企业的竞争,首先是企业形象的竞争,其次是商品品牌的竞争,享有很高美誉度的企业和商品显然更能得到消费者的青睐,而企业的形象和商品的品牌很大程度上正是靠着广告的累积效应,一点点在消费者心中积累起来的。如一些世界驰名的品牌如万宝路、百事可乐、可口可乐等,都是数十年、上百年地用广告培养出来的。

五、广告的写法

广告写作,实际是指制作广告成品之前有艺术性的说明文底稿,即广告文案。在不同媒介传播的广告,其文案写作上也有区别。一般而言,完整的广告文案通常由标题、正文、随文、广告语四个部分组成。

(一)标题

广告标题是广告信息的聚焦点,旨在传达最为重要的或者最能引起受众兴趣的信息和产品属性,通常置于最醒目的位置,对全文起统领作用,以引导受众关注正文信息。

广告标题可以分为单一标题、复合标题、大小标题相结合三种形式。

1. 单一标题

单一标题即只有正标题,又包括直接性标题和间接性标题。

(1)直接性标题。直接将企业、商品名称、服务单位、项目以及销售目的告诉消费者,通常采用记事式、新闻式和抒情式三种方式。如:

六神有主,一家无忧。(六神花露水广告)

鹤舞白沙,我心飞翔(白沙集团)

三十功名创传奇,八千里路驰江铃。(江铃牌载重汽车广告)

百年张裕,地道干红(张裕葡萄酒)

(2)间接性标题。不直接点明广告内容,而是采用含蓄、迂回等富有表现力的语言暗示商

品的用途、效果等,引起公众的好奇心,吸引其阅读下文。常见的写作方法有三种,即提问式、祈使式和悬念式。如:

你追我赶,共赴前程。(齐鲁鞋业有限公司广告标题)

寒冷与宁静的联想。(某电冰箱广告标题)

为了每一个男子都风度翩翩。(巴伦香水广告标题)

我们的光彩来自你的风采。(沙宣洗发水)

我家的盘子会唱歌。(雕牌洗洁精)

2. 复合标题

复合性标题主要有三种构成形式,即"引题+正题""正题+副题""引题+正题+副题"。

正题是复合性标题的核心,是主标题,副标题位于正题的后面,起补充正题内容的作用;引题位于正题前面,起引导或制造悬念、引起读者兴趣等作用。复合性标题也可以看作是将直接性标题和间接性标题结合起来使用的标题形式。如:

引题:万科城市花园告诉您……

正题:不要把所有的鸡蛋都放在同一个篮子里

副题:购买富有增值潜力的物业,您明智而深远的选择

3. 大小标题相结合

大小标题相结合即在正文前面使用大标题、在正文当中加入小标题。这种标题形式通常针对正文较长的广告文案,以帮助读者划出理解层次,避免视觉疲劳。

(二)正文

广告的正文对广告对象做深入说明,是传播产品和劳务信息的重点和核心。通过正文部分的介绍,要使消费者从感情上和理性上接受。

正文的内容可以分为开头、主体和结尾三个部分,即开头扼要解说标题提出的问题,在标题和主体之间起承上启下的作用;主体部分提供产品或劳务信息的具体细节;结尾部分用很简洁的一段话,诱导、敦促消费者采取购买行为,达到鼓动促销的作用。

正文的写法一般有以下几种。

1. 布告体

常见的布告体广告有开业启事、招聘启事、服务信息、征订广告、征集广告、招生广告、技术转让广告、招商引资广告、联营广告、房产广告等。这类广告同一定的公众利益直接相关,因此表达要十分适当,遣词造句要严肃、庄重,事由、项目、条件和注意事项等要写得清清楚楚。

2. 说明体

这类广告开门见山,简明扼要地向顾客推荐、介绍商品。它用朴实、简洁的语言,直截了当地说出产品的名称、规格、用途、效果、价目等。为消费者认识和鉴别商品提供必要的知识。这类广告内容实在,适用于对新品的宣传介绍。

3. 格式体

这类广告按照一些相对固定的格式和项目来撰写,甚至用一定的表格形式分别填写。这类广告应用广泛,一般影剧节目广告、供求分类广告、同类商品综合介绍、新书出版介绍等等,都属于这一类。

4. 论说体

这类广告文字的特点是:为宣传商品优点,摆开论辩姿态,用充分的论据和雄辩的逻辑,说服消费者选购广告介绍的商品。如:

节省电灯费用,应从选择灯泡入手。

电灯上之所费不外电力与灯泡二项,而电力之耗省,与灯泡应用之久暂,完全由于灯泡货质之优劣。故节省电灯之费用,必须注意灯泡之选购。(奇异老牌灯泡广告)

5. 问答体

运用设问形式,激发顾客的好奇心。可分两种:一种设问自答,即厂家根据顾客对同类产品常见的毛病或疑点,提出设问,自己作答,宣传本产品能解决这些毛病或疑点;另一种是设问他答,即提出设问后,常以使用产品反映好的顾客活用户的话作答,具有较强的说明力。问答体广告文字一般是有问有答,针对性强,富有说服力。如:

① 蓝天六必治电视广告文案:

一个身体很壮的男青年一边刷牙一边说:

牙好,嘿,胃口就好!身体倍儿棒!吃嘛嘛香!

您瞧准了:蓝天六必治!

② 美国象牙香皂广告:

小男孩:"请把您的象牙香皂包装纸给我好吗?我收集到15张寄到 P&G 公司可以换到画册和写字垫板。"

女士:"对不起,我的孩子和你的想法一样,也在收集。"

6. 证书体

为说明广告宣传事实或许诺的正确可靠,需要拿出权威方面的鉴定,评奖情况,或者名人、可靠人士的赞扬、见证,这就是证书体广告文字。证书体广告文字可以是独立成篇的广告文字,也可以是插入到其他广告文字中的一部分。这种广告比自称"全国第一""誉满全球"等抽象的自夸更具说服力。如:

古井贡酒清如水晶,香如幽兰,甘美醇和,回味悠长,连续三次荣登国家名酒金榜,又获第十三届巴黎国际食品博览会金奖。(古井贡酒广告)

7. 新闻体

这是用类似新闻的样式来撰写的文字广告。这类广告文字主要在于发展广告内容的新闻性或新闻的联系。这就是说,当商品含有当前人们会感到新奇或兴趣的新情况,或者它与更大新闻事件、新闻人物有联系时,就可以借题发挥,写一篇新闻体的广告文字。

8. 文艺体

有的广告用诗歌、快板、相声、动画、皮影、木偶、顺口溜、小说等形式,或介绍商品,或宣传商品,或赞誉商品,这些均可归于文艺体广告。文艺体广告形式多样,新颖别致,引人入胜,雅俗共赏,感染力强。如:

①恰当地表达自己真挚、温馨的爱情,
不仅仅是一份勇气,
更是一种艺术。
象征永恒的精工手表,
是高贵的爱情标志,
也是天长地久的爱情魅力。
在我们生命中的某些时候,
爱情,应该是看得见的。(台湾精工手表广告)

②故都北京,最为人所称道、怀念的,除了天坛、圆明园外,就该是那操一口标准京片子的人情味儿和那热腾腾、皮薄馅多汁鲜、象征团圆的水饺儿。今天,在宝岛台湾,怀念北京、憧憬老风味,只有北方水饺最能让您回味十足、十足回味!(台湾北方冷冻食品公司广告)

(三)随文

随文是正文之后用以介绍广告主的名称、地址、电话、传真、邮编、联系人等的文字。随文写作必须认真、准确,不能出差错。一般报纸杂志广告和服务性广告随文比较全面,电视广告随文只说出企业名称。

(四)广告语

广告语又称广告词、广告标语、广告口号、广告主题词。它是对企业商品的特征加以高度概括而形成的最简练的文字,它是企业从长远利益出发,在一定时间内反复使用的具有警语、格言特点的宣传词语。它往往用简单概括的一句话,给读者留下深刻的印象,使消费者建立一种观念和意识,对企业或商品形成认知,并引导他们选购商品和劳务。如:

M&M 巧克力广告语:只溶在口,不溶在手。
德芙巧克力广告语:牛奶香浓,丝般感受
诺基亚广告语:科技以人为本
天王表广告语:因时而动,方显从容
新飞冰箱广告语:新飞广告做得好,不如新飞冰箱好
美的电器广告语:原来生活可以更美的
才子男装广告语:煮酒论英雄,才子赢天下
聚美优品广告语:光辉岁月,我为自己代言

要注意的是,广告标语与广告标题不同。广告标题引导消费者注意广告和阅读正文,而广

告标语是要在消费者的头脑里树立起企业或商品的形象,引导购买。广告标题必须与广告正文联合使用,是依附性的、短期的、一次性的,位置相对固定,而广告标语可以在广告文中出现,也可以单独使用,位置十分灵活。广告标题的形式可以是整句话,也可以是半句话,甚至一个字,而广告标语必须使用完整的句子,表达出明确的概念。

四、广告写作的注意事项

1. 广告的主题要鲜明,创意要新颖

主题是广告的灵魂和统帅,创意就是广告出奇制胜的法宝。没有鲜明的主题,没有新颖的创意,都很难吸引受众的关注。

2. 广告的内容要真实,表达要准确

真实是广告的生命,广告,尤其是商业广告,直接关系到受众的切身利益,真实地向社会传播信息,不仅是对消费者负责,也是对企业自身形象负责。同时,广告的表达即诉求要准确明了,才能有效地传播,达到最佳的广告效果。

3. 广告的形式要多样,内容要活泼

广告可以采用多种文体形式,还可以运用各种文学语言表达方法,广告形式的创新也是吸引受众注意的一个亮点,因此,广告写作应不拘泥于固定的模式,充分发挥广告人的智慧和创意,利用文字、图片、声音、画面等多种表现手段,力求生动活泼,与众不同。

4. 广告人要研究消费者的心理,投其所好

商业广告的目的性非常明确,即盈利。而广告的受众是千差万别的人,因此,广告写作要针对特定的消费对象,认真研究其消费心理和购物习惯,考虑不同地域、人文等因素的差别,因地制宜,因人制宜,投其所好,才能够达到更好的广告效果。

【范例1】

伊利纯牛奶广告文案案例

广告文案:无论怎么喝,总是不一般香浓!这种不一般,你一喝便明显感到。伊利纯牛奶全乳固体含量高达12.2%以上,这意味着伊利纯牛奶更香浓美味,营养成分更高!

广告口号:青青大草原 自然好牛奶

广告文案:一天一包伊利纯牛奶,你的骨骼一辈子也不会发出这种声音。每1100毫升伊利纯牛奶中,含有高达130毫升的乳钙。别小看这个数字,从骨骼表现出来的会大大不同!

广告口号:青青大草原 自然好牛奶

广告文案:饮着清澈的溪水,听着悦耳的鸟鸣,吃着丰美的青草,呼吸新鲜的空气。如此自在舒适的环境,伊利乳牛产出的牛奶自然品质不凡,营养更好!

广告口号:青青大草原 自然好牛奶

【赏析】 这三则系列广告,除角落里的品牌标识及产品包装外,没有任何图形。画面中心,巧妙地利用汉字字型的精心编排设计,通过一系列的象声词,分别表现人们迫不及待地喝牛奶的声音;因缺钙而导致的骨骼碎裂的声音;以及乳牛在舒适的环境中惬意地吃草鸣叫的声音,调动受众的想象和联想,形成视觉冲击力。而广告文案又对画面主体文字作了形象的说明、注释和深化,道出了伊利纯牛奶诱人的浓香、纯真精美的品质和饮用后的效果及其根源,非常有说服力,很能打动消费者。是以文案写作为主要表现形式的典型佳作。

【范例2】

太太口服液案例

广告正文:

不让秋雨淋湿好心情,

心情好,脸色自然的。

不让秋日带给女人一点点的伤,

没有黄褐斑,脸色是真的。

不让秋风吹干肌肤的水,

肌肤充满水分,脸色更加好。

不让秋夜成为失眠的开始,

晚上睡得好,脸色才会好。

【评析】 太太口服液系列广告作品成功塑造了品牌形象。从干燥的秋天引申出对女人肌肤的伤害,以浪漫的秋季带出产品特性——呵护女性皮肤,女性在享受浪漫的同时,肌肤也变得漂亮了。每一则广告在构图、布局、文案和风格等方面具有统一性,各部分又十分均衡、协调、配合、巧妙。广告文案围绕中心,从"不让秋雨淋湿好心情""不让秋日带给女人一点点的伤""不让秋风吹干肌肤的水""不让秋夜成为失眠的开始"四个方面宣传产品特点、构图及方案富有延续性及系列性,成功地推销了产品。

【范例3】

"南方黑芝麻糊"报纸广告文案

标题:它,还是那个味道!

正文:黑——芝麻糊哎——

  小时候,一听见黑芝麻糊哟的叫卖声,我就再也坐不住了……

  如今,不管过了多久,它还是记忆中的那个味道!

  南方黑芝麻糊,滴滴好味道。

广告口号:一股浓香,一缕温情。

附文:南方黑芝麻糊广西南方儿童食品厂荣誉出品

"南方黑芝麻糊"电视广告文稿

广告拍摄脚本

镜头一:(遥远的年代)麻石小巷,天色近晚。一对挑担的母女向幽深的陋巷走去。(画外音,叫卖声):"黑——芝麻糊哎——"(音乐起)。

镜头二：深宅大院门前，一个小男孩使劲拨开粗重的樘栊，挤出门来，深吸着飘来的香气。（画外音，男声）："小时候，一听见黑芝麻糊的叫卖声，我就再也坐不住了……"

镜头三：担挑的一头，小姑娘头也不抬地在瓦钵里研芝麻。另一头，卖芝麻糊的大嫂热情地照料食客。

镜头四：（叠画）大锅里，浓稠的芝麻糊不断地滚腾。

镜头五：小男孩搓着小手，神情迫不及待。

镜头六：大铜勺被提得老高，往碗里倒着芝麻糊。

镜头七：（叠画）小男孩埋头猛吃，大碗几乎盖住了脸庞。

镜头八：研芝麻的小姑娘投去新奇的目光。

镜头九：几名过路食客美美地吃着，大嫂周围蒸腾着浓浓的香气。

镜头十：站在大人背后，小男孩大模大样地将碗舔得干干净净（特写）。

镜头十一：小姑娘捂嘴讪笑起来。

镜头十二：大嫂爱怜地给小男孩添上一勺芝麻糊，轻轻地抹去他脸上的残糊。

镜头十三：小男孩默默地抬起头来，目光里似羞涩、似感激、似怀想、意味深长……

镜头十四：（叠画）一阵烟雾掠过，字幕出（特写）："一股浓香，一缕温暖"。（画外音，男声）："一股浓香，一缕温暖，南方黑芝麻糊"。

镜头十五：（叠画）产品标板。

镜头十六：推出字幕（特写）：南方黑芝麻糊 广西南方儿童食品厂。

本章练习题

一、改错题

1. 运用合同的写作知识，指出下面这份合同存在的问题。

建筑工程承包合同

甲方：西丽化工厂

乙方：华西建筑公司

为建筑西丽化工厂西厂房，经双方协商，订立本合同。

一、化工厂委托承建方在甲方左侧建造西厂房壹座，由华西建筑公司按照甲方提供的规格、图样（附件一）建造。

二、全部工程造价（包工包料）为人民币玖拾贰万柒仟元正。

三、甲方在订立合同后尽快付给乙方全部建造费的百分之六十，其余百分之四十在西厂房竣工并验收合格后抓紧结清。

……

七、乙方建造的厂房如不符合附件一图样及国家有关规定标准，由乙方负责返修，返修费由乙方承担。如工程不能按时完成，由乙方按全部建造费的千分之一赔偿甲方的损失。甲方必须按双方协商日期交付建造费，若违约，由甲方按全部建造费的千分之一赔偿乙方。

八、本合同一式叁份，甲乙双方及公证机关各执壹份。本合同自签订之日起执行。

西丽化工厂

华西建筑公司

2005年10月5日

二、情景模拟题。

1. 同学们手里这本《应用文写作实用教程》，内容生动，强调应用性和实用性，对同学们今后的工作以及学习都有较强的指导意义。通过阅读教材，同学们对其优势和益处都有所了解，请同学们根据自己对本教材的认识，写一本关于本书的推销广告。

2. 请拟一条以"公民义务献血"为内容的公益广告语。要求主题鲜明，感情真挚，构思新颖，语言简明。（20个字以内）

第六章
Chapter 6

大学生实用文体

第一节 实习报告

一、实习报告的含义

所谓实习报告,是把实习过程、结果以及体会用书面文字写出来的材料,不少人在实习后都会写一份毕业实习报告总结。

二、实习报告的资料收集

从开始实习的那天起就要注意广泛收集资料,并以各种形式记录下来(如写工作日记等)。丰富的资料是写好实习报告的基础,主要收集以下资料。

1. 在社会实践工作中党的路线方针政策是如何在工作中贯彻执行的

比如单位组织学习,内容是什么、什么学习方式、学习后的效果如何,自己和同志们的思想是否有所提高。

2. 专业知识在工作中是如何灵活运用的

比如法律专业,注意法官或法律工作者在执法过程中是如何灵活运用法律条款,深入了解优秀法官,如何运用法律以外的手段解决民事纠纷,提高结案率的;秘书专业的学生可以直接将秘书实务、应用写作等科目中的问题带到实践中去,在实践中寻求理论与实践的结合点等。

3. 观察周围同事是如何处理问题、解决矛盾的

实习是观察体验社会生活,将学习到的理论转化为实践技能的过程,所以既要体验还要观察。从同事、前辈的言行中去学习,观察别人的成绩和缺点,以此作为自己行为的参照。观察别人来启发自己也是实习的一种收获。

4. 实习单位的工作作风如何

单位的工作作风对你将来开展工作、发展自己、提高自己有什么启发;某些同事的工作作风、办事效率哪些值得你学习,哪些要引以为戒,对工作、对事业会有怎样的影响。

5. 实习单位的部门职能发挥如何

对不同职能部门的工作作风、履行职能的情况有什么看法和认识。

二、实习报告的结构与写法

(一)实习报告的写法

根据本专业特点,可以全面地写。如法律专业,去法院实习,获得的是作为一个法律工作者应该具有的全面素质材料,这时,可以将所实习的全部内容,包括法律工作者的政治素质要求、业务素质要求、法律条文的运用、法官的个人魅力(言行举止、语言表达等综合因素)在法庭上的效果以及法官的语言表达能力等写进实习报告。

文秘专业,作为一个办公室文员,实习中可能工作性质内容涉及所学大部分骨干课程,如办会(会议之前的准备工作、会议过程中的服务工作、会后的总结会议工作,以及整个会议涉及的文书有哪些,领导对这些会议文件的写作要求有哪些,写作者在准备过程中有哪些成功的做法或失败的教训,文秘工作者的仪表礼仪有什么要求等)。

也可以根据实习的内容确定某一局部的工作,就一个专题作为重点描述对象。如文秘中的档案管理,单位对工作人员的要求有什么、自己学的哪些知识在工作中运用上了,你运用的方式方法是否符合工作需要,效果如何;同事是怎么对待档案管理工作的,他们有什么值得你学习的地方。

(二)实习报告的结构

实习报告的结构包括标题、正文和落款。

1. 标题

实习报告的标题主要由实习人、内容和文种组成。也可以把实习地点和文种组成标题。

2. 正文

实习报告的正文一般都由前言、主体和结尾三部分组成。

(1)前言部分:点明实习的时间、地点,以及实习的目的和任务。

(2)主体部分:对实习过程、实习内容、实习环节和一些具体做法加以综合概括和分析。

(3)结尾部分:写出个人实习的体会、经验教训、今后努力的方向等,也可以提出一些建议和意见。

3. 落款

实习报告的落款包括署名和报告时间。

三、实习报告写作的注意事项

(1)报告必须写自己的实习经历,可参考别人的资料,但不能抄袭。

(2)语言要求简练,符合公务文书的要求。不要过多地说"我"如何如何,在第一段介绍了自己的实习时间、地点和分配到的任务后,下面的文字少出现人称,尽量不用人称。字数要在3 000 以上。

【范例】

应用文写作实习报告

实习时间:2010 年 7 月 19 日至 2010 年 8 月 5 日

实习地点:××××

实习内容:应用写作实际训练

我于2010 年7 月 19 日至2010 年 8 月 5 日进行了为期两周的实习。在此期间,我根据指导老师的要求和自身实际制定了相应实习计划,并主动参与实践,积极将我所学到的知识运用到工作中,重视在实习阶段对所学的文秘理论知识进行进一步的巩固和提高,以期达到以理论指导日常工作的目的。在实习期间我为实习单位减轻了一些工作负担,发挥了自身价值。现将实习情况和结果报告如下:

一、我的实习流程

第一阶段是办公室工作的训练。主要是熟悉工作环境、各部门的工作职责、本部门的工作任务、当前的工作重点。尽快进入角色、融入工作。

第二阶段是为领导提供事务辅助。主要是文件的上传下达,整理文档,复印资料,做好保洁工作。

第三阶段是协助领导完成交办事项。主要是核对文稿,修改文件初稿,制作相关表格、联络人大代表。

二、我完成的工作

我所在实习单位这个月的主要工作是安排各部门三年大变样工作的进度。而我负责录入并整理进度情况的资料。所以,我实习时也紧紧围绕这些工作重点进行,主要做了以下工作:

(1)文件校对,修改文件底稿,提出的合理修改意见被采纳。

(2)制作各单位联络方式表。该表打印后放在领导桌面以便使用。

(3)电话通知各单位代表准时与会。我注意了电话通知时要注意的问题,注意了用语、语调等,文明礼貌地进行通知,完成了任务。

(4)按领导要求整理文件,归档。我认真仔细地整理文件,按领导平时的习惯进行归档,以便以后查阅起来方便。

(5)收发传真、电子邮件。使用现代化办公手段帮助领导快速传递文件,提高工作效率,减轻工作负担。

(6)复印各种会议资料,做好会前准备。对于资料的份数,不同会议应持有的资料进行仔细核对,确保资料准确无误发到各领导手中,保障会议顺利进行。

(7)准确做好文件的上传下达工作。对于要送往组织部和副部长办公室的文件准确快速地送到,起到良好的桥梁作用。

(8)做好清洁工作。好的办公环境使心情愉快,提高工作效率。我主动做好这一项工作,为大家创造舒适的工作环境。

三、实习心得

1. 工作态度要积极端正

一定要认真工作,多做事才能更好地了解工作情况,更加专心地投入到工作当中去,才能更好地完成工作任务,从而取得领导的信任。马虎了事是对他人的不尊重。少说话,就是少说无关紧要的话,不说不利团结影响安定的话,以谨慎负责的态度处理工作,这样才能够得到同事的信赖,为开展工作打下良好的基础。

秘书工作是以领导工作为核心的,要始终围绕这一核心,进行全方面的辅助工作。积极主动更多地表现为热情昂扬的工作态度,所以在工作中要积极主动地为领导提供力所能及的服务和参谋辅助。这样才能够把工作做得更好,取得更好的成绩。但也要注意,积极工作不等于擅做主张。遇事要向领导请示,经过批准才能执行。每一项任务完成后要向领导报告结果。

积极端正的态度决定一切,决定秘书工作的成败得失。在以后的学习和工作中我一定会吸取实习中得到的经验,更好地完成工作。

2. 专业技能要熟练多样

应用写作同作者的职业、工作性质密不可分。在写作时,如果缺乏专业训练,不懂业务知识,就很难深入实际,写好一篇专业应用文。比如在人大等机关的文秘要努力学习马列主义、邓小平理论和"三个代表"重要思想,学会使用马克思主义根本原则和办法指导实践,认真研究党和国家的各项方针政策,充分掌握政策的本质,及时理解和掌握上级指导不同时期的任务安排和要求,具体落实政策,并强化组织协调能力、专业技能,检查指导能力,参谋征询能力、文字表达能力。

好的工作方法和技能可以起到事半功倍的效果。把这种思想延伸到秘书工作中,就是要分清主次,分清轻重缓急,抓住主要矛盾和矛盾的主要方面。这样就可以做到目的明确,思路清晰,从而更好地开展工作,提高工作效率。

掌握现代化的办公设备,熟练运用办公软件是对现代秘书人员的基本技能要求。达到这个要求可以大大提高工作效率,提高办事能力。例如,日常工作中对于WORD中的表格进行自动填充、编号可以在格式中的下拉菜单"项目编号"中进行设置;通过边框设置可以在WORD中实现表格标题、表头在文档的各页重复出现;还可以在绘图中实现对斜线表头的个性化设置。我利用现代办公设备进行收发传真、电子邮件,制作名单等工作。

随着时代的发展,办公自动化水平会越来越高,秘书工作的办公自动化技能要求也还会仅限于简单的打字复印和信息录入,更多的是熟练利用网络、利用 OA 系统完成日常工作。在今后的学习和工作中一定要注重办公自动化技能的提升。

3. 综合素质要全面强化

秘书要有收集分析信息的能力。很多时候秘书要做领导的眼睛和耳朵,获得的信息往往成为领导做出决策的依据。所以本着对工作负责的态度,秘书在工作中一定要认真对待信息的采集工作,保证信息的真实性和有效性。同时要定期整理文件,做好文件归档工作。

完成交办工作。领导把事情交给你办,是对你的信任。所以对于领导交代的工作,秘书人员一定要想方设法完成。这就要求秘书要有良好的应急能力、沟通协调能力。所以一个优秀的秘书,应该具备解决问题的能力,在工作中开动脑筋,不断尝试,创造条件,找到行之有效的解决问题的方法。

拓展知识储备。秘书人员的工作以服务领导为中心,凡是领导需要的信息都要能够提供。在实习过程中,领导提出了关于会议组织、文档处理等方面的建议,领导认真听取了我的建议,并且采纳了符合单位实际的部分。这都是学习和积累的结果。所以秘书应该有足够的知识储备,以满足领导的信息需要。同时丰富的知识和广阔的知识面,有助于开阔工作思路,可以使秘书更好地开展工作。

秘书工作对于从业人员的综合素质有较高要求,除了以上涉及的获取分析信息的能力、完成领导交办事项的能力和拓展知识储备的能力外,还包括较强的语言沟通能力、应急反应能力等诸多能力。实习工作中,对这些能力的要求都有所体现,可见秘书的综合素质不局限于某个方面,今后应该做各方面的尝试,从而使自己的综合素质可以有较大程度提高。

4. 严守纪律,保守机密

文秘管理要制发文件、处理文件和管理文件。在各种文件中,大部分具有不同程度的保密性,而且各级秘书人员经常接近领导,看一些重要文件,参加一些重要会议,所以,秘书人员在公共场合活动时要注意内外有别,把握分寸,对什么应该说什么不应该说要心中有数。我国已经制定了《保密法》,秘书人员要认真学习,模范执行,切实做好保密工作。

四、结语

通过两个星期的实习,在学校学到的知识得以在实践中应用。同时,也在实践中获得了课堂上所不能学到的东西。两个星期的实习生活将是我宝贵的财富,对以后的学习和工作产生很大的影响。通过独立完成或者参加实习中领导安排的工作,巩固了文秘的专业知识,达到了提高实际操作技能、丰富实际工作和社会经验的目的,能够将所学知识用到实际工作中去。在两个星期看似简单重复的实习中,我对秘书工作有了更加深刻和理性的认识,同时更希望自己通过不断地学习和工作,在实践中尽快成长为一个合格的优秀的秘书人员。

第二节 毕业论文

一、毕业论文的含义

毕业论文是高等学院学生毕业之际在教师的指导下,运用所掌握的基础理论、专门知识和基础技能解决本学科领域的某一具体问题,取得了创造性的结果或者有了新见解,并以此为内容撰写而成的学术论文。

在我国,高等院校学生的毕业论文是作为申请授予相应的学位时,供评审学位用的学位论文。

二、毕业论文的特点

1. 客观性

毕业论文必须真实地反映客观世界,要忠实于研究的成果,客观地评价作者自己和他人的研究成果,材料真实,不弄虚作假。

2. 创新性

毕业论文应该在前人探索研究的基础上有所创新、有所发展,能对自己研究的课题提出新的学说、新的构思;对某些错误、疏漏之处进行必要的修正和完善,而不是重复,抄袭,模仿前人的成果。

3. 科学性

毕业论文的论题必须正确,应用的材料必须确凿无误,论述系统而完整,做到首尾一贯,不能前后矛盾,要尊重科学事实而不能主观臆造。

三、毕业论文的种类

按照毕业论文的规律和特点,可以有多种分类:

(1)按毕业论文的内容和研究方法的不同,毕业论文分为理论性论文、实验性论文、描述性论文和设计性论文。一般文科学生侧重于写理论性论文,理工科学生侧重于写其他三类。

(2)按毕业论文课题涉及的范围可分为专题型论文和综述型论文。

(3)按毕业论文的学历层次分为本科论文、硕士论文、博士论文、博士后论文。

四、毕业论文的写作步骤

1. 选题

毕业论文的选题指在写论文之前,选择确定所要研究论证的问题。选题是撰写毕业论文的第一步,他实际上是确定"写什么"的问题,即确定毕业论文论述的方向。在选题时应注意以下三点：

(1)选题要大小适中。题目不要太大，宜小不宜大，尽量要"小题大做"。

(2)选题要有新意。所选论题应该是前人没有研究过的问题或者是研究过探讨过但没有定论的问题，还可以是前人曾经提出但论证错误的问题。只有论题新颖，论文的写作才有新意。

(3)选题要有价值。在选题时，要选择亟待解决的课题，要选择学科领域可以填补空白的课题。选题的理论意义和现实意义是首要的，论文的选题只有不脱离社会实际，才能产生一定的社会价值。

总之，毕业论文的选题要结合自己的专业所学，又要选择能够找得到足够参考资料的课题，同时还要考虑自身的学术水平和研究条件。

2. 搜集、整理资料

确定了论文选题之后，接着就应该大量地搜集查找资料。一般来说，搜集论文资料时，首先要找与论题直接相关的原始资料；其次，要找到他人对该论题或相关论题的研究成果；同时，还可以找一些与论题有关的社会、文化、语言、历史背景等方面的资料。

搜集资料的方法很多，可以用直接调查的方法获得，也可以在图书馆查阅资料获得，还可以通过互联网获得相关资料。需要注意的是，要写出高质量的毕业论文，就必须大量、详细地占有资料。

有了充分的资料，还要进行整理、分析、比较。首先是"去粗取精"；然后要对资料进行归类；分类之后要对材料进行简单的概括，以便找出资料与观点见解、资料与资料之间的关系，为编写提纲做准备。

3. 编写提纲

论文提纲的编写可以是简单提纲，也可以是详细提纲。简单提纲只是概括地提示论文的要点；详细提纲则是把论文的主要论点和展开部分详细地列出来。

论文提纲可以采用标题式。一般标题式较为常用，即用简洁的标题形式把论文各部分的内容要点概括出来，同时这些标题可直接作为论文中各部分的小标题。

拟写提纲的程序一般是：先拟写标题，写出总论点，然后考虑论文的结构，安排论文的大项目，再考虑各段落的论点和材料顺序，最后做全面检查。

编写论文提纲的目的在于设计论文的写作框架，疏通思路。同时，便于同指导老师沟通，便于指导老师进行较具体的指导，保证论文写作的顺利进行。

4. 撰写初稿

根据拟定的提纲撰写论文初稿，是论文写作过程中最重要的一个环节。

初稿的写作一般可以从绪论写起。按照提纲的自然顺序写作，即提出问题→明确中心论点进行论证→归纳总结，这种写法容易整体把握全文的内容。

5.论文的修改

初稿完成后,还要对初稿做进一步的修改,精益求精,写出高质量论文。

修改初稿时应重点考虑几个方面:

(1)论点。在修改最初阶段,首先应该检查论点是否正确、集中、鲜明、深刻。

(2)材料。要检查材料是否准确,有力,是否与论点相互照应,是否符合逻辑关系。

(3)结构。初稿完成后,要看段落层次的划分是否清楚合理,全文是否构成一个完整而严密的整体。

(4)语言。通过诵读,查看语言是否精练,语句是否通顺,用词是否准确,表述是否到位。对于语言的锤炼要做到边诵读边修改,反复进行。

(5)文面。初稿时书写往往比较随意。但是定稿后,论文的文面必须要符合有关的要求,打印清晰,序号统一,注释规范。

6.定稿

毕业论文经过仔细的修改后,就可以定稿了。定稿的构成内容主要包括:标题的确定无误;目录页码明确;内容提要概括性强,能反映论文的要点;正文结构明了,论述有力,语言表达流畅,无语法标点错误;参考文献清楚简洁;所有项目齐全;装订合乎有关要求,美观大方。这时,才能算得上一份拿得出手的毕业论文。

7.准备论文答辩

论文答辩是毕业论文写作过程的最后一个重要环节。它的目的是审查文章的真伪,审查学生知识掌握的程度。学生通过答辩,使教师、专家进一步了解了论文立论的依据,了解了自己处理课题的实际能力。毕业生应该认真对待毕业论文的答辩,因为毕业论文的成绩是由文章成绩和答辩成绩两部分组成的。

五、毕业论文的结构和写法

随着我国高等教育的完善,毕业论文的结构和格式也日趋完善。根据《科学技术报告、学位论文和学术论文的编写格式》的要求,毕业论文的编写格式规定由前置、主体、附录、结尾四部分构成。在四个部分中,作为论文编写的基本格式项目为:前置部分和主体部分。

(一)前置部分

《科学技术报告、学位论文和学术论文的编写格式》规定,论文的前置部分应有封面、封二、题名、序言、摘要、关键词、目录。各高等院校根据实际情况,对论文的前置部分制定了相关的规定格式,学生只需根据其规定填写相关的内容即可。前置部分中必不可少的项目有:题名、摘要、关键词、目录。见表6.1。

表 6.1 毕业论文前置部分

前置部分 { 封面、封二 / 题名页 / 序或前言(必要时) / 摘要 / 关键词 / 目次页 / 插图或附表清单 / 符号、缩略语等注释表(必要时) }

1. 题名

题名又叫做题目、标题,是论文的首要信息。题名的制作应以最恰当、最简明的词语反映论文中最重要的特定内容的逻辑组合。题名中选定的词语概念要与内容思想统一,不宜用比喻、夸张等方式进行表达。应避免使用不常见的缩略词、首字母缩写字、字符、代号和公式等。题名应简洁,一般不宜超过 20 字。另外,可以用副题名补充说明其特定内容。

2. 摘要

摘要又叫做提要,不是原文摘录,而是对论文内容的不加注释和评论的简短陈述。摘要应具备独立和自含性,即不阅读论文的全文,就能获得必要的信息。摘要中一般应说明研究工作的目的、研究方法、研究结果和最终结论等,其中重点是结果和结论部分。摘要的字数一般为 200~300 字。摘要的写作一般采用省略人称,不用图、表、化学结构、非公知的符号和术语的方式来表达。

3. 关键词

关键词是从论文中选取出来的用以表示全文主要内容的单词或术语。一般由最能反应论文观点的单词或词组组成,传达论文最精华的主题。它是论文的组成部分之一。关键词放在摘要的左下方,以 3~8 个词为宜,词与词之间空出一格。关键词的拟定,可以在论文草拟时拟定,也可以在论文完成之后从论文中抽取。

4. 目录

毕业论文的目录,一般是按照论文写作的顺序标清论文构成部分的名称和正文中的小标题,同时在它们的后面标明具体页码。毕业论文要求有完整的目录。

(二) 主体部分

主体部分是毕业论文写作的核心和重点。一般由绪论、本论、结论、参考文献、致谢、附录等项目构成。

论文的正文的编写格式可由作者自定,但多数都是分章节撰写。

1. 绪论

绪论是论文的开头部分,也叫前言、引言、导论。绪论简要说明论文的主要观点及成果,撰写论文的目的及意义、研究范围、研究方法等内容。

2. 本论

本论是文章的核心部分。论点的确立,论据的使用,论证的完成,都在这个部分。根据需要,这部分的结构有不同的形式,常见的有以下几种:

(1)并列式。即将总论点分为若干分论点,分论点之间为并列关系,内容紧密相连,但又分说不同的小问题。这种结构的优点是纲目清楚。

(2)递进式。即将总论点分为若干分论点,分论点之间的关系为层层深入、逐步上升。

(3)过程式。即将研究过程作为整体结构,按照发现问题、研究分析问题,最后推出结论的过程进行论文的写作。

(4)综合式。即兼用并列式、递进式、过程式的结构方式,根据文章的内容表述需要灵活运用。

需要注意的是,本论部分没有什么固定的格式,应根据具体情况采用适当方法科学地安排层次。

3. 结论

结论应是毕业论文的结束部分,换句话说,结论应是整篇论文的结局,是整篇论文的归宿,而不是某一局部问题或某一分支问题的结论,也不是正文中各段的小结的简单重复。结论是该论文结论应当体现作者更深层的认识,且是从全篇论文的全部材料出发,经过推理、判断、归纳等逻辑分析过程而得到的新的学术总观念、总见解。结论可采用"结论"等字样,要求精炼、准确地阐述自己的创造性工作或新的见解及其意义和作用,还可提出需要进一步讨论的问题和建议。结论应该准确、完整、明确、精练。

该部分的写作内容一般应包括以下几个方面:

(1)本文研究结果说明了什么问题。

(2)对前人有关的看法作了哪些修正、补充、发展、证实或否定。

(3)本文研究的不足之处或遗留未予解决的问题,以及对解决这些问题的可能的关键点和方向。

4. 参考文献

参考文献是作者在撰写毕业论文时引用或参考过的有关文献。参考文献是毕业论文必需的组成部分。参考文献附于文末,如果是论文,一般要求依次写清论文标题、作者、所在杂志或期刊的名称、期数、页码等;如果是著作,一般要求依次写清作者、书名、出版社、出版时间及卷页等。

5. 致谢

致谢为毕业论文写作格式的选择项目,需要时才用。通常应对在毕业论文写作中给予帮助、指导,提供便利条件的单位或个人表示感谢。

6. 附录

对于一些不宜放入正文中,但作为毕业论文又是不可缺少的部分,或有重要参考价值的内容,可编入毕业论文附录中。例如问卷调查原件、数据、图表及其说明等。

【范例1】

大学生诚信缺失的现状与原因透析

摘要:诚信是一切道德的基础和根本,是一个人思想道德素质最核心的外在表现。文章详细列举了大学生诚信缺失的现状,从传统观念、社会、高校、大学生自身和家庭等多方面分析了大学生诚信缺失的原因,有助于大家寻找到有效防范大学生诚信缺失的方法和对策。

关键词:大学生 诚信 缺失 现状 原因

绪　论

"诚信"是发展社会主义市场经济的基础行为规范,是社会主义建设者的基本素质要求,也是现代文明的重要标志。作为接受高等教育的大学生,其诚信程度近年来备受质疑。惠济贫困学子的国家助学贷款的步履维艰让社会对大学生的诚信鲜见一斑。2007年8月,扬州高校国家助学贷款的违约率达到17%,违约金额高达112万元,工行总部停止与扬州市6所高校的国家助学贷款协议。大学生诚信缺失对高校和社会提出一个严峻的课题。

一、大学生诚信缺失的现状

(一)学习方面诚信缺失

1.考试作弊。(略)

2.学术抄袭。(略)

(二)经济活动方面诚信缺失

1.毕业后不按时归还助学贷款。(略)

2.恶意欠费。(略)

(三)求职就业的诚信缺失

1.求职简历的"注水"。(略)

2.轻诺寡信,随意毁约。(略)

(四)与人交往诚信缺失

1.人际关系虚假。(略)

2.恋爱态度不严肃。(略)

3.网络欺骗。(略)

大学生诚信缺失的种种表现,带来了许多危害。从个人角度来说,没有养成诚信品质,不利于大学生成才;从他人角度来讲,损害其他学生的正当权益;从学校角度来看,大学生诚信缺失有损于高校教育教学质量的形象和信誉;从社会的角度来看,增加社会的不安定因素,影响经济的健康运行。

二、大学生诚信缺失的原因透析

（一）传统诚信观念作用范围与当代社会特点脱节

（略）

（二）社会政治经济文化等领域不良风气的影响

1. 政治领域。（略）

2. 社会经济领域。（略）

3. 文化领域。（略）

（三）社会运行经济利益至上

（略）

（四）高校诚信教育缺乏实效性

（略）

（五）大学生缺少自身诚信修养和实践

（略）

（六）家庭教育存在误区

（略）

三、结语

大学生诚信缺失的种种表现有其相应的根源，对这些原因的深度透析有助于我们寻找到有效防范大学生诚信缺失的方法和对策。诚信在和谐社会中扮演着重要角色，坚守诚信是每个人的最基本道德要求，更是大学生的言行准则。加强大学生诚信教育势在必行。

参考文献：

晁霞《诚信教育——大学生思想道德教育的新课题》，《北京建筑工程学院学报》，2006年第12期

【范例2】

20世纪《论语》散文艺术研究述评

摘要：20世纪初，儒学独尊地位被打破。百年中，随着孔子以及儒学思想研究的深入，作为儒家重要经典的《论语》一书的文学价值和散文艺术成就逐渐为人所认识。纵观百年《论语》文学研究，就散文艺术而言，研究者就其语言艺术、人物描写、文体特征、艺术风格及其对文学发展的影响等进行了多方面的探讨，取得了可观的成绩。本文就以上几个方面对20世纪的《论语》散文艺术研究状况作了简要梳理，并对其得失和未来的研究趋向作了评说与前瞻。

关键词：《论语》 散文艺术 研究 述评

绪论

"诸子以孔子为第一人，诸子之书以《论语》为第一部"[1]。作为儒学的创始人，孔子也是中国书面文学的开创者，……

一、语言艺术研究

《论语》作为孔子及其弟子言论的辑录,重在记言,因此,对《论语》文学价值和散文艺术成就的认识,首先是从其语言特征开始的。鲁迅《汉文学史纲要》从"儒者崇实"的思想特征,洞察了《论语》"略无华饰,取足达意而已"的语言艺术特色。[2]……"收到了很好的艺术效果"。[25]实际上,由于对话体所形成的具体场景,因此使《论语》的语言具有极强的抒情色彩与艺术感染力;在与各色人物的或融洽交流或冲突磨合中,语言又具有鲜明的个性化特征,使语言成了人物形象、性格的自我表现。正是这些充分显示了《论语》的文学特征与散文艺术成就。

二、人物形象研究

《论语》作为孔子及其门徒问学论道、探讨社会人生的真实而传神的记录,……。

在整个两千年的封建社会中,……为《论语》人物形象的理论研究奠定了基础。

刘大杰在出版于1941年的《中国文学发展史》中对《论语》的人物形象进行了研究,……观点亦有特色。

在对《论语》人物描写研究的同时,……戏剧等叙事性作品中的人物形象塑造尚难同日而语。

三、文体特征与总体风貌研究

《论语》作为一部孔门哲学思想和政治主张记录的语录体著作,……应是《论语》散文艺术研究的题内之义。

铁民、少康、光烁《关于古典散文研究的二三问题》一文认为,从形象、情感等概念入手来评价《论语》的文学价值,"是把路子走窄了",因为"它不甚切合我国古代散文的实际情况"。[34]……值得注意。

谭家健认为《论语》是一部"以说理为主的语录",……颇具启发性。

结论:

以上对百年的《论语》散文艺术研究作了一番匆匆巡礼,挂一漏万,评说亦不免失误,然而仅从所撮要列举的情况看,《论语》散文艺术研究,从起步而蔚为大观,逐渐摆脱了各种束缚与偏见,走上了独立发展的道路,其文学价值与地位得到了认识与确立,成绩是显而易见的。然而相对于哲学观点、社会政治思想等的研究来说,《论语》散文艺术研究只能说是尚处于起步阶段,无疑还有不少缺憾。首先,要对理论上存在的一些失误作冷静的符合实际的分析。百年中对《论语》散文艺术的确认,所使用的评判标准和术语基本上是从欧美移植来的,并不完全符合其实际情况。因为《论语》及其他先秦诸子散文有其独特的内部构成特点,在文体品类、题材内容、形式构造、表现手法等方面有其相对的独立性,因此,任何先验的理论模式和僵化的思维方式,都将会阉割其丰富性,不足以揭示其真正成就和独特魅力。因而,真正从实际出发,不套用某种现成理论,从中提炼出相关的命题,探索出切合《论语》散文艺术自身特点的理论表述,以剖析自己的研究对象,从而做出令人信服的结论,把研究引向深入,应当成为未来《论语》散文艺术研究的当务之急。其次,由于《论语》自身的特殊性,百年中其散文艺术研究过多地受到的主流意识形态的介入和政治思潮的干扰,重思想轻艺术,既造成了众多的迷误,也导致了研究的浮浅,很多领域与问题还缺乏深入的探讨,甚至还有不少"空白"存在。因此,进一步拓展《论语》以及先秦诸子散文艺术的研究领域,加强理论建设,寻求新的突破,乃为事所必行。

参考文献:

[1]蔡伯潜《诸子通考·绪论》,商务印书馆1946年版。

[2]本篇是1926年鲁迅在厦门大学担任中国文学史课程时编写的讲义,原题为《中国文学史略》;次年在中山大学讲授时改题为《古代汉文学史纲要》;1938年编入《鲁迅全集》改用今名,此前未见正式发表;收入1981年版《鲁迅全集》第9卷。

[3]蔡伯潜《诸子通考·〈论语考〉》,商务印书馆1946年版。

……

[25]梅俊道《谈〈论语〉的文学语言特色》,《九江师专学报》1988年第1期,第72-76页。

[26]鲁迅《在现代中国的孔夫子》,《改造月刊》1935年6月号。

……

[39]朱玲《〈论语〉的文学成就》,《中国青年政治学院学报》1996年第3期,第90-96页。

第三节 求 职 信

一、求职信的含义

求职信也叫自荐信或自荐书,它是求职者以自我推荐的方式向用人单位表达求职意愿,提出求职请求,并要求用人单位考虑答复的专用书信。

求职信是一种专用书信,在我国已有悠久的历史,西汉东方朔的《上书自荐》可以说是最早的求职信,而唐代大诗人李白的《与韩荆州书》堪称是古代自荐信的典范。

求职信属于书信类,但它与一般的书信有所不同,一般书信的交往是双向的,而求职信是单项的,只用于求职者向用人单位推介自己,表达自己任职的意愿,提出任职的请求。

二、求职信的特点

1. 自荐性

求职信其实就是自荐信,求职者要毛遂自荐,以期被用人单位看中并聘用。

2. 针对性

求职信要针对用人单位的不同岗位、不同职务的不同要求来写作。还要针对求职者自己的知识技能、业绩、阅历等情况向用人单位展示自己的能力与优势。

3. 竞争性

求职面临很激烈的竞争，要在竞争中胜出，就要突出自己的优势。能力与优势就成为求职信写作的重点。这些优势不是编造出来的，而是经过实践检验的，求职信要附上能证明自己能力与优势的各种证明材料。

三、求职信的种类

求职信的分类有两种不同的分法：

1. 按求职者的社会成分

（1）毕业生求职信。我国每年有几百万的大中专毕业生，其中大部分求职都通过求职信的形式进行。

（2）下岗、待业人员求职信。下岗工人、待业人员再就业除了进行相应的技能培训之外，还要靠自己向用人单位毛遂自荐，求职信成为他们再就业的一个非常重要的工具。

（3）在岗者求职信。有些已经有工作岗位的人，由于不适应现有的工作岗位，或学无所有，或潜能得不到发挥，或为了谋求更好的职位，用求职信向用人单位推荐自己也是他们常用的方式。

2. 按求职对象的情况

（1）应聘信。求职者通过招聘广告等渠道清楚了解用人单位招聘的岗位及相关要求，这时写的求职信应该有针对性的谋求一个明确的目标岗位，这样的求职信其实就是应聘信。

（2）自荐信。这样的求职信是指求职者没有确定的求职单位，求职信是写给所有同类性质的单位，属于投石问路性质的。这样的求职信只能根据自己的专长与技能，凭借用人单位通常的用人标准来进行写作。

四、求职信的结构与写法

求职信的写作遵守书信体的格式，主要包括标题、称谓、问候语、正文、结语、落款、附件七个部分。

（一）标题

由文种名称组成，在第一行居中的位置，直接写"求职信"或"自荐信"等作标题即可。

（二）称谓

求职信的称呼要顶格写明求职单位的领导或负责人的姓名或称呼。求职者应该根据收信人的身份、地位选择恰当的称谓，一般可以用"尊敬的××局局长"、"尊敬的××厂厂长"、"尊敬的××公司经理"等称呼；也可以根据对方提供的线索，称"尊敬的××先生"、"尊敬的××女士"。

特别要注意的是，不要写单位的最高领导，以免引起初看求职信人员的反感而导致事与愿违。

(三)问候语

求职信的问候语要简明得体,不卑不亢,一般写"您好"或"你们好"即可。

(四)正文

正文是求职信的核心。其形式多种多样,一般都要求说明求职信息来源、应聘岗位、本人基本情况、工作成绩等内容。主要包括以下几个方面:

(1)说明本人基本情况和求职信息来源。首先,在正文中要简明扼要地介绍自己,重点是介绍自己与应聘岗位有关的学历水平、经历、成就等,让招聘单位从一开始就对你产生兴趣,但详细的个人简历应作为附件。其次,你最好写出信息的来源渠道,比如"据悉贵公司正在拓展业务,招聘新人,且昨天又在××网站上看到贵公司招聘的信息,特前来应聘会计师一职"。这样写后不仅师出有名,而且还可以让招聘单位感觉到招聘广告费没有白花。

如果你心目中的公司并没有公开招聘人才,确切地说,你并不知道该单位需要不需要招聘人才时,你也可以写一封"自荐信"去"投石问路"。比如"久闻公司声誉卓著,发展迅速,据悉贵公司正在开拓新的业务领域,故冒昧写信自荐……"。

(2)说明应聘岗位和能胜任本岗位工作的各种能力。这是求职信的核心部分,主要是向对方表明自己有本专业知识和工作经验,有本专业技能和成就,有与本工作要求相符的特长、兴趣、性格和有关能力。在介绍自己的知识、学历、经验、成就时,一定要有针对性,突出适合这项工作的特长和个性,不落俗套,起到吸引和打动对方的目的。

(3)介绍自己的潜力,如向对方介绍自己曾经做过各种社会工作,并取得了很好的成绩,则预示着你有管理和组织才能,有发展和培养的前途;如介绍自己有出国经历,则预示着你外语熟练,并熟悉国外生活环境,将来有可能开拓海外市场。

(4)表示希望得到答复面试的机会。最好表示出对所求工作的热爱,表明自己希望早日成为公司一员的热切心情,并认真写明自己的详细通讯地址、邮政编码和联系电话。

(五)结语

结语一般写明两方面内容,一是希望对方给予答复,并盼望能有机会参加面试;二是写上简短的表示敬意、祝愿之类的祝词,如"诚祝贵公司万事亨通,事业蒸蒸日上!""顺祝愉快安康!"等,也可以用"此致,敬礼"之类的通用语。

(六)落款

落款要写明求职者的姓名和写信的日期,日期一般写在姓名的右下方,最好用阿拉伯数字,并把年、月、日全写上。

(七)附件

一般求职信还需要附件,在信后附上有关材料,包括简历和其能够证明自己的身份和能力的证明材料,如身份证、学历证书、职业资格证书,各种获奖证书等。对附件内容进行说明的文字的位置一般在落款下一行的左下方。

五、求职信写作的注意事项

1. 目的要明确

求职人要根据用人单位的需求选择陈述内容，不要没有重点地泛泛而谈，缺乏针对性的材料，如"本人爱好广泛，能胜任各种工作"之类。要注意突出技术专长，根据用人单位的选拔条件，抓住重点，有的放矢，否则只会弄巧成拙。

2. 内容要真实

写求职信必须实事求是，不能夸大其词，更不可虚构材料，编造经历。

3. 语言表述要谦和、诚恳

求职者充满自信地推销自己是必要的，但要注意态度谦和、言词恳切、不卑不亢、情真意切。实践证明，只有那些既有真才实学，又言词得体的求职者才受人欢迎，易被录用。

4. 文面整洁，杜绝错别字

如果手写求职信中若出现错别字、文面涂改等情况，会严重影响到求职效果，因为它反映求职者工作态度不严谨，给招聘方留下不好印象。如果写得一手好字，手写的求职信一般效果会更好些。

【范例1】

求 职 信

尊敬的××进出口公司领导：

  我叫徐××，××大学国际贸易系2005级本科毕业生，中共党员。四年大学苦读，我在德智体各方面都取得了较全面的发展，学习成绩一直在年级前三名，综合积分专业排名第一。2007年通过国家计算机二级等级考试，2008年通过全国大学英语六级等级考试，具有良好的英语写作与会话能力。连续四年获得省级优秀三好学生称号。

  大学四年，我先后担任国际贸易05(1)班班长、系学生会主席、校《学生通讯》主编，承办"校园十大青年歌手"、"月光书会"等多项校园活动，业务时间我特别注重计算机能力培养，选修、自学了各类计算机课程。能熟练运用C++语言、Fortran语言、VFP50数据库语言、Windouws等操作。

  2008年暑假实习期间，参与××公司对俄罗斯畜产品贸易谈判工作，获得实习单位的好评。

  贵公司从事国际贸易，正是我向往的工作单位，如果能到贵公司工作，我相信我的工作能力一定不会让你们失望，我一定会珍惜这一难得的机会，努力作出自己的贡献。

  此致

 敬礼

求职人：徐××
20××年×月×日

【范例2】

求 职 信

尊敬的领导：

您好！首先真诚地感谢您从百忙之中抽出时间来看我的求职信。

我来自×××学院建筑设计专业2009应届毕业生。得知贵公司为积极谋求发展招贤纳才，我真诚的来贵公司谋求××建筑设计师一职，为贵公司的发展壮大贡献我的才能和智慧。

作为一名建筑设计专业的应届毕业生，我热爱本专业并为其投入了巨大的热情和精力。在几年的学习中，系统学习了AutoCAD、PhotoshopCS、3dsMax、结构力学、建筑制图、房屋建筑学、钢筋混凝土结构、园林工程、住宅建筑设计、效果图表现技法等专业知识，通过学习积累了较丰富的工作经验。

除了加强专业知识的学习，本人还注重实践能力的培养。高三毕业后，就开始学习AutoCAD软件，并利用大一、大二假期时间，分别到厦门华赛建筑设计事务所、泉州丰泽建筑有限公司实习。系统的学习建筑设计相关知识。了解公司的运转，以更快地适应公司的发展。在大学期间，曾在系领导带领下到上海实习并与同济大学建筑学学生进行交流。并主动利用大学课余时间，在武夷山设计院实习，收获了很多。在校期间，先后完成了别墅、小区住宅、中小学、餐馆等方案图、施工图和效果图的制作。

大学期间，本人始终积极向上、奋发进取，在各方面都取得长足的发展，全面提高了自己的综合素质。曾担任过武夷学院记者团团长、武夷学院读书协会会长、班干部等职。在工作上我能做到勤勤恳恳，认真负责，精心组织，力求做到最好。学习成绩优秀，连续两年荣获"校三等奖学金"并多次被评为校级"优秀学生干部"、"文体单项积极分子"等荣誉。

在大学几年的学习跟生活，使我学会了思考，学会了做人，学会了如何与人共事，锻炼了组织能力和沟通、协调能力，培养了吃苦耐劳、乐于奉献、关心集体、务实求进的思想。沉甸甸的过去，正是为了公司未来的发展而蓄积。我的将来，正准备为公司辉煌的将来而贡献、拼搏！

现在的我以饱满的热情、一丝不苟的态度迎接新的挑战，并运用自己所学的知识和技能，为公司的发展和祖国的富强奉献自己的青春！

最后，再次感谢您百忙之中对我的关注，并真诚希望我能够成为贵公司的一员，为贵公司的繁荣昌盛贡献自己的绵薄之力。期盼您的回音！

诚祝贵公司万事亨通，事业蒸蒸日上！

此致

敬礼

求职人：×××

20××年×月×日

第四节　劳动合同

一、劳动合同的含义

劳动合同是劳动者与用工单位之间确立劳动关系，明确双方权利和义务的协议。

劳动合同是劳动者实现劳动权的重要保障；是用人单位合理使用劳动力、巩固劳动纪律、提高劳动生产率的重要手段；同时，劳动合同也是减少和防止发生劳动争议的重要措施。

二、劳动合同的特点

劳动合同作为合同的一种，具有合同的一般特征：

（1）合同是法律行为，是设立、变更或消灭某种具体的法律的法律关系的行为，其目的在于表达设定、消灭或变更法律关系的愿望和意图。这种愿望和意图是当事人的意思表示，通过这种意思表示，当事人双方或多方产生一定的权利义务关系，但这种意思表示必须是合法的，否则，合同没有约束力，也不受国家法律的保护。

（2）合同以在当事人之间产生权利义务为目的。合同当事人的协商，总是为了建立某种具体的权利义务关系，而一旦合同依法成立，这种对当事人有约束力的权利义务关系就建立起来了。任何一方当事人都必须履行自己所应履行的义务，如果不履行合同规定的义务，就是违反合同，就要承担相应的法律责任。

（3）合同是当事人双方或多方相互的意思表示一致，是当事人之间的协议。主要表现为：合同的成立，必须有两方或两方以上的当事人；当事人双方或多方必须互相意思表示；当事人的意思表示必须一致。

劳动合同除具有合同的一般特征外，还具有本身的法律特征：

（1）劳动合同是建立劳动关系的一种法律形式，以合同形式确立了劳动者与用人单位的权利义务。

（2）劳动合同双方当事人中，一方必须是具有劳动权利能力和劳动行为能力的公民本人，另一方必须是企业等用人单位的行政，不能是企业的党团组织或工会组织。

（3）劳动合同的当事人之间存在着职业上的从属关系，即作为劳动合同一方当事人的劳动者，在订立劳动合同后，成为另一方当事人企业等用人单位的一员，用人单位有权指派劳动者完成劳动合同规定的属于劳动者劳动职能范围内的任何任务。这种职业上的从属关系，是劳动合同区别于其他合同的重要特点之一。

（4）劳动合同双方当事人的权利和义务是统一的，即双方当事人既是劳动权利主体，又是劳动义务主体，根据签订的劳动合同，劳动者有义务完成工作任务，遵守本单位内部的劳动规则，用人单位有义务按照劳动者劳动数量和质量支付劳动报酬。劳动者有权享受法律、法规及劳动合同规定的劳动保险和生活福利待遇,用人单位有义务提供劳动法律、法规及劳动合同规定的劳动保护条件。

(5)劳动合同的订阅、变更、终止和解除,按照国家劳动法律、法规的规定。

三、劳动合同的种类

劳动合同按照不同的标准可以有不同的分类。

(一)按照劳动合同期限的长短

1. 有固定期限的劳动合同

有固定期限的劳动合同是指企业等用人单位与劳动者订立的有一定期限的劳动协议。合同期限届满,双方当事人的劳动法律关系即行终止。如果双方同意,还可以续订合同,延长期限。

2. 无固定期限的劳动合同

无固定期限的劳动合同是指企业等用人单位与劳动者订阅的,没有期限规定的劳动协议。劳动者在参加工作后,长期在一个企业等用人单位内从事生产或工作,不得无故离职,用人单位也不得无故辞退。这种合同一般适用于技术性较强,需要持续进行的工作岗位。

3. 以完成一定工作为期限的劳动合同

以完成一定工作为期限的劳动合同是指以劳动者所担负的工作任务来确定合同期限的劳动合同。如以完成某项科研,以及带有临时性、季节性的劳动合同。合同双方当事人在合同存续期间建立的是劳动法律关系,劳动者要加入劳动单位集体,遵守劳动单位内部规则,享受某种劳动保险待遇。

我国劳动法就是按照劳动合同的这一分类标准,将劳动合同的期限分为有固定期限、无固定期限和以完成一定的工作为期限。为了充分保护劳动者的合法权益,劳动法特别规定"劳动者在同一用人单位连续工作满十年以上,当事人双方同意续延劳动合同的,如果劳动者提出订立无固定期限的劳动合同,应当订立无固定期限的劳动合同",避免用人单位只使用劳动者的"黄金年龄"。

(二)按照劳动合同产生的方式

1. 录用合同

录用合同是指用人单位在国家劳动部门下达的劳动指标内,通过公开招收、择优录用的方式订立的劳动合同。录用合同一般适用于招收普通劳动者。目前,全民所有制企业、国家机关、事业单位、社会团体等用人单位招收录用劳动合同的特点是:用人单位按照预先规定的条件,面向社会,公开招收劳动者;应招者根据用人单位公布的条件,自愿报名;用人单位全面考核、择优录用劳动者;双方签订劳动合同。

2. 聘用合同

聘用合同也叫聘任合同,它是指用人单位通过向特定的劳动者发聘书的方式,直接建立劳动关系的合同。这种合同一般适用于招聘有技术业务专长的特定劳动者。如企业聘请技术顾问、法律顾问等。

3. 借调合同

借调合同也叫借用合同,它是借调单位、被借调单位与借调职工个人之间,为借调职工从事某种工作,明确相互责任、权利和义务的协议。借调合同一般适用于借调单位急需作用的工人或职工。当借调合同终止时,借调职工仍然回原单位工作。

(三)按照劳动者一方人数的不同

按照劳动者一方人数的不同,劳动合同可分为两种:个人劳动合同和集体合同。个人劳动合同一般是由劳动者个人同用人单位签订;集体合同一般是指在中外合资企业中,由工会代表劳动者集体同企业签订的合同。

(四)按照生产资料所有制性质

按照生产资料所有制性质,劳动合同可划分为:全民所有制单位劳动合同、集体所有制单位劳动合同、个体单位劳动合同、私营企业劳动合同和外商投资企业劳动合同等。

(五)按照用工制度种类

按照用工制度种类,劳动合同可分为:固定工劳动合同、合同工人劳动合同、农民工劳动合同、临时工(季节工)劳动合同等。

四、劳动合同的形式

劳动合同的形式是指订立劳动合同的方式。劳动合同的形式一般有书面形式和口头形式两种。书面合同是由双方当事人达成协议后,将协议的内容用文字形式固定下来,并经双方签字,作为凭证的合同。口头合同是双方当事人口头承诺即告成立,不必用文字写成书面形式的合同。我国劳动法规定,劳动合同应当以书面形式订立。法律之所以这样规定,其目的在于用书面形式明确劳动合同当事人双方的权利与义务,以及有关劳动条件;工资福利待遇等事项,便于履行和监督检查,在发生劳动争议时,便于当事人举证,也便于有关部门处理。

五、劳动合同包括的条款

《劳动合同法》第17条规定:

劳动合同应当具备以下条款:

(一)用人单位的名称、住所和法定代表人或者主要负责人。

(二)劳动者的姓名、住址和居民身份证或者其他有效身份证件号码。

(三)劳动合同期限。

(四)工作内容和工作地点。

(五)工作时间和休息休假。

(六)劳动报酬。
(七)社会保险。
(八)劳动保护、劳动条件和各种职业危害防护。
(九)法律、法规规定应当纳入劳动合同的其他事项。

劳动合同除上面规定的必备条款外,用人单位与劳动者可以约定试用期、培训、保守秘密、补充保险和福利待遇等其他事项。

【范例】

劳动合同样本

编号:_____

劳动合同书

劳动合同双方当事人基本情况

甲方_____

法定代表人(主要负责人)或委托代理人:_____

注册地址:_____

经营地址:_____

乙方:_____ 性别:_____

居民身份证号码或其他有效证件名称:_____ 证件号码:_____

家庭住址:_____ 邮政编码:_____

户口所在地:_____省(市)_____区(县)_____街道(乡镇)

签订日期:_____年_____月_____日

根据《中华人民共和国劳动法》、《中华人民共和国劳动合同法》和有关法律、法规,甲乙双方经平等自愿、协商一致签订本合同,共同遵守本合同所列条款。

一、劳动合同期限

第一条 甲乙双方协商一致,确定选择第_____种作为本劳动合同期限。

1. 固定期限劳动合同。

本合同于____年____月____日起,至____年____月____日止。其中试用期为____个月,自____年____月____日起,至____年____月____日止。

2. 无固定期劳动合同。

本合同于____年____月____日起。其中试用期为____个月,自____年____月____日起,至____年____月____日止。

3. 以完成一定工作任务为期限的劳动合同。

本合同于____年____月____日起,至本工作任务结束终止。工作任务为_____。

二、工作内容和工作地点

第二条　乙方同意根据甲方工作需要，担任_____岗位（工种）工作。

第三条　根据甲方的岗位（工种）作业特点，乙方的工作区域或工作地点为：_____。

第四条　乙方工作应达到_____标准。

三、工作时间和休息休假

第五条　甲方安排乙方执行_____（标准、综合计算、不定时）工时制度。

执行标准工时制度的，乙方每天工作时间不超过 8 小时，每周工作不超过 40 小时。甲方安排乙方执行综合计算工时工作制度或者不定时工作制度的，应当事先取得人力资源和社会保障行政部门特殊工时制度的行政许可决定。

第六条　甲方对乙方实行的休假制度有_____
_____。

四、劳动报酬

第七条　甲方每月_____日前以货币形式支付乙方工资，月工资为_____元或按_____执行。

乙方在试用期期间的工资为_____元。不得低于本单位相同岗位最低档工资的 80%或者不得低于劳动合同约定工资的 80%，并不得低于用人单位所在地最低工资标准。

甲乙双方对工资的其他约定_____

第八条　甲方生产工作任务不足使乙方待工的，甲方支付乙方的月生活费为_____元或按_____执行。

五、社会保险

第九条　甲乙双方按国家和当地政府的规定参加社会保险，按时足额缴纳社会保险费。

第十条　乙方患病或非因工负伤的医疗待遇按国家、当地政府有关规定执行。

第十一条　乙方患职业病或因工负伤的待遇按国家和当地政府的有关规定执行。

六、劳动保护、劳动条件和职业危害防护

第十二条　甲方根据生产岗位的需要，按照国家有关劳动安全、卫生的规定为乙方配备必要的安全防护措施，发放必要的劳动保护用品。

第十三条　甲方根据国家有关法律、法规，建立安全生产制度；乙方应当严格遵守甲方的劳动安全制度，严禁违章作业，防止劳动过程中的事故，减少职业危害。

第十四条　甲方应当建立、健全职业病防治责任制度，加强对职业病防治的管理，提高职业病防治水平。

七、劳动合同的解除、终止和经济补偿

第十五条　甲乙双方解除、终止、续订劳动合同应当依照《中华人民共和国劳动合同法》和国家及当地政府有关规定执行。

第十六条　甲方应当在解除或者终止本合同时，为乙方出具解除或者终止劳动合同的证明，并在十五日内为乙方办理档案和社会保险关系转移手续。

第十七条　乙方应当按照双方约定，办理工作交接。应当支付经济补偿的，在办结工作交接时支付。

八、当事人约定的其他内容

第十八条　甲乙双方约定本合同增加以下内容：_____

_____

九、劳动争议处理及其他

第十九条　双方因履行本合同发生争议，当事人可以向甲方劳动争议调解委员会申请调解；调解不成的，可以向劳动人事争议仲裁委员会申请仲裁。当事人一方也可以直接向劳动人事争议仲裁委员会申请仲裁。

第二十条　本合同未尽事宜或与今后国家、当地政府有关规定相悖的，按有关规定执行。

第二十一条　本合同一式两份，甲乙双方各执一份。

甲　　方(公章)　　　　　　　　　　　　乙　　方(签字或盖章)

法定代表人(签字或盖章)

签订日期：_____年_____月_____日

第五节　申　　论

一、申论的含义

公务员考试是公务员主管部门组织的担任主任科员以下及其他相当职务层次的非领导职务公务员的录用考试。

申论是公务员考试中公共科目笔试中的必考科目，从 2000 年出现到目前为止，申论考试日渐成熟与完善。"申论"一词，语出孔子的"申而论之"。"申"是说明、申述的意思，如"三令五申"、"重申前言"等。"论"则是论说、论证的意思，指深入阐发某些道理，如"政策"、"评论"等，"申论"则综合二义，是指对事件或问题有所说明、有所申述，再进而发表意见进行论证。

二、申论的特点

申论是模拟公务员处理日常工作性质的能力测试，对考生提出的要求一般来说包括阅读理解、综合分析、提出和解决问题、文字表达四方面。纵观申论的各个部分以及考生在答题时应用到的相关知识，申论具有以下特点：

1. 内容涉及的广泛性

申论测试的内容一般都侧重于考查应试者解决问题的能力,所以给定资料的范围极其广泛,内容涵盖了政治、经济、法律教育等社会问题的诸多方面,资料的形式或是事件或是案例或是社会现象。如此,应试者就必须具备一定的阅读、分析、理解能力,能够在有限的时间内,准确把握、理解资料、分析问题、解决问题。

2. 形式的灵活多样性

与传统作文相比,申论考试的形式比较灵活。就文体而言,概括内容部分即可能是记叙文、说明文、议论文中的某一种形式,也可能综合了多种文体形式,还可能是公文写作中的应用文形式;提出对策部分,主要是应用文写作;论述问题部分是议论文写作。因此,从这个意义上来说,申论既考察了普通文体的写作能力,也考查了公文的写作能力。

3. 考查目的的明确性

申论的考查目的是非常明确的,它主要考查应试者阅读理解能力、综合分析能力、提出问题的能力及文字表达能力。应考时,应试者要仔细阅读所给定的材料,理清材料的逻辑关系,抓住主要问题,考虑特定的条件、环境,并且结合一定的社会实际,进行分析、判断,从而提出切实可行的解决对策。

三、申论试卷的构成

申论试卷主要由以下三部分组成。

(一)注意事项部分

(1)申论考试是对应考者阅读理解能力、综合分析能力、提出和解决问题能力、文字表达能力的测试。

(2)作答时限:150分钟。其中阅读资料参考时限30分钟左右,作答参考时限120分钟左右。

(3)仔细阅读给定资料,按照后面提出的"申论要求"依次作答。

(二)给定材料部分

给出1 500字以上的材料,内容可能涉及政治、经济、法律、教育等社会现象的诸多方面。

(三)申论要求部分

(1)用一定的篇幅(大约150字),概括出给定资料所反映的主要问题。

(2)用一定的篇幅(大约350字),提出给定材料所反映的问题的解决对策。要有条理地说明,要体现针对性和可操作性。

(3)就给定资料反映的问题,用一定的篇幅(大约1 200字),自拟标题进行论述。要求中心明确,论述深刻,有说服力。

需要注意的是,申论考试的出题思路会越来越活,考查的知识面会越来越宽,因此"申论要求"每年具体的情况也会略有不同,但大致是相同的。

四、申论写作的步骤和方法

（一）申论写作的步骤

申论的写作步骤一般分为四个步骤。

1. 阅读资料

这是申论考试最基础的环节,应试者只有在认真读懂、读通全部资料的基础上,才能把握资料所反映的事件的实质,才能做出正确的分析和归纳。

2. 概括主题

要求应试者能够用简要的文字概括出资料所反映的主要问题。

3. 提出对策

提出对策是对申论考试的关键环节,针对主要问题,应试者应该就资料所涉及的范围和条件提出切实可行的解决问题的对策和方案。这一步骤重点考查应试者的思维开阔程度、探索创新的意识、应变和解决问题的能力。

4. 进行论证

就给定资料所反映的主要问题,用一定的篇幅自拟标题进行论述,即申明、阐述应试者对问题的基本看法和解决问题的方法。论证要求中心明确、内容充实,论述深刻,有说服力。

（二）申论的写作方法

以上四个步骤中,前三个步骤是第四个步骤的铺垫,进行论证才算是申论的真正开始。论证是申论考试的核心,能全面考查和衡量一个人的分析归纳能力、提出和解决问题的能力及逻辑说理能力。这一环节可以说是写作典型的政论文,因此要按照议论文的结构和写作方法来进行写作。

议论文的结构一般分为论点、论证、结论三部分。通称"三段式"。议论文的写作要对某些事件或现象进行分析评论,要求"大中取小",也就是从较大的社会政治和思想现象中选取最能反映事物或本质的一个侧面作为"突破口",经过分析、开掘,揭示其普遍的、深刻的含义,获得"小中见大"的效果。

就申论而言,它的论证结构可分为三个部分：

1. 开头

引用材料,大中取小。这一部分要有所强调,即突出与论点有关的部分。此外,还要引出论点。

2. 主体

围绕现象材料进行分析,点出"为什么"。写作时以分析法为主,其他论证方法为辅,如例证法、引证法；要联系现实和自身,强调、突出和发挥中心论点,小中见大。

3. 结尾

概括重申论点,发出感慨。

论证的方法主要有以下几种:

(1)分析法:即通过正反两个方面的分析,找出原因,说明为什么。这是写作申论的主要方法。

(2)归纳法:即根据一些个别事物的分析与研究,推导出一般结论的论证方法。

(3)例证法:即用具体实例或统计数字来证明论点的方法。

(4)引证法:即引用经典作家的言论、科学原理、人尽皆知的常理等作为论据来直接证明论点的论证方法。

(5)反证法:即通过证明与自己相反的论点是错误的,从而证明自己论点的正确性。

总之,一份申论是对应试者阅读理解能力、分析归纳能力、提出问题和解决问题能力及文字表达能力的综合测试。

【范例】

2010年黑龙江省各级机关录用公务员考试
《申论》试卷

一、注意事项

1. 申论考试是对应考者阅读理解能力、综合分析能力、提出和解决问题能力、文字表达能力的测试。

2. 作答时限:150分钟。其中阅读资料参考时限30分钟左右,作答参考时限120分钟左右。

3. 仔细阅读给定资料,按照后面提出的"申论要求"依次作答。

二、给定资料

1. 中国是一个干旱缺水严重的国家。淡水资源总量为28 000亿立方米,占全球水资源的6%,仅次于巴西、俄罗斯和加拿大,居世界第四位,但人均只有2 200立方米,仅为世界平均水平的1/4,美国的1/5,在世界上名列121位,是全球13个人均水资源最贫乏的国家之一。

在全国640个大中城市中,有300个城市缺水,其中100个严重缺水。尽管我国水资源紧缺,但水资源的浪费仍十分严重。1997年,全国仅有123个城市建成307座不同处理等级的污水处理厂,日处理能力仅在1 292万立方米,污水处理率仅为13.4%;我国目前5万多个小城镇、370多万个乡村,9亿多人口居住地基本没有污水处理设施,从而直接导致了地表水的广泛污染,使水资源匮乏的矛盾更加尖锐;而目前我国城市工业用水重复利用率也只有50%~60%,远低于发达国家的90%以上的水平。

水利部的最新成果显示,近年来,中国北方地区水资源量明显减少,其中以黄河、淮河、海河和辽河地区最为显著,资源总量减少了12%,北方部分流域周期性的水资源短缺加剧,严重制约经济社会的可持续发展。

2. 无锡一直因城市边上的太湖而骄傲。一曲吴侬软语的《太湖美》曾经唱道：太湖美，美就美在太湖水。2 400平方公里的太湖是著名的旅游之地，而无锡也被称为"太湖明珠"。

"太湖明珠"并非言过其实，这个拥有3 000年历史的城市因工业发达、商业繁荣而素有"小上海"之称。从19世纪初开始，无锡由全国著名的米市场、布码头走向区域经济中心城市。

这个只有4 778平方公里、常住人口580万的城市，能有如此骄傲的经济增长速度，很大程度上归功于1970年代的乡镇企业崛起，这也是后来被广泛谈及的"苏南模式"。

上世纪80年代任无锡市经贸委主任的沈仲兴介绍，乡镇企业自1958年就在无锡各个村镇出现，1974年以后更是风起云涌，每个村都有自己的企业。到了1989年，无锡乡村两级工业企业产值达219.9亿元，占全省的19.1%，占全国的3.6%。

整个上世纪80年代，乡镇企业的产业结构还以轻工业为主，这与无锡的工业传统有关，解放前，无锡的轻工业和重工业比例是70%比30%，无锡市的传统产业是纺织业。到了上世纪90年代，无锡的产业结构开始发生变化。由轻工业开始向重化工业转身。重化工业比重从1980年的42%跃升到目前的74%。

在此过程中，无锡市形成五大传统支柱产业——机械、纺织、冶金、化工、电子（家电）。在"九五"期间，这五大产业的工业增加值占到了全市规模企业总量的70%。2006年无锡规模以上工业中，冶金、纺织、机械等行业占制造业的比重为55.5%。

而此时整个苏南地区开始大量引入外资，无锡也不例外，1987年，无锡市实际利用外资仅占全社会固定资产投资总额的2.1%，其中外商实际投资仅占1.3%。而到1996年，无锡市实际利用外资占全社会固定资产投资总额的比重已经达到40%。

近几年，因为经历"蓝藻事件"，太湖的污染备受关注。在此次水危机中，数百万无锡市民无法正常饮用自来水。无锡市政府在"蓝藻事件"发生后的总结是，无锡走的是一条传统的工业化道路。无锡长期沿袭着"两头在外"和承接国内外制造业转移的发展模式，生产过程中引进能源和原材料，生产和出口相当多的是耗能高污染高的产品，在产生利润的同时也产生了污染，在承接产业转移的同时也承接了污染。

3. 长期从事中国华北地区水资源研究的斯坦福大学资深环境研究员斯科特·罗泽尔（Scott Rozell）日前指出，在极度缺水的华北地区，农民只有靠打井取水，出现了有2 000多万口井遍布农村的"奇迹"，并展现出水资源的严重危机，他说："现在的问题是，水位越来越低，而且打出来的水越来越贵。"他还表示，中国已经有了完备的保护水资源的法规和政策，"问题在于，政策是不错，可是实施这个政策很困难。"

去年7月《瞭望东方周刊》的一项数据显示，随着降水量的减少，从1976年起，河北一直在超采地下水，30多年共超采1 200多亿立方米，这相当于200个华北地区最大淡水湖白洋淀的蓄水量。地下水位一降再降，形成了"世界奇观"的地下漏斗区。而且，近10年来，河北6万多平方公里的土地上，发生了200多处大地裂，最严重的沧州比上世纪70年代初地陷近3

米;海河防洪墙下陷两米;秦皇岛的海水内侵已经到了京山铁路线以西,地下水早已不可饮用;北戴河的枣园里,原来供应国家领导人喝的甘甜的井水如今已经全部变成了咸水。

4.今年,央视经济半小时曾策划了一个节目,寻访中国污染最严重的5条河流,流经上坝的横石水入选。央视经济半小时曾经以《横石河流过死亡村庄》为题对其做过报道。严格说来,横石水应算北江的一条二级支流,它发源于韶关市大宝山,一路流经4个村庄,在翁城汇入翁江,翁江又在大站镇汇入北江。横石水本是从大宝山流出的山泉水,它冲击出了凉桥、上坝等村落肥沃的土壤。

20多年前,横石水清澈见底的水流淌过石子一路欢唱,20多年后,横石水在上坝等同于死水,人称"死亡之河"。10月26日,记者第一次见到了这条河水,河滩边的石子已被染成深棕色,就像劣茶泡出的厚厚茶垢,河岸上沿沉淀出一条黑色金属带。这景色没有任何生物作衬,村里人说,这河里的鱼虾1980年后就绝迹了。横石水边异常安静。河边不长一根水草,岸旁没有一个人,没有牛羊的踪影,也没有昆虫的吵闹。

横石水究竟有多毒?今年6、7月发洪水时,华南农业大学教授林初夏带着他的学生,取了一些横石水,稀释了10 000倍,结果发现,水生物还是不能在里面存活超过24小时。稀释10 000倍后,横石水仍然有毒。

这件事更具体的含义是,横石河水流到翁江,其毒性仍不足以被稀释。林初夏告诉记者,一般情况下,横石河的毒性可顺延下游50公里,大雨时,其毒性甚至可以去到100~200公里远的地方。就是这样毒的一条河,上坝村村民在它边上住了30余年。

除了水污染、水资源紧张之外,还有一种潜在的危机在延伸。

5.世界银行环境与市政高级工程师樊明远最近在一个关于水价的论坛上称,应加快推进水价改革,充分发挥市场机制和价格杠杆的作用。他认为,导致目前水资源浪费相当严重,水污染也得不到有效治理的主要原因是水价构成不合理,水价偏低,没有反映出水资源稀缺程度和水环境治理成本。

今年4月以来,一股水价提价的"潮流"席卷了全国各大城市。

2009年全国部分城市水价调整统计表

城市	自来水费/(元·m^{-3})		污水处理费/(元·m^{-3})		调价理由
	调整前	调整后	调整前	调整后	
上海	1.03	1.33	0.90	1.08	成本不断上升,水价多年未作幽默感,上海现行供排水价格与企业运营成本已明显倒挂。上调水价促进节约用水,合理配置水资源
沈阳	1.4	1.8	0.5	0.6	水库的供水价格提高,取地下水开征水资源费等

续表

城市	自来水费/(元·m⁻³)		污水处理费/(元·m⁻³)		调价理由
	调整前	调整后	调整前	调整后	
天津	3.40	3.90			筹集南水北调基金,缓解供排水价格矛盾
常州	1.16	1.41	1.15	1.40	供排水企业经营亏损
兰州			0.3	0.5	成本增加

6. 伴随着水价的上涨,各种质疑声也不绝于耳。

有学者质疑,如果涨价是为了体现水资源的稀缺程度,那么,提升的应该是水价构成中的水资源费,而不是企业供水价格。所谓水资源费,是政府为开发、利用和管理水资源,而针对取水单位征收的资金,其实质是针对使用水资源征收的税款。但许多地区水资源费征收不足。在兰州,据听证者介绍,水价中的水资源费仅每立方米0.05元。而在当期的涨价潮中,增收水资源费并非主流。明确上调水资源费的,仅有天津等少数城市。天津市此次调价中,以地表水为水源的自来水公司,水资源费由每立方米0.25元调整为0.63元;直接从江河湖海水库取水的,水资源费由每立方米0.10元调整为0.20元。但就全国而言,水资源的收费并未完全步入正轨。

水价上涨能否带来水资源的节约?在中国水科院水资源所的沈大军博士看来,对我国的绝大多数家庭来说,水的使用是一个刚性需求,仅靠提高水价一项措施来推动节约用水,节约空间不大。他认为,对一个普通生活水平的三口之家来说,基本上每个月的用水量在8～12吨,压缩的空间不大。因为我国几乎很少有家庭有游泳池和草坪,水价调高后抑制的只可能是类似游泳池那样过分奢侈的需求,而日常生活的用水量很难减少,不可能过去一天洗一次澡,涨价后就一个星期洗一次,所以认为涨价就能节约用水的说法对多数家庭并不适用。

7. 8月6日,河南省洛阳市举行了水价调整座谈会,而之所以举行这个座谈会,是因为7月31日洛阳市水价调整听证会上出现的18位代表有17位同意涨价的结果被很多人质疑,认为这场听证会没有反映民意。最终,洛阳市政府决定通过网络公告、自愿报名的方式,邀请59名市民,再举办一场水价调整的座谈会。

7月29日的宁波水价调整听证会上,15名听证会参加人分别站在各自的立场,对水价是否该调整、调整原因、调整幅度、上调后低收入群体的保障工作等各抒己见。

洛阳水价调整座谈会上网友发言一组:

市民一:第一个问题就是调整价格,有无政策和法律依据。

市民二:这个企业到底亏损不亏损,他们把我们纳税人的钱用到哪里去了?

市民三:刚才律师针对"售水定价成本监审报告"中的一些问题提出了质疑,我是赞同的,我认为该报告不具有科学性。

市民四：如果非要涨价，我建议居民用水十吨以下不要再涨价。

宁波水价调整座谈会代表发言一组：

王××（市自来水总公司）：水价和成本明显倒挂，企业亏损严重。因此，合理调整水价有利于促进供水企业健康发展。

王××（市人大代表）：适当调高水价，能避免水资源浪费，保障水质，但涨价幅度应少一些，调价后，自来水的水质应有提高。

吴××（消费者）：水厂亏损不应完全由百姓来"埋单"，应多听各方声音，慎重稳妥地进行水价调整。水价调整应分步实施，且幅度不能过大。

周××（市财政局）：水价应该调整，有必要利用价格杠杆，引导居民改变用水观念，增强节水意识。企业的财务成本适当向社会公开，接受监督。

胡××（市政协委员）：本次水价调整幅度最高不应超过25%，而且，三年内不能再次提价。

施××（市消保委）：水价应该相应提升，但是，政府同样也是受益者，政府理应承担一部分供水价格成本。

唐××（市总工会）：水资源是公共资源，水价不能完全与成本挂钩，一部分应由财政补贴，调整的幅度不宜过大。应加大对低收入群体的补贴。

8. 国家发展和改革委员会能源研究所原所长周××，8月4日做客新华网，就目前备受关注的水电气价格改革话题与广大网友在线交流。他认为，资源产品价格改革牵扯多方利益，但长远来看，只要价格理顺了，那么在资源的最优分配、在资源的合理利用、在引导结构调整等方面就会有长期的、好的作用。

周××认为，水电气这类资源性产品带有一定的公益性质，前些年在新保守主义思潮下把所公益性产品全部市场化也是一个潮流，包括电力体制改革的竞争也都是市场化。但是现在回头来看，在这些问题上，还需仔细研究。资源性产品价格改革如何找到"市场化"与"公益性"的平衡点是一个世界性的难题。

9. 中国住房和城乡建设部城市水资源中心主任邵××指出，在中国，自来水作为一项公共产品，其价格一直由政府根据水成本制定。水成本包括调水成本、净化费用和污水处理费用，其中调水成本所占比例最大。

"近年来，由于城市本地水源污染日益严重，导致大范围调水工程增多，增加了调水成本和污水净化及处理成本，从而使自来水价面临上升压力，这些工程巨大的耗资，最后也将反映到水价上。"邵××说。据他介绍，目前大规模跨流域调水工程包括引滦入津工程、引碧入连工程以及南水北调工程等。

广东省江门市副市长李××表示，在自来水定价上，地方政府容易陷入两难境地——一方面，社会舆论普遍不赞成涨价，而另一方面，持续上升的水资源成本使政府面临压力。他说，虽然自来水价格由政府最后制定，但由于污水处理等环节已经完全市场化，所以对水价真正起决定作用的是市场调控下的水资源成本。

10. 法国的供水企业市场化改革颇具参考性。法国采用"国有民营",保留了水业资产产权的最终公有,并通过特许经营和租赁/管理合同等方式,将经营责任转移给私营企业,以提高运营和管理水平。这种模式通过在准入环节的竞争来控制成本,由政府采用招标等方式选择优质企业经营供水。自来水的定价则需要由独立的专业咨询公司测算得出,并经市政议会讨论决定。政府角色定位于行业的监管者和协调者。通过这种模式,法国水业保证了"自然垄断"的水务也可以进行有效的市场竞争——干不了,让别的水务公司干。

2002年以来,中国特许经营的改革模式应用也逐渐增多。不过,相比之下,国有股权转让等方式由于能够短期让地方政府获得大量资金,同时摆脱基础设施的主要投资责任,颇受青睐。但这样一来,争议便随之而来:管网等公用事业设施建设的资金,政府、企业和消费者三方该如何分担?争议的深层次问题是,在公用事业市场化改革进程中,政府是否该保留所有者的角色?显然,这与供水企业和水价改革的定位密切相关。

《中国青年报》马××认为:水电气热等公益产品,一头是垄断形成的强势,一头是弱势的消费者涉及民生的基本需求,因而其价格机制的设计尤其要谨慎、科学与合理。如果垄断企业一抛出"成本论"杀手锏,政府便就范,消费者便"被同意"、一"听"就涨,那么很难说这种价格机制是科学合理的。

11. 2007年,法国威立雅水务(黄河)投资有限公司(下称威立雅)以17.1亿元的"高溢价"收购原兰州供水集团45%的股份,成立了兰州威立雅,并获得30年的兰州市供水特许经营权。曾参与该次改制的北京大岳咨询有限公司总经理金××称,17.1亿元中有6.99亿元是股权收购价,其余约10亿元的增资,是企业发展的后续资金,包括基础设施建设资金。这意味着,基础设施投资,本就是法国威立雅"胜出"的代价。

但近年来,在兰州市政府的要求下,兰州威立雅及原兰州供水集团先后进行了一系列建设工程。例如,出资3亿多元,向榆中的夏官营、和平镇供水,日送水能力5万吨,大大改善了当地和大学城的水质;投资200多万元向青白石乡供应自来水;投资682万元配合九州开发区完成上水管线工程建设;投资234万元完成彭家坪加压站改造工程;投入1 100万元建成龚家湾四级加压站泵房;完成了向安宁区日增供水7 000立方米的工程;所有水泥管道基本改造完成,大大降低了爆管的风险;实施供水扩建工程,增加了供水能力。

上述工程将进入企业成本。对兰州威立雅而言,这些项目符合兰州市发展规划,因此"难以拒绝",却并非全部"划算"。

12. 胡锦涛总书记在十七大报告中提出要"完善反映市场供求关系、资源稀缺程度、环境损害成本的生产要素和资源价格形成机制",温家宝总理在今年的政府工作报告中明确指出要"推进资源性产品价格改革"。

一系列迹象显示,2009年,中国的资源价格改革正在提速,首先是在年初,国家借助国际油价大幅下跌之机,推出了酝酿了多年的燃油税改革,再到眼下各个城市的水价改革,接下来,电价以及天然气价格改革步伐也会加快。国家发改委价格司司长曹长庆在《石油价格办法》发布当日接受记者采访时也表示,未来油价调整将成为常态。有多位专家指出,资源性产品价格改革是一定要进行的,2009年,应该是中国进行资源价格改革的一个难得的时机。

三、申论要求

(一)认真阅读给定资料,简要回答下面两题。(60分)

1. 根据给定资料,概述我国水资源状况及潜在危机。(40分)

要求:内容全面、观点明确、条理清楚、语言准确,不少于300字。

2. 给定资料8谈到"资源性产品价格改革如何找到'市场化'与'公益性'平衡点是一个世界性的难题"。请你谈谈其"难"在何处?(20分)

要求:内容全面、观点明确、条理清楚、语言准确,不少于150字。

(二)近期,城市居民用水价格上涨引起了社会的普遍关注,但看法不一。假如你是某市政府部门的工作人员,需对各方意见进行回复,请写出回复提纲。(60分)

要求:观点明确,内容合理,条理清楚,语言准确,不少于350字。

(三)有人说:"如果现在还不珍惜,最后一滴水将与血液等价"。参考给定资料,以"水的价格"为题,写一篇文章谈谈自己的看法。(80分)

要求:观点正确,内容充分,逻辑严谨,语言畅达,800~1 000字。

【范例】

2014年国考申论真题——(地市级)

给定资料

一、27岁的小邹认真地考虑了几次之后,还是决定不去参加周日约定好的教友福音会。他确实需要倾诉,但肯定不是向神父。到目前为止,至少他并不认为自己已经到了需要求助于某种宗教的地步。

身高1.74米,体重150斤,在北方城市的机关大院内,这几乎是一个标准身材。当小邹回顾自己进入"体制"的四年,注视着自己不论从体型还是心理都逐渐被"体制化",甚至连血压、血脂也与周围的同事趋同时,面对着在外人看来"很顺"的处境,他有了一种莫名的躁动。

对于这份职业,小邹的理解来自于四年间循环往复的工作节奏,作为一个普通工作人员,他只不过是需要在每个波音段内完成"规定动作",虽不能消极怠工,但也不需要超额完成任务,四年来的工作天天如是,没有什么波澜。

最近一段时间,感觉有些困惑的小邹,周末经常到一家心理诊所就青年社会心理问题进行咨询。

事实上,小邹并不认为自己心理有问题,他只是想印证一下自己的某些想法是否合乎常理。结果很意外,当需要向心理医生介绍自己的情况时,小邹这位当年大学校园里的校报写手竟然发现自己无从谈起,他心里"或许是事情太多,没办法很完整地表述清楚"。

"说真的,目前这个工作节奏是50岁以上人的节奏,对我来说,这个节奏感觉上有点压抑。"小邹思考着,一字一顿地说,"有时我在想,我会不会真的习惯于这种节奏,换句话说,是不是已经被这种节奏所禁锢,永远失去某些竞争力了呢?"

有一段时间,小邹曾经尝试着改变自己的节奏,对于自己分内应为的工作一丝不苟,提高工作效率,而对于非分内的工作,熟悉事务流程的他也尽量帮着跑,他希望这样能够时刻让自己处于一种高效率的工作状态中,"不会有被社会主流节奏抛弃的感觉"。

然而,小邹很快放弃了这种做法。因为他这样的工作态度,让周围的同事极不适应,经常有人认为他是多管闲事;领导也找他谈话,希望他能够"稳重一些"。到了发薪日,小邹的薪水也仍然是那个很少变化的数字。

面对心理医生的时候,小邹把自己这种情况总结为和体制节奏有些不搭调,他梦想能有所改变。

小邹对于自己的收入也是不满的。以小邹的收入,如果仅仅是正常生活并不存在任何问题,当然,这一切都必须建立在不买房的情况下。

但是,小邹必须买房,而且已经买了房。他说:"这既是对女友的承诺也是对自己的要求,更是在心理上认同自己的一个标尺。"

购买了期房的小邹到今年年底就能拿到自己那个两居室的钥匙了,和大多数同事一样,小邹也把房子买在了房价较低的郊区,而这意味着小邹不但要考虑买一辆汽车代步,还要考虑如何忍受上下班时段恼人的交通和攀升的油价。

小邹对于买车抱持着一种幻想,但他心里非常清楚,以他目前的收入和储蓄,能偿还每个月1 800的购房贷款已经很不容易,买车基本上是一个短期不可能完成的任务。

已经还了两年贷款的小邹随口就能够报出自己资金的大致去向:2 800多元的月收入再还完1 800多元的贷款之后,1 000元的生活费用几乎让他每月都捉襟见肘。"如果赶上亲戚朋友结婚,生小孩需要随礼,我可能还要向父母借钱。"

其实,对于现实不安且不满的小邹并不是没有想过跳槽,然而,他的顾虑几乎同他的渴望一样多。

非常稳定的"吃皇粮"生活对于小邹的诱惑仍然非常大,至少能够还贷款,至少可以有一定的社会地位,而一旦投身于滚滚洪流的社会,这一切都可能不复拥有。这几乎是小邹不能够承受的。"我不能拿自己和女朋友的将来当儿戏,我需要稳定。"

然而,小邹的女朋友却并不这样看,她经常问小邹,每月就这点死工资,自己觉得值吗?这时的小邹经常是撇撇嘴,不再言语。

其实,看着自己女友研究生毕业后七八千元的月收入,小邹感到欣慰的同时也面临极大压力,"那是一种无形的压力,有时候确实心里很别扭"。

小邹非常清楚自己的位置,他认为以自己的能力,在没有特别机遇的情况下,最好能够在35岁之前就获得职务晋升,如果达不到,今后就不太可能再进一步,但总地来说工资也在涨,只要不犯错误,至少是安全的。

是否应该用永久的安全换取仅仅是可能的发展机会?这是小邹头痛的一件事,毕竟,鱼和熊掌不可兼得,对于接近而立之年的小邹来说,马上就要面临结婚、生子等一系列问题,而一旦跳槽,这一切就肯定要推迟,这是他并不愿意看到的。

跳不跳槽这个问题,已经困扰了小邹一年多,时至今日,他仍然没有下定决心。"像我这样的人多了去了,既然大多数都选择了继续,肯定是有一定道理的,虽然我的心在躁动,但我真的不知道该如何抉择。"

二、近年来频发的地震不仅使震区经济发展受挫,人民生命财产受损,而且严重影响了灾区民众的精神健康。相关调查发现,灾区许多人有与焦虑有关的不良情绪和身体、行为反应。在被调查者中,有恐惧感者接近总数的60%,有分离焦虑感者接近65%;超过60%的人为自己及家人的未来担忧。不仅如此,大约25%的被调查者还感到无法面对未来,近70%的人希望获得社会各界的心理援助。

帮助遭受自然灾害的人民从巨大的内心伤痛中走出来,以积极良好而坚强的心态面对灾后的生活,需要行之有效的心理援助。但是心理专家数量是有限的,如何以有限的心理专家力量帮助更多的人迅速调整心态呢?

由一个健康公益网站组织的心理援助专家团,结合心理救援的实际经验,提议开展一项温馨的灾区心理安抚活动,即通过代表"心理援助在进行"含义的火红绸带在灾区的广泛传递,将心理关怀迅速传播到灾区的每一个角落。专家团把这一活动命名为"火红绸带心理援助行动"。

飞扬的火红绸带,能够给人以温暖、安全、激情、希望的感受。心理学家经常以火红色对经受灾难重创需要安抚的对象进行心理激励暗示。

当人们回到废墟看望自己坍塌的家园时,一条废墟上飘扬的火红绸带能给他们悲伤的心灵带来充满希望的激情;当人们在各大医院公告栏前寻找自己失散或失踪的亲人时,公告栏上飞扬的火红绸带能给焦急的人们带来温馨的慰藉和安抚;当救援人员从废墟中抬出生还者时,为其系上一条火红的绸带,能从心理意义上给他们一份坚定而积极的暗示;从事心理援助的专家和志愿者手臂上轻系的火红绸带,能够给每一位接受心理安抚的百姓安全和乐观的喻示;幸免受创的人们主动系上意味着心理援助的火红绸带,能够向不幸的同胞传达自己衷心的祝福。

火红的"心理援助"绸带飘扬在坍塌的废墟上,轻系在实施心理救援的专家手臂上和受灾地区老百姓的手腕上,悬挂在每一辆过往车辆的车镜上,可以向整个灾区的人民传递爱的温暖。心理援助到哪里,代表"心理援助在进行"的火红绸带就系到哪里,可以让灾区人民在跳动的国旗红中感受到党和国家的温暖关怀无处不在,从火红的绸带上感受到未来生活的召唤和重建家园的信心。

当火红的绸带遍布灾区,成为心理援助的某种象征符号时,心理援助会达到更好的效果。

美好的心理安抚无处不在,人们的恐惧和焦虑就会渐渐衰减。

三、F市自2012年2月份实施心理健康促进项目以来,着力构建相关机制,努力创新模式,持续推进心理健康工作。以下是F市心理健康促进项目大事记。

2月20日,成立由分管副市长为组长的项目领导小组,下设办公室和联络员,制定试点工作方案和重点项目实施方案。

2~3月,项目领导小组确立相关会议机制,及时策划、部署各项心理健康干预活动,及时协调解决有关问题。启动项目以来,共部署了3次大型会议的筹备工作。

5月初召开了试点工作协调、启动会议,会议通过了项目实施草案,布置了工作进度的三个阶段,强化配合与落实。

5月底召开了项目成员单位联络员会议,部署了重点项目的实施方案,启动了心理卫生协会成立的筹备工作,提出了国际心理咨询师三年培养计划,同时建立了项目工作进展情况每月一报制。

7月,组建成立心理卫生协会,有团体会员39家,市卫生局投入20万元建立了市心理健康辅导中心,全市初高中均成立了学生个体心理辅导室,四所高中配备了8名专职心理辅导教师。投入40万元改建了F中学的心理咨询中心,中心面积约为280平方米,内设接待室、个别辅导室、团体辅导室、音乐放松室、情绪宣泄室、心理沙龙室、心理沙盘室。

8月,在某服饰有限公司以现场会的形式,组织几个社区的负责人参加了会议,部署了社区心理咨询站点建设工作的进度安排,和心理干预网络全覆盖,各级网络间相互协作,资源整合,紧密配合。

9月,市总工会的职工心理咨询室、妇联的女性职工心情舒缓中心和残联的心理咨询所,开始为企业职工、广大妇女和残疾人服务。该市12个文明社区都成立了心理咨询室,11个社区完成了心理干预室的筹建工作。

10月,市妇联开通了首条"女性心情舒缓热线",市残联开设心理疏导室,专职开展残疾人及其家属心理健康服务。全是初高中除设立个体心理辅导室外,还加强了学生心理课程建设,初中二年级每班每两周开设一节心理健康活动课,高中一年级每班每月至少开设一节心理辅导活动课。

10月10日为第21个世界精神卫生日,市心理卫生协会在X社区开展市抑郁症筛查日大型活动,活动以"艺术·心灵·生活"为主题,宣传活动呈现出内容丰富、形式多样、群众参与性高的特点。进一步扩大了心理健康教育覆盖面和知识普及面。

10月中旬,聘请7位精神科专家,为全市心理健康促进工作提供技术支持,定期到F市心理健康辅导中心坐诊和开展教学、学术活动。

10月下旬,卫生局招聘了1名心理专业的大学生,充实市卫生系统医学心理专业人才队伍。制订并实施了国家心理咨询师三年培训发展计划,争取到2014年,培养200名国家级心理咨询师。

12月，开展心理社团、心理活动周、校园心理剧会演等一系列创新性活动。Y社区组织了22名"知心姐姐"，和社区干部一道接受了心理健康知识系列培训。

12月21日，F市日报推出了"F市先行试水社会心理健康促进机制建设"的卫生专版，刊登了市心理咨询师培训及市心理卫生协会成立等信息，公布了各心理健康辅导中心咨询时间和热线咨询电话。

2013年1月，市心理卫生协会结合健康生活方式日大型广场活动，共展出宣传版面28块，发放宣传资料3种10 000份。

四、某网站发表了题为《谈谈转型期青年社会心理问题》的署名文章：

随着市场化进程的日益深入，经济收入成为社会地位的重要指标之一，而青年阶段则迎来生命周期中"需要与拥有之间的倒错规律"，即在由不同阶段所构成的人生发展过程中，在最急需各种资源的青年阶段，个人能拥有的东西还非常有限；而到了对各种资源需求较少的"成功阶段"，个人则又拥有了很多东西。因此，青年阶段正处在一个百需待补的特殊时期，金钱"焦虑"成为一种很现实的心态。

在传媒发达、信息爆炸的今天，青年接受信息的速度和数量在一定程度上都超过了中老年人，但是，这种"现在感"的过于强大，则造成了青年对于国家历史、甚至是近现代史上一些重要事件和人物的知识量很少；在我们当今的各类教育中，缺少一些有效的历史知识传播方法，则是导致青年难以形成相关历史意识的重要原因之一。因此，有效地加强和丰富具有历史感的各类教育，以及进一步创新爱国主义、英雄主义教育，在当今这个时代，不仅是必不可少的，而且是非常迫切的。

近年来，诚信问题成为社会关注的焦点和学术研讨的热点，青年中的"失信"现象也时有"曝光"，如个人贷款中的违约现象等。尽管我们逐渐增加了更多的法律法规来调整社会行为，但是，作为现代社会中有效交往最重要的心理机制，诚信仍然在人们生活中扮演不可替代的角色。较高的诚信度，不仅是人们减少交往代价、提高活动效率的基础，而且也成为向更高级文明进步的重要表现。

经济社会的快速发展，给社会成员造成了各种压力，从而较轻易引发心理问题。当今青年由于出生和成长在较优越的生活环境当中，所以，心理承受力便显得相对较弱，而这一点则又会成为导致心理疾患的重要原因。有关调查表明，目前全国约有3 000万青少年存在不同的心理问题，其中，中小学生中的心理障碍者占21%~32%；大学生中的心理障碍者占16%~25%，而且还呈现上升趋势。心理问题不仅会影响人格发展，严重时还会导致自杀等极端行为的出现。因此，增强青年的心理承受力，减少心理问题的发生，无疑成为需要各个方面给予关注的重要课题。

作为人生历程中的一个关键时期，青年期的一个重要任务就是个体要进行自我心理调整，形成稳定的人格系统。在著名心理学家埃里克森眼中，这种心理任务的完成在传统社会里通常能够比较顺利，因为传统社会表现出较高的同质性、稳定性，而在现代社会则不可能顺利，因为现代社会表现出较高的异质性、变迁性。因此，现代社会中青年想要迅速而明确地确立自我并非易事。

在社会转型日益加剧的情况，有些青年人的价值观念和社会心态中出现了某些困惑现象，其原因主要有两个，一是社会转型期的规范缺失。由于旧的标准或规范有些已经失效，新的标准或规范一时还不完备，而使一些青年心无所依。二是标准多元化导致的多重困境。由于社会的日益开放所带来的多样化，往往造成一种相对化情境。于是，便会产生某种不确定性，从而导致青年出现困惑感。所以，尽快减少和消除青年的这种困惑感，增加确定性，是当今社会的文化建设和价值体系建设所面临的主要任务。

五、10月10日的世界精神卫生日，旨在提高公众对精神卫生问题的认识，促进对精神疾病进行更公开的讨论，鼓励人们在预防和治疗精神疾病方面进行投资。

世界卫生组织公布的最新数据显示，全球约有4.5亿精神健康障碍患者，其中四分之三生活在发展中国家。而大多数国家中，只有不到2%的卫生保健资金用于精神卫生，且每年有三分之一的精神分裂者、半数以上的抑郁症患者和四分之三的滥用酒精导致精神障碍者无法获得简单、可负担起的治疗或护理。因此，精神健康障碍已成为严重而又耗资巨大的全球性卫生问题，影响着不同年龄、不同文化、不同社会经济地位的人群。

精神卫生专家W告诉记者，他曾做过一个调查，结果显示我国成年人中有心理问题的占29%。不过，他认为更严重的问题，是目前很多人对待心理问题的态度。

"主观认识上存在误区是主要原因。受我国传统思想的影响，很多人遇到心理问题不敢去就诊，怕被人看不起。"W说，"不去诊治是一方面原因，另一方面原因在于社会上帮助不够，我国心理医生整体水平不高。"

"应该建立心理疏导机制。国家应该建立免费的心理急救热线，这种心理急救非常重要，同时应该让心理健康讲座进社区。"W说，"关键是建立健全快速有效的应对机制，把心理疾病当成生理疾病来对待，同时严格心理咨询机构的准入标准。"

"建立一个全方位的、立体型的、由家庭学校医院包括幼儿园和社会团体齐抓共管的心理调适体制和机制，使其发挥积极作用，从法律上规定由各级政府和民间组织给予支持，把精神人格有缺陷的人群纳入到依法治疗治理的轨道上来。"法学院教授H说，"作为构建和谐社会的战略部署，从法律上保障社会心理调适系统的建立非常重要。"

2013年5月1日，我国新颁布的《精神卫生法》正式实施。H指出，这一法律对精神障碍的预防、诊断、治疗和康复，精神卫生工作的方针原则、管理机制和保障措施以及维护精神障碍患者合法权益等，都做了详细规定。

六、提高心理健康水平，不仅要完善相关立法和建立专门疏导机制，还要不断提高教育水平，从价值观方面解决问题。

"尊重他人也尊重自己的生命，是生命进程中的伴随物，也是心理健康的一个条件。""夫君子之行，静以修身，俭以养德。非淡泊无以明志，非明镜无以致远。""想不付出任何代价而得到幸福,那是神话。""你想成为幸福的人吗?但愿你首先学会吃得起苦。"

这些关于心理健康、人生观和幸福观的名人格言,被有效地运用在教学实践中。不少教师都能通过树立榜样,在教学中自觉渗透心理健康教育。苏轼仕途坎坷而壮心不已,蒲松龄面对落第却发愤创作,曹雪芹处境艰难仍不辍笔耕,安徒生屡遭失业而自强不息,奥斯特洛夫斯基身残志坚却潜心著作……这些都构成对学生进行挫折教育、引导学生正确对待挫折的生动教材。司马迁忍辱十八载撰写《史记》,司马光苦熬十九春秋编纂《资治通鉴》,曹雪芹十年寒窗写就《红楼梦》……前人感人的经历和给后人留下的精神财富,更是对学生进行意志品质教育和培养学生优良品格的绝佳素材。

B是一家心理诊所的心理医师。在她成长过程中,作家张承志的小说《北方的河》就曾经对她如何认知和面对生活中的缺陷起过不可磨灭的作用。"小说中的男女主人公在湟水的河床发现一个没有了下半截的彩陶罐子。他俩在河沟里的陶片堆里一块块翻找,试着把陶片对上罐子的断口。彩陶罐渐渐地复原了,但是最后还缺腹部的一块始终没有找到。"B沉浸在对小说情境的回忆中,"我记得女主人公一再感叹:'多美啊,可惜碎了。世上的事情多么拗人心意啊,生活也常常是这样残缺。'从此这部小说就教会我一个道理:生活原本可能正是美好与残缺的统一。"

B对记者说:"我特别高兴加拿大女作家门罗获得了2013年的诺贝尔文学奖,当年我就欣赏他的一句名言:'幸福始终充满着缺陷。'我也总是想把这种幸福观传达给我的每一个病人。"

B称自己也同样是在经历过心理躁动、人生观迷茫之后,才慢慢形成了对人生和幸福的理解,"治疗病人的过程对我来说,其实也是一个自我诊治的过程。每个人的生命中都会在某个时段面临心理的问题和价值观的困惑。"

在采访临近结束时,B告诉记者:"我们现在一提起价值观,似乎总被人嗤笑,但是心理问题的最终解决,其实与正确的社会价值观和人生观都有密切的关联性,也往往决定于对生活的理解以及对幸福的体认。"

作答要求:

一、"给定资料三"是F市实施心理健康促进项目的工作大事记,请据此对F市所做工作进行分类总结。(15分)

要求:分类合理,内容全面。不超过200字。

二、"给定资料四"反映了转型期青年人在心理方面存在的问题,请指出这些问题具体表现在哪些方面。(10分)

要求:全面、准确。不超过150字。

三、某单位为了解工作人员的生活、工作情况和心理、思想状态,打算以"给定资料一"中小邹的情况为案例,设计一份调查问卷。假如由你具体负责这项工作,请设计出该问卷内容所应列出的主要问题。(20分)

要求:
(1)写出明确具体的设问;
(2)设问应当分类并对每类中的每个设问标注序号;
(3)内容全面,用语得体;
(4)不超过500字。

四、"给定资料二"中心理援助专家团提议开展"火红绸带心理援助行动"。假定在某次救灾工作中,救灾指挥部决定采纳这个提议,请你结合"给定资料二",以专家团的名义给参与救灾的各界人士写一份倡议书。(15分)

要求:
(1)内容具体,指向明确;
(2)语言生动,有感染力;
(3)不超过400字。

五、加拿大女作家门罗曾经说过:"幸福始终充满着缺陷。"请结合你对给定资料的思考和对这句话的领悟,自拟题目,写一篇文章。(40分)

要求:
(1)自选角度,立意明确;
(2)联系实际,不拘泥于"给定资料";
(3)思路清晰,语言流畅;
(4)总字数1 000~1 200字。

本章练习题

1.根据下面的材料,以李力的身份向索尼公司经理写一封求职信。

求职者李力,女,30岁,现黑龙江省××市长远实业有限公司供职,为求得事业的更大发展,想到北京索尼公司谋求营销部经理一职,她希望索尼公司安排她面试。

她毕业于黑龙江大学市场营销专业,获得学士学位,毕业后在长远公司一直从事营销工作,曾成功制定了几次营销策划,为长远公司的经营活动打开了局面,本人有信心任索尼公司营销部经理一职。

李力是从5月6日《人才市场报》上看到索尼公司招聘营销经理一名的广告而去应聘的。李力的联系电话及地址:黑龙江省××市和兴路长远公司,电话:0451—87654321。李力还附了学历、学位证书和营销策划书复印件各一份。写求职信的时间是2012年5月8日。

2.选取本教材相关章节做一次教学实习,并完成一份教学实习报告。

Chapter 7

日常礼仪类文体

第一节 书信类

一、慰问信

(一)慰问信的概念

慰问信又称慰问函,是以组织或个人的名义向作出突出成绩或遭受不幸、困难或挫折的单位或个人表示关怀、慰问的专用信函。它多用于重大节日、纪念日或特殊情况时(如自然灾害、事故伤亡)使用。

(二)慰问信的特点

慰问信主要表达对受信人的关怀、安慰和问候。慰问信中的感情因素常使受信人感到温暖、亲切和欣慰,还会给人意奋发向上的动力,不畏困难的决心,要能激励人、鼓舞人和感染人。

(三)慰问信的结构与写法

慰问信一般由标题、称谓、正文、结语和落款五部分构成。

1..标题

居中写"慰问信",或"写给×××的慰问信"或者"×××致×××的慰问信"。

2. 称谓

标题下顶格写受慰问的单位或个人的称呼,如果是写给个人需要使用"××先生(同志)"等相应的称呼,后加冒号。

3. 正文

称谓下另起一行,空两格首先交代写慰问信的原因,或是因为对方在某某事件中取得了成绩,或是因为对方遭到了暂时的困难和挫折。其次叙述对方的模范事迹或遇到困难时表现出来的高尚品质,并向对方表示慰问。

4. 结语

另起一行写出表示鼓励或祝愿的话。

5. 落款

落款要署上慰问单位或个人的名称,署名下方写出成文的年、月、日。

(四)注意事项

(1)要根据所慰问的不同对象确定信的内容。对在某一具体事件中做出突出贡献的集体和个人,应侧重赞颂他们的巨大成绩;而对遭遇到困难的集体和个人,则应侧重于向他们表示关怀和支持。

(2)慰问信的抒情性较强,语言要充分体现组织的关心和温暖,使受慰问者在精神上得到安慰和鼓励,增强克服困难的勇气和继续前进的信心。

(3)慰问信的落款如果不止一个人或一个单位,需要把所有涉及的个人或单位的名称一一写上。

【范例1】

教师节慰问信

今天是教师节,全国各地都在庆祝这个光荣的节日,谨向你们致以亲切的问候和崇高的敬意!

你们——全国各级各类学校上千万教师和教育工作者,是我国工人阶级知识分子队伍中的一个重要方面军。建国以来,你们为提高全民族的科学文化水平,为培养数以万计的有觉悟、有文化、有体力的各行各业的劳动者,为培养上千万能够适应现代科学技术发展的专门人才,做出了巨大的贡献。祖国社会主义物质文明和精神文明建设的每一项成就,都渗透着你们的辛勤劳动。党感谢你们,政府感谢你们,人民感谢你们!

各族教师同志们,你们肩负着光荣的历史重任。希望你们不断地提高自己的思想政治水平和文化业务水平,具有高尚的道德,渊博的知识,掌握教育教学工作规律,教书育人,为人师表,为祖国的社会主义教育事业做出更大的贡献。

祝同志们节日愉快!

李××
××年××月××日

【范例2】
××学校高三(二)班全体同学致××的慰问信

亲爱的××：

  我是你的同学××。得知你住院了，我有很多话想对你说。虽然我们现在不能去探望你，但希望你看了我们特地为你写的这封慰问信明白我们全班同学对你的思念。

  亲爱的××，我们大家都希望你早日康复，你不在班级的这段日子里，我们一直想念着你。想念你那自信的笑容；想念你那双聪锐的眼神；想念你那顽皮的恶作剧；想念你那…在医院过的还可以吧？虽然没有在家里那般温馨，但是可以和同室病友们一起谈天说地，放松心情，医院的饭菜是根据病人的身体情况量身制作的，即使难吃你也应该多吃一些。还有，不要怕做手术，我不知道你对它的看法如何，反正我一听到它，就会不寒而栗。在此，仅表提醒之意！

  祝你早日走出医院的大门，走出病魔的魔掌！

高三(二)班全体同学
2008 年 11 月 11 日

二、感谢信

(一)感谢信的概念

感谢信是一种对有关单位、团体和个人的关心、帮助、支持表示谢意的专用书信。

(二)感谢信的特点

(1)内容的真实性。

(2)感情的丰富性。

(3)时间上的及时性。

(三)感谢信的结构与写法

感谢信一般由标题、称谓、正文、结语和落款五部分构成。

1. 标题

标题居中，可只写"感谢信"三字；也可加上感谢对象，如"致××的感谢信"；还可再加上感谢者，如"××致××的感谢信"。

2. 称谓

写感谢对象的单位名称或个人姓名。如"××交警大队"、"××同志"。

3. 正文

首先写清楚感谢对方的原因，要准确、具体、生动地叙述对方的帮助，交代清楚人物、时间、地点、事迹、过程、结果等基本情况。在清晰的叙述完事件的基础上对对方的帮助给予妥帖、诚恳的评价，以揭示其精神实质、肯定对方的行为，并由衷地表达谢意，也可在表达谢意之后表示将以实际行动向对方学习的态度。

4. 结语

一般用"此致敬礼"或"再次表示诚挚的感谢"之类的语言,也可自然结束正文,不写结语。

5. 落款

写感谢者的单位名称或个人姓名和写信的时间。

(四)注意事项

(1)内容要真实,评誉应恰当。感谢信的内容必须真实,确有其事,不可夸大溢美。感谢信以感谢为主,兼有表扬,所以评誉对方时要恰当,不能过于拔高,以免给人一种失真的印象。

(2)用语要适度,叙事应精练。感谢信中叙述的主要事迹应详略得当、简明扼要,篇幅不宜过长。感谢信的遣词造句要把握好一个度,用语要求精炼、简洁,不可过分雕饰,否则会给人一种不真实、虚伪的感觉。

【范例1】

感谢信

尊敬的××大学校领导及就业指导中心的师生:

你们好!

××商业银行是吉林市的一家地方性股份制银行。几年来,我们的经营规模迅速扩张,各项经营指标取得了突破性进展。为了建设一支高素质的干部队伍,进一步把企业做大做强,我们计划在全国一些重点大学招聘一批应届毕业生。我们在××大学招聘期间得到了学校领导及就业指导中心的老师和同学的大力支持和热情的帮助,使我们深受感动。在这里,我们向××大学领导及就业指导中心的老师和同学表示深深的谢意。向加盟我们的学生表示热烈的祝贺,同时也对广大同学的大力支持表示感谢!

最后,祝××大学领导、老师和同学们身体健康!工作学习进步!

此致

敬礼!

××银行董事长、行长
××年××月××日

【范例2】

给妈妈的感谢信

亲爱的妈妈:

您好!

其实我早就想给您写封感谢的信了,您在我伤心难过的时候安慰我,在学习上鼓励我,在生病的时候关心、照顾我,我回忆起您为我所做的一切一切,女儿(儿子)真的很感谢您……

感谢您给予我生命,让我有了追求幸福,感受幸福的权力,以及实现人生价值的机会。感谢您抚育我成长,担任我人生的启蒙老师,教会我如何生活。浅显的道理,没有人会不懂,但是,我们常常缺少一种感恩的思想和心理。而今天,我在这里要对您表示最真诚的决心:今后

您再劳累的时候,我要把您扶到床边休息片刻,给您端茶倒水,与您聊天;今后我再想要任性耍小脾气的时候,我会想到是您为我付出的一切,我会感到深深的内疚和自责。想想这么多年,我成长的每一步,都伴随着您艰辛的付出,我现在不能做些什么,我只能真诚地对您说:"谢谢您!亲爱的妈妈!"

此致

敬礼!

您的儿子(女儿)××

××年××月××日

三、介绍信

(一)介绍信的概念

介绍信是用来介绍和联系接洽事宜的一种应用型文体,它具有介绍、证明的双重作用。使用介绍信可以使对方了解来人的身份和目的,以便得到对方的信任和支持。

(二)介绍信的结构与写法

介绍信一般由标题、称谓、正文和落款四部分构成。

1. 标题

介绍信的标题通常有两种写法:一种只需要单独写明文种即"介绍信";另一种是在文种前加发信单位名称,如"哈尔滨工业大学介绍信"。

2. 称谓

标题下顶格写联系单位或个人的名称,后面加冒号。

3. 正文

介绍信的正文开头一般用"兹"、"今"、"现"引起,写明被介绍人的姓名、职务、年龄、人数、接洽的事项及要求,必要时需要注明介绍对象的政治面貌和级别等。结语写出表示礼节敬意之类的语言,如"请接洽"、"请予协助"、"此致敬礼"等。必要时需标明介绍信的有效日期。

4. 落款

介绍信的落款写明出具介绍信单位的名称和日期,并加盖公章。

(三)注意事项

(1)要坚持实事求是的原则,优点要突出,缺点不避讳,最好是用成就和事实替代华而不实的修饰语,恰如其分地介绍自己。

(2)要态度诚恳,措词得当。用语应委婉而不隐晦,自信而不自大。

(3)篇幅不宜过长,言简意赅,在有限的篇幅中突出重点,还要文通字顺。

(4)任何介绍信的填发都需要主管领导批准或在存根上签字,以示慎重负责。介绍信书写要工整,不得涂改,如有涂改,要在涂改处加盖公章。

【范例】

介绍信

尊敬的……
　　您好！
　　兹介绍我院2009级对外汉语专业学生××在2010—2011年度寒假期间到贵单位进行社会实践活动,请给予大力支持！

××学院学工部(盖章)
××年××月××日

第二节　便条类

一、便条

(一)便条的概念

便条属于一种书信类的应用文体,在日常生活中,如果我们有什么事情要告诉另一方,或委托他人办什么事时,如果不能面谈,就可以使用便条这种形式进行联系。

(二)便条的分类

便条有很多种类,有留给私人的便条,如"留言条";有写给朋友的便条,如"请客便条";有写给有业务、债务关系的人的便条,如"索款便条""借款便条";有写给单位或者有关组织负责人的便条,如"请假条"等等。

(三)便条的结构与写法

便条通常由标题、称呼、正文和落款四部分组成。

1. 标题

便条的标题是可有可无的。一般人们只在写请假条、留言条时使用标题,即在正文上方中间写上"请假条"或"留言条"等字样,字体可稍大。

2. 称谓

称谓要求在标题下顶格写上收条人的称呼或姓名,后加冒号。如"×××老弟:"。有些便条可以不必写称谓。

3. 正文

正文另起一行空两格写需要对方办的事情,或需要帮忙转达的意思。内容写完后,可视具体情况写下"谢谢"、"拜托"等礼貌性的话语,这种礼貌性语言不写也可以。

4. 落款

在正文右下方写上署名和成文日期。

(四)注意事项

(1)便条要言语简洁,篇幅短小,以写某一件事为主,事件要写清楚,让人一目了然,切忌长篇大论。

(2)便条是人们在日常生活、工作、学习中加强联系、交流信息的一种方式,但不能凭借权势到处写条子,出卖人民的利益。

【范例1】

留言条

余×先生:

　　今天下午我来找你,有重要事情商量,巧不相遇,不能久等。明天上午九时再来,请等我。

王×留言

×月×日×时

【范例2】

留言条

亲爱的莉莉:

　　我想知道你能否把你的汉英词典借给我,三天后还给你。现在我正在把一篇重要的中文文章翻译成英文。但是我经常遇到一些不知如何用英语表达的中文词汇,所以我必须时不时地求助于汉英词典,而我自己的那一本却不小心弄丢了,所以需要求助于你。我会好好爱护你的词典,绝不损坏。非常感谢!

婷婷留言

2011年5月15日

【范例3】

请假条

尊敬××部领导:

　　我因到×××大学读函授,故于2011年7月1日至2011年8月1日需要请假30天,恳请领导批准。

请假人:×××

2011年6月29日

【范例4】

请假条

尊敬的××老师:

　　我因感冒发高烧,需要输液,故于2011年12月12日请假一天,恳请老师批准,谢谢!

申请人:×××

2012年12月11日

二、借条

(一)借条的概念

借条是指向个人或公家借现金或物品时写给对方的凭据,在钱物归还后,写借条人收回借条作废或撕毁。它是一种凭证性文书,通常用于日常生活以及商业管理方面。

(二)借条的结构与写法

借条一般包括标题、正文和落款三个部分。

1. 标题

在标题的上方居中写"借条"两个字,字体可稍大。

2. 正文

标题下写从哪里借,借出钱物的内容,包括数量、名称、款式、型号和用途等。

3. 落款

文后另起行空两格写上惯用语"此据",并在正文的右下方签上自己的姓名,下面写日期。

(三)注意事项

(1)借条应短小精悍,语言简洁明了。

(2)文面干净,不许涂改。若有涂改,需出据方在改动处加盖印章或手印。

(3)借方在写好条据后须清点所借钱物的数量,以防不必要的麻烦。

(4)借据在钱物归还后,应将其收回或当面销毁。

(5)以单位名义借出的,要写上经手人姓名,并加盖公章。

(6)钱物数字须汉字大写。

【范例1】

借 条

今借到公司财务科人民币伍佰元整,作回家探亲之用,下月在工资中扣除。

此据

借款人:欧阳兵(盖章)

2006年1月10日

【范例2】

借 条

今借到刘向东老师《辞海》(上册)一本,一月后送还。

此据

学生:张海波

2006年12月6日

三、收条

(一)收条的概念

收条也叫做收据,是收到别人或单位送来的钱物时写给对方的一种凭证性应用文。它在我们的日常生活中使用范围很广,例如,饭店的收据发票,学校缴交的各类学杂费收据以及工作中产生的各种钱物交割等。收据具有文面清晰,用语准确,文字简练的特点。

(二)收条的结构与写法

一个完整的收条一般由标题、正文和落款三部分组成。

1. 标题

由文种名称构成,在正文上方居中位置写上"收条"或"收据",字体可稍大。也可以用"今收到"、"现收到"、"已收到"作为标题,而正文从第二行顶格处接着往下写。

2. 正文

正文要写明收到的钱物数量、种类、物品规格和完好程度等。

3. 落款

在正文的右下方写上收钱或收物人的姓名或单位名称,后加盖印章,下方写日期。如果是某人经手的要在姓名前写上"经手人"字样;是代收的则要在姓名前加上"代收人"字样。

(三)注意事项

(1)钱物数字要用大写。
(2)书写清楚准确,如因笔误修改,应加盖印章。
(3)去除陈言赘语,不需要抒情性语句,内容要简洁明了。
(4)印制的收款收条应有编号。

【范例1】

收 条

今收到高山镇前进乡承包户赵大强送来的香蕉种植承包合同款贰仟圆整。

高山镇农科所(章)
经手人:高于山(章)
2005 年 12 月 23 日

【范例2】

今 收 到

新桥大队王庄生产队养鸡专业户王学真夫妇共同捐赠的办学经费伍佰圆整,用于生产鸡娃五十只。

长沙农业技术学校(章)
经手人:王国锐(章)
2009 年 12 月 23 日

第三节 聘邀类

一、聘书

(一)聘书的概念

聘书是聘请书的简称。它是用于聘请某些有专业特长或名望权威的人完成某项任务或担任某种职务时的书信文体书。聘书在应用写作中起着重要的作用。

(二)聘书的分类

聘书分为临时性聘书和正式聘书

1. 临时性聘书

这类聘书是某单位在工作、生产或科研活动中,由于人员缺少遇到困难,需要及时聘请本单位以外的有关人员担任某个职务或承担某个工作时使用的凭证,在任务完成以后,聘书即失效。

2. 正式聘书

正式聘书一般是在实行聘任制的单位中使用。这种聘书又包含专业职务聘书和聘约书,一经签署,双方都要履行所承担的权力与义务,聘任期满则失效,可以续约。

(三)聘书的特点

1. 时效性

聘书是在聘用双方达成一致的基础上共同签署的,在限定时间内受聘人的职务、职称是生效的,聘书一经使用就意味着受聘人在限期内的责任必须开始履行,聘书已经赋予受聘人荣誉,也表示双方的相互了解、信任与尊重。聘任期满聘书就失去效用。

2. 依据性

聘书一经签署,则表示它确定了用人单位与被聘人员的关系和双方的责、权、利,双方都必须按照聘书上的协议履行自己的职责,受到相应的制约。聘书是受聘人能力、水平的一种证明。

3. 实用性

以聘书为凭证聘请对方,一示敬重,二为守约。在人才交流中,聘书可以作为自己业务汇报的佐证材料,还可以作为升降职务、职称的依据。

(四)聘书的结构与写法

聘书一般由标题、称谓、正文、结尾和落款五部分组成。

1. 标题

标题只需标明文种"聘书"或"聘请书"即可,印制的可以直接印在封面上。

2. 称谓

标题下顶格写被聘者的姓名,姓名后加上"先生"、"女士"等称谓,如"兹聘请××先生(女士)"等。

3. 正文

聘书的正文首先要交代聘请的原因和请受聘人所做的工作,或将要担任的职务。然后写明聘任期限。如"聘期两年"、"聘期自 2002 年 2 月 20 日至 2003 年 2 月 20 日"。最后写出聘任待遇。有一种直陈式聘书,开头就写"兹聘请××担任××职务",不写任务、任期,也不写待遇。

4. 结尾

聘书的结尾一般写上表示敬意和祝颂的结束用语。如"此致敬礼"、"此聘"等。

5. 落款

落款要署上发文单位名称或单位领导的姓名、职务,并署上发文日期,同时要加盖公章。

(五)注意事项

(1)聘书要郑重严肃,对有关招聘的内容要交代清楚。同时聘书的书写要整洁、大方、美观。

(2)聘书一般要短小精悍,不可篇幅太长,语言要简洁明了、准确流畅,态度要谦虚诚恳。

(3)聘书是以单位名义发出的,所以一定得加盖公章,方视为有效。

【范例1】

聘 请 书

兹聘请赵××同志:

为了提高××家电集团的维修质量,兹聘请赵××同志为××家电集团维修部总工程师、主任,聘期自×年×月×日至×年×月×日,聘任期间享受集团高级工程师全额工资待遇。

此致

敬礼!

××家电集团(章)
×年×月×日

【范例2】

聘请书

兹聘请赵××教授:

为提高我院的科研水平,本院成立了科研项目评估委员会,特聘请赵××教授为该委员会学术顾问,指导我院的科研工作。

此致

敬礼

××市社会科学院(盖章)
院长:×××(盖章)
×年×月×日

二、请柬

(一) 请柬的概念

请柬又称请帖,是为邀请宾客参加某一活动时所使用的一种书面形式的通知。一般用于联谊会、各种纪念活动、婚宴、诞辰或重要会议等,发送请柬是为了表示举行的隆重。

(二) 请柬的特点

1. 礼仪性

请柬是为了盛情邀请对方而发出的,表现出对被邀请者的敬重、礼貌和热情,也表示出邀请者对相关活动的郑重态度。因此,请柬在语言上多采用礼节性语言,不用口语和俗语。

2. 公开性

请柬无需保密,托人转交的请柬也不需要封口。

3. 美观性

请柬通常是在举行比较隆重的庆典时使用的,因此,它在款式和设计上都比较美观、大方,讲究精致和艺术性,使客人产生"盛情难却,却之不恭"的感觉。

4. 时效性

请柬是为了某个活动、仪式制作的,过了活动时间自然就失去了意义。

(三) 请柬的结构与写法

请柬一般由标题、称谓、正文和落款组成。

1. 标题

请柬的标题通常单独由文种名称构成,如"请柬"。一般应做些艺术加工,即采用名家书法、字面烫金或加以图案装饰等。

2. 称谓

顶格书写被邀请的个人或单位、组织名称,有时为了表示尊重,在姓名后面可以加上职务或者尊称,如"××教授"、"××先生"等。

3. 正文

另起一行空两格写明活动的内容、时间、地点及其他应知事项。然后,紧接正文内容后面写上敬语,也可以另起一行,顶格书写敬语,常用敬语有"此致敬礼"、"恭请莅临指导"、"敬请届时出席"、"敬请赏光"、"恭候光临"等惯用语。

4. 落款

在正文的右下方写明邀请单位或个人姓名。下边写请柬发出的日期。

(三) 注意事项

1. 文字的要求

文字要美观,用词要谦恭,要充分表现出邀请者的热情与诚意。切记粗言俗语、态度傲慢、堆砌辞藻、华而不实。

2. 准确性的要求

凡涉及的时间、地点、人名等关键性词语，一定要核准、查实。

3. 发送时间的要求

请柬有很强的时效性，或为某个盛会，或为某个大典，过了规定的时间，它就失去了意义。因此，请柬发送的时间很重要，过早则对方容易忘记，过晚又不利于对方安排时间，最好在举行活动时间的前三至五天发送比较恰当。

4. 设计制作的要求

在纸质、款式和装帧设计上，要注意艺术性，做到美观、大方。正文如果是手写的，字体要写得工整、美观。

【范例1】

请　柬

××先生(女士、小姐)：

我们定于×月×日下午×时于××饭店××厅举行婚宴。

恭候光临

××(新人名)谨邀
××年××月××日

【范例2】

请　柬

××电视台：

兹定于五月四日晚八时整，在××大学礼堂举行五四青年诗歌朗诵会，届时恭请贵台派记者光临。

敬请届时出席

××大学团委会
××年××月××日

第四节　交往类

一、欢迎词

(一) 欢迎词的概念

欢迎词指行政机关、企事业单位、社会团体或个人在座谈会、宴会、酒会等场合对客人表示热烈的欢迎而发表的热情友好的致词。

（二）欢迎词的特点

1. 欢愉性

欢迎词的目的是表达对客人热烈欢迎的情感，这就要求主人抒发一种发自内心的愉悦情感，言辞诚恳，富于激情，使宾客感到"宾至如归"。

2. 口语性

欢迎词的本义是在现场当面向来宾口头表达欢迎之意，听众靠听觉接受信息，因此，欢迎词在遣词造句上不能掉书袋，要通俗易懂、朗朗上口并讲究节奏美。

3. 简短性

欢迎词只是活动的序幕，发表欢迎词不能占用太长时间，所以，欢迎词要写的简单扼要，不能长篇大论。

（三）欢迎词的结构与写法

欢迎词一般由标题、称谓、正文和落款组成。

1. 标题

标题写在第一行的正中位置，字体可稍大。标题的写法一般有两种。一种是单独以文种命名，如"欢迎词"。另一种是由活动内容和文种名共同构成，如"在××学术讨论会上的欢迎词"。

2. 称谓

称呼要求写在开头顶格处。要写明来宾的姓名称呼，如"尊敬的各位先生们女士们："、"亲爱的××大学各位同仁："。

3. 正文

欢迎词的开头通常要说明现场举行的是何种仪式，发言者代表什么人向哪些来宾表示欢迎。然后要阐述和回顾宾主双方在共同的领域所持的共同的立场、观点、目标、原则等内容，较具体地介绍来宾在各方面的成就及在某些方面做出的突出贡献，同时要指出来宾本次到访或光临对增加宾主友谊及合作交流所具有的现实意义和历史意义。最后，在结尾处再次向来宾表示欢迎，并表达自己对今后合作的良好祝愿。如"最后，预祝会议圆满成功。"

4. 落款

欢迎词的落款要署上致词的单位名称、致词者的身份、姓名，并署上成文日期。

（四）注意事项

（1）措辞要慎重，勿信口开河，同时要注意尊重对方的风俗习惯，应避开对方的忌讳，以免发生误会。

（2）语言要精确、热情、友好、温和、礼貌。

（3）篇幅短小，言简意赅，不必长篇大论。

【范例1】

欢 迎 词

女士们、先生们：

值此×××厂30周年厂庆之际，请允许我代表×××厂，向远道而来的贵宾们表示热烈的欢迎。朋友们不顾路途遥远专程前来贺喜并洽谈贸易合作事宜，为我厂30周年厂庆增添了一份热烈和祥和，我由衷地感到高兴，并对朋友们为增进双方友好关系作出努力的行动，表示诚挚的谢意！今天在座的各位来宾中，有许多是我们的老朋友，我们之间有着良好的合作关系。我厂建厂30年能取得今天的成绩，离不开老朋友们的真诚合作和大力支持。对此，我们表示由衷的钦佩和感谢。同时，我们也为能有幸结识来自全国各地的新朋友感到十分高兴。在此，我再次向新朋友们表示热烈欢迎，并希望能与新朋友们密切协作，发展相互间的友好合作关系。"有朋自远方来，不亦乐乎"。在此新朋老友相会之际，我提议：为今后我们之间的进一步合作，为我们之间日益增进的友谊，为朋友们的健康幸福，干杯！

最后，预祝×××厂30周年厂庆圆满成功！

赵××
××年××月××日

【范例2】

欢 迎 词

总统先生、尼克松夫人，女士们、先生们：

首先，我高兴地代表毛泽东主席和中国政府向尼克松总统和夫人，以及其他的客人们表示欢迎。同时，我也想利用这个机会代表中国人向远在太平洋彼岸的美国人民致以亲切的问候。尼克松总统应中国政府的邀请，前来我国访问。使两国领导人有机会直接会晤，谋求两国关系的正常化。并对共同关心的问题交换意见，这是符合中美两国人民愿望的积极行动，这在中美两国关系史上是一个创举。

美国人民是伟大的人民。中国人民是伟大的人民。我们两国人民一向是友好的。由于大家都知道的原因，两国之间往来中断了20多年。现在，经过中美双方的共同努力，友好往来的大门终于打开了。目前，促进两国关系正常化，争取缓和紧张局势，已成为中美两国人民的强力愿望。人民，只有人民，才是创造世界历史的动力。我们相信，我们两国人民的这种共同愿望，总有一天要实现的。

中美两国的社会制度根本不同，在中美两国政府之间存在巨大分歧。但是，这种分歧不应该妨碍中美两国在相互尊重主权和领土完整互不侵犯互不干涉内政平等互利和和平共处五项原则的基础上建立正常的国家关系，更不应该导致战争。中国政府早在1955年就公开声明，中国人民不想同美国打仗，中国政府愿意坐下来同美国政府谈判，这是我们一贯奉行的方针。我们注意尼克松总统在来华前的讲话中也说到："我们必须做的事情是寻找某种办法使我们可以有分歧而又不成为战争中的敌人。"我们希望，通过双方坦率的交换意见，弄清彼此之间的分歧,努力寻找共同点,使我们两国的关系能够有一个新的开始。

最后我建议为尼克松总统和夫人的健康,为其他美国人们的健康,为在座的所有朋友和同志们的健康,为中美两国之间的友谊,干杯!

周恩来
1972年2月21日

二、欢送词

(一)欢送词的概念

欢送词是客人应邀参加了活动,主人为表达对客人的欢送之意,在一些会议或重大庆典活动结束时的讲话。是代表国家、政党,代表企事业单位、群众团体欢送国内外宾客时,或企事业单位、群众团体欢送要离去的同志时所使用的讲稿。

(二)欢送词的结构与写法

欢送词一般由标题、称呼、正文和结尾构成。

1. 标题

一般要标明谁在什么活动中的欢送词,例如"向警予在欢送第八届留法勤工俭学学生会上的致词";外交场合,特别是重要外事活动中的欢送词,一般均采用这样完整的标题。一般社交场合中的欢送词,标题可省去演讲者,只标明在什么会上的欢送词。

2. 称呼

外交活动中的欢送词,对主宾的称呼用全称,即姓名后加职位,职称,以示尊重,社交场合中的欢送词,对主宾的称呼一般不加职位、职务,以示亲密友好。有时,在被欢送者的姓名前加上"亲爱的"、"尊敬的"等修饰语。

3. 正文

开头应直接表达欢送之情意,有时也可对被欢送者表示祝福;主体部分,或对来宾访问成功和会谈成功表示祝贺与感谢,评价来宾访问与会谈的意义和影响;或回顾友好交往、合作的以往,评价被欢送者的工作、学习成绩和个人品格,表达惜别之情;或说明被欢送者所面临的新的工作、学习的意义等。

4. 结尾

结尾要向被欢送者表示衷心的祝愿。

(三)注意事项

1. 措辞

措辞要注意礼貌、委婉,创造一个友好、亲切的气氛,表达感情要诚挚、真切,但又不能因为是友好往来,而放弃原则立场。要既坚持原则立场,又不出言伤人,因此,应该注意措辞用句的委婉。

2. 篇幅

篇幅不宜过长。欢送词是一种宣读体的稿件,它是为特定的会议或场合所使用的,因此,它要受会议或特定时间的限制。一般不超过2000字。

【范例1】

欢送张区长等领导赴任座谈会主持词

亲爱的同志们:

大家,下午好!今天我们镇村两级干部相聚于此,召开座谈会主就是一个目的:欢送张区长、高书记等领导赴任。虽然离别是伤感的,离开是难舍的,但是我们在座所有的干部更多的是对各位领导的荣升而感到高兴,感到骄傲。党寨是一个物华天宝、人杰地灵的风水宝地,更是一个人民淳朴勤劳、干部奋发有为,引领农村发展的大镇。在这片热土上,曾经走出了许许多多的好领导、好干部。今天我们曾经的班长——张洪清同志因工作业绩突出而被区委委任为副区长,我们的人大主席、副书记高亮同志也被提升为区委政法委副书记,征服他们人生历程的又一个高峰。在此,我代表镇党委、政府领导班子成员和全体干部对两位领导的荣升表示衷心的祝贺。也对你们在党寨几年来的勤劳工作表示感谢!虽然我们知道离别是为了更好的重逢,但他们的离别也不是往来笑谈遥无期。虽然我们分别在即,但我们仍然有共同的理想的目标,让我们在今后的日子里携手与党寨的发展、相约于甘州的繁荣,让我们努力、努力再努力!

最后,我提议大家共同举杯,把酒言欢续后缘。

【范例2】

导游欢送词

亲爱的朋友们:

到这里大家的哈尔滨之行就要结束了。相信中央大街的古典,索菲亚教堂的端庄,防洪纪念塔的挺拔,还有冰雪大世界的神奇一定还让您意犹未尽。里道斯的红肠、东方饺子王的饺子一定还在您的唇齿间留香。如果在此次旅行中您有什么不满意之处还请多多包涵。在这里,感谢大家一路上对我工作的支持和理解。大家的热情和友好让我深受感动,我会把大家的这种心态带给更多的游客。我们之间的友情不会因时间和空间的距离而减少,只会越来越醇香、绵长。在离别之际,我送大家一句话:我们常说因为生活我们不能失去工作,我们努力地工作是为了生活,那反过来我们也不能因为工作失去生活,在您忙碌的工作之余别忘了给自己留一份空间,出来旅行一下,有机会再到哈尔滨来,我所在的旅行社将为您提供用更好的服务。最后祝大家归途一切顺利,一路平安。

三、答谢词

(一)答谢词的概念

答谢词是指特定的公共礼仪场合,主人致欢迎辞或欢送词后,客人所发表的对主人的热情接待和多关照表示谢意的讲话。也指客人在举行必要的答谢活动中所发表的感谢主人的盛情款待的讲话。

(二)答谢词的分类

1. "谢遇型"答谢词

"谢遇型"答谢词是用来答谢别人的招待的致词,它常用于宾主之间,既可用于欢迎仪式、会见仪式上与"欢迎词"相对应,也可用于欢送仪式、告别仪式上与"欢送词"相对应。

2. "谢恩型"答谢词

"谢恩型"答谢词是用来答谢别人的帮助的致词,它常用于捐赠仪式或某种送别仪式上。

(三)答谢词的结构与写法

答谢词一般由标题、称谓、正文和结尾四部分组成。

1. 标题

在第一行居中的位置上写文种名称即"答谢辞(词)"。

2. 称谓

另起一行顶格写致辞对方的姓名和头衔,称呼后加冒号,如"大连理工大学张××教授:"。

3. 正文

正文首先对主人的盛情表示感谢,并对对方的优越性予以肯定,表达出自己的荣幸与激动。这是答谢词的写作重点。另外,要对对方的情况做较详细的介绍,以示尊重。还应提出希望与之进一步发展关系的强烈意愿。

4. 结尾

结尾再一次用简短的语言表示感谢。

(四)注意事项

1. 感情要真挚、坦诚、热烈

既然要"答谢",就应该动真情、吐真言,虚情假意、言不由衷或矫揉造作,只能引来对方的反感。况且,"答谢"的本身,就是一种"言情"方式,既然要"言情",就要热情洋溢,给人以如坐春风的温煦感;否则,冷冰冰的致词是很难获得对方认可的。

2. 评价要适度,要恰如其分

一般说来,对于对方的行动,"谢遇型"致词不宜于妄加评论、说三道四。而"谢恩型"致词则可就其"精神"或"品格"作出评价,但要适度,要恰如其分,不可故意拔高、无限升华,以免造成"虚情假意"之嫌。

3. 篇幅要简短,语言要精练

礼仪"仪式"毕竟不是开大会,致词一般应尽量简短些。

【范例1】
在接受救灾粮仪式上的答谢词

亲爱的××领导,远道而来的客人们:

今天,我们怀着无比激动、无比振奋的心情,在这里迎接××红十字会给我们县师生捐赠救灾粮的亲人。今年7月以来,我国遭受了百年未遇的大旱灾。7、8、9三个月,炎阳连天,滴雨不下,池塘干涸,溪河断流,田地龟裂,禾苗枯死,真是赤地千里!虽经我们奋力抗灾,但自然灾害的肆虐,使10多万人饮水困难,30多万亩田颗粒无收。我们县的中小学生,就有1万多名因受灾辍学。然而,党和政府没有忘记我们,兄弟县市的乡亲没有忘记我们,省市领导多次亲临,视察灾情,组织救援,市县国家干部职工争相解囊,捐粮捐钱。今天,我们又接到了你们无私捐助的大批救灾粮食。"一方有难,八方支援",团结互助,无私奉献,只有在今天优越的社会主义制度下,只有在我们伟大的社会主义中国才能办到!

谢谢你们,远方的亲人!我们全县中小学生、全县人民,一定从你们的援助中吸取力量,奋发图强,重建家园;努力学习,奋勇登攀,以崭新的成绩,来报答党和人民的关怀,报答你们的深情厚谊!

【范例2】
生日宴会答谢词

尊敬的各位亲朋好友、领导同事们:

大家晚上好!

非常感谢大家在百忙之中来到这里,为我庆贺36岁生日!

36岁是人生的一个转折点,它让我在匆匆的行程中回头看一看曾经走过的风景,也让我登上更高的山峰,仰望更高的峰顶!如果把人的一生比作登山,那今天在座的各位亲朋好友、领导同事还有父母双亲,就是助推我登山的人,是大家让我站得更高,看得更远!借今天这个难得的机会,请允许我表达我的感激之情,感谢父母和岳父岳母,感谢他们的养育之恩,还有我的爱人×××和女儿×××,她们在背后帮助我挑起工作和生活的重担,给我无限的前进动力,带来无尽的天伦之情。感谢曾经培育过我的企业和领导,特别是广州本田汽车×××特约销售服务店的总经理×××先生,是他领导的企业给了我成长和发展的舞台!感谢我的同事、亲戚、战友、同学和好友,你们是我人生最大的财富,在我遇到困难和挫折的时候,是你们给了我关心和帮助,在我取得小成绩的时候,是你们与我一起分享喜悦!在我们人生的历程中,每天都有新的变化,但我们的亲情和友谊却是永恒不变的!为了永恒不变的友谊和亲情,为了答谢大家对我的一路支持和关爱,我提议:今晚开怀畅饮!期望大家吃得开心!玩得尽兴!

谢谢大家!

四、祝词

(一)祝词的概念

祝词也称作祝辞,它泛指在各种喜庆场合中表示祝贺的言辞或文章。祝词多用在喜庆的仪式上,如各种工程开工庆典、寿辰和重要节日及其他社会活动,表示良好的愿望或庆祝。祝词和贺词在某种场合可以互用。

(二)祝词的分类

祝词根据祝贺的内容不同可以划分为祝事业、祝酒、祝寿、祝婚、祝节日等类型;从表达形式上划分有韵文(诗、词)体和散文体两种类型。

1. 祝事业

多用于重大会议开幕、工厂开工、商店开业、展览剪彩以及其他纪念活动等,祝愿对方事业顺利进行,早日成功。

2. 祝酒词

用于宴会、酒会上,传达祝酒者美好的愿望。

3. 祝寿

一般是对祝寿对象表示良好的愿望,希望他们健康长寿。

4. 祝婚

一般是祝愿新婚夫妇幸福美满。

(三)祝词的结构与写法

散文体祝辞的写作格式一般由标题、称呼、正文、结束语和落款五部分组成。

1. 标题

标题写在第一行居中的位置,通常有两种写法:一是直接写"祝辞";二是写出具体祝贺的内容,如"××市长在×××市××晚宴上的祝辞"。

2. 称谓

称谓在标题之下第一行顶格书写,以示尊重。祝事业的直呼单位或部门名称即可,要注意称呼的先后顺序和亲切感。

3. 正文

正文是祝辞的核心。这部分写法比较灵活,针对不同的祝贺对象,不同的祝贺动机,写出相应的祝贺内容。但总的来说,都应包含下面几层意思:首先,应向受祝贺的单位或人员表示祝贺、感谢或问候,或者说明写祝辞的理由或原因;其次,将对方已做出的成就进行适当评价,最后,写出表示祝愿、希望、祝贺之语,也可以给被祝者以鼓励。

4. 结束语

正文结束后常用一句礼节性的祝语结束全文。如"祝您长寿!"和"祝您成功!"

5. 落款

最后在正文的右下方署名(单位或个人),并写出发祝辞的时间。如果在标题部分已注明,此处可省略。

(四)注意事项

一篇优秀的祝词应该做到主旨鲜明、集中,感情真挚、热烈,语言平实、得体,富于感染性、启发性和鼓动性。祝词属于演讲词的范围,除文稿本身的写作要求外,还有一个演讲技巧问题,其中包括仪表、仪态要自然大方,口语表述要清新、流畅,语势要波澜起伏等等。这就对讲话者提出了更高的要求,不仅要有一定的文字修养,还要具备一定的社交能力,像礼节礼仪、口头表达、即席发挥能力等。

【范例1】

为庆贺朱总司令六十大寿的祝辞

亲爱的总司令朱德同志:

你的六十大寿,是全党的喜事,是中国人民的光荣!我能回到延安亲自向你祝寿,使我万分高兴。我愿代表反动统治区千千万万见不到你的同志、朋友和人民向你祝寿,这对我更是无上荣幸。

亲爱的总司令,你几十年的奋斗,已使举世公认你是中华民族的救星,劳动群众的先驱,人民军队的创造者和领导者。

亲爱的总司令。你为党为人民真是忠贞不贰,你在革命过程中,经历了艰难曲折,千辛万苦,但你永远高举着革命火炬,照耀着光明的前途,使千千万万的人民,能够跟随着你充满信心向前迈进!在我们相识的二十五年当中,你是那样平易近人,但又永远坚定不移,这正是你的伟大!对人民你是那样亲切关怀,对敌人你又是那样憎恶仇恨,这更是你的伟大!

全党中你首先和毛泽东同志合作,创造了中国人民的军队,建立了人民革命的根据地,为中国革命写下了新的记录。在毛泽东的旗帜下,你不愧是他的亲密战友,你称得起人民领袖之一!

亲爱的总司令,你的革命历史,已成为二十世纪中国革命的里程碑。辛亥革命、云南起义、北伐战争、南昌起义、土地革命、抗日战争、生产运动,一直到现在的自卫战争。你现在六十岁了,仍然这样健壮,相信你会领导中国人民达到民族解放的最后胜利,亲眼看到独裁者的失败,反动力量的灭亡!

你的强壮身体,你的快乐精神,象征着中国人民的必然兴旺。

人民祝你长寿!

全党祝你健康!

【范例2】

中秋祝词

亲爱的朋友：

您好！

首先,我代表××公司向您的一贯支持表示衷心的感谢。××成功进入中国市场十二年,得到稳定而长足的发展,离不开各界朋友的支持和帮助。感谢您在过去的岁月里陪伴我们走到今天,希望您继续陪伴我们迈向更美好的未来。恰逢中秋佳节,人月团圆,借此机会向朋友们表达最真诚的祝福:自古中秋月最明,凉风届候夜弥清。一天气象沉银汉,四海鱼龙跃水精。

祝您万事如意,阖家幸福,中秋快乐！

××公司公共关系部
2011 年 8 月 26 日

五、贺词

（一）贺词的概念

单位、团体或个人应邀参加某一重大会议或活动时,常常要即时发表讲话,表示对主人的祝贺、感谢之意,这番话就称为贺词。贺词种类繁多,风格多种多样。贺词有很多种,在不同的场合和节日要用不同的贺词,如乔迁贺词、升学贺词、企业贺词、新春贺词等。

（二）贺词的特点

(1)贺词的篇幅可长可短。少则几个字,多则几百字甚至上千字。

(2)贺词要求感情真挚,切合身份,用语准确可靠。

（三）贺词的结构与写法

贺词一般由标题、称谓、正文和落款四部分构成。

1. 标题

贺词的标题可以直接写文种名称即"贺词",也可以由"祝贺内容+贺词"构成。如"结婚贺词"。

2. 称谓

称谓在标题之下第一行顶格书写被祝贺的对象的称呼。

3. 正文

正文要针对不同的祝贺对象,写出相应的祝贺内容并表达出你的美好祝愿。

4. 落款

在正文的右下方署名(单位或个人),并写出发贺词的时间。

（四）祝词与贺词的异同

祝词与贺词有时被合称为祝贺词,二者都是泛指对人、对事表示祝贺的言辞和文章,它们都富于强烈的感情色彩,针对性、场合性也很强。因此祝词和贺词在某些场合可以互用,如祝寿也可以说贺寿,祝事业的祝词常常也兼有贺词的意思。虽然祝词与贺词有时可以互用,但二者所包括的含义并不相同。严格地说二者是有区别的。祝词一般对象是事情尚未成功,表示祝愿、希望的意思;而贺词一般对象是事情已成,表示庆贺、道喜的意思。如祝贺生日诞辰、结婚纪念、竣工庆典、荣升任职等,一般用贺词 的形式表示庆贺、道喜。另外贺词使用范围比较广,如贺信、贺电等,也属于贺词类。

【范例1】

贺　词

石河子大学社团联合会:

　　获悉贵校将于11月26日晚8点半举行第十届"十佳金话筒"主持人大赛决赛,真诚祝福贵校本次活动举办圆满成功!希望在日后与贵校多多交流与合作。

中国矿业大学(北京)学生社团联合会
2011年11月26日

【范例2】

结婚贺词

××兄、××妹:

　　值此新婚之际,请接受我及全家美好的祝愿!祝福你们花好月圆,新婚愉快!你们原来是同学,后来是同事,在爱情的道路上,虽然经历了不少风雨,但你们的心是相通的,理想是一致的,现在,一个是团支部书记,一个是部门经理,真是良缘佳偶。婚后,希望你们二人更加珍惜双方炙热的感情,挚爱如初,生活上互相帮助,工作上互相鼓励和支持,手挽手,心连心,恩恩爱爱,共同进步,白头偕老。

　　祝你们幸福!

××
2011年11月26日

第五节　哀祭类

一、讣告

(一)讣告的概念

讣告也叫讣文,又叫"讣闻","讣"原指报丧,"告"是让人知晓,讣告就是告知某人去世消息的一种丧葬应用文体。它是死者所属单位组织的治丧委员会或者家属向其亲友、同事、社会公众报告某人去世的消息。

（二）讣告的特点
1. 公开性
讣告用来宣布死者去世的消息，其内容是公开的。
2. 知照性
无论是哪类讣告，其目的都是为了知照社会各界及其亲友某人逝世的消息。
（三）讣告的种类
讣告从形式上可以分为一般式讣告、公告式讣告、新闻式讣告三种。
一般式讣告主要用于普通人物的去世，有时也可以用于重要人物的去世。其告知范围比较小，主要介于亲属、朋友和单位同事。
公告式讣告隆重、庄严。篇幅较长，内容较多，当党和国家领导人以及国内的重要人物或有影响的大人物去世时就使用公告。它是由党和国家机关、团体通过新闻媒体发布的。
新闻式讣告是用于有一定声望和影响的社会知名人士的逝世，以新闻报道的形式公布，旨在让社会各界人士知道。
（四）讣告的结构与写法
讣告一般由标题、正文和落款三部分组成。
1. 标题
标题写"讣告"二字，或冠以逝者名字"×××讣告"，字体稍大。宜用楷、隶书体。
2. 正文
正文首先写明逝者姓名、身份、民族、因何逝世、逝世的日期、地点、终年岁数。其次，简单介绍死者的生平业绩、贡献和品格，再次，写通知吊唁、开追悼会的时间、地点。最后，可以写上"谨此讣闻"或"特此讣告"等词语。
3. 落款
落款署明发讣告的个人、团体名称及发讣告的时间。
（五）注意事项
（1）必须在遗体告别仪式之前发出，以便死者亲友与有关方面人士及时地做出必要的准备，如送花圈、挽联等。
（2）讣告只能使用黄、白两色纸，长辈去世应用白色纸，幼辈去世应用黄色纸。
（3）要用黑色笔写讣告，四周加黑框以示哀悼。
（4）讣告的语言要求准确、简练、沉痛、严肃。

【范例1】

讣 告

原南京市政治协商委员、南京市文史馆员李白先生，因病医治无效，不幸于2010年5月3日上午10时25分逝世，终年86岁。今定于2010年5月5日下午在北郊火葬场火化，并遵照李白先生遗愿，一切从简。特此讣告。

南京市文史馆
2010年5月3日

【范例2】

周恩来同志逝世讣告

　　中国共产党中央委员会、中华人民共和国全国人民代表大会常务委员会、国务院以极其沉痛的心情宣告：中国共产党中央委员会委员、中央政治局委员、中央政治局常务委员会委员、中央委员会副主席、中华人民共和国国务院总理、中国人民政治协商会议全国委员会主席周恩来同志，因患癌症，于一九七六年一月八日九时五十七分在北京逝世，终年七十八岁。

　　周恩来同志是中国共产党的优秀党员，是中国人民伟大的无产阶级革命家，是中国人民的忠诚的革命战士，是党和国家久经考验的卓越领导人。

　　周恩来同志一九七二年得病以后，在伟大领袖毛主席、党中央经常的亲切关怀下，医护人员进行了多方面的精心治疗。周恩来周志一直坚持工作，同疾病进行了顽强的斗争。由于病情恶化，医治无效，中国人民的伟大战士周恩来同志终于和我们永别了。他的逝世，对于我党我军和我国人民，对于我国的社会主义革命和建设事业，对于国际反帝、反殖、反霸的事业和国际共产主义运动的事业，都是巨大的损失。

　　周恩来同志忠于党，忠于人民，为贯彻执行毛主席的无产阶级革命路线，争取中国人民解放事业和共产主义事业的胜利，英勇斗争，鞠躬尽瘁，无私地贡献了自己毕生的精力。在毛主席的领导下，周恩来同志对建设和发展马克思主义的中国共产党，对建设和发展战无不胜的人民军队，对夺取新民主主义革命的胜利，创建社会革命和建设事业的胜利，争取无产阶级文化大革命和批林批孔运动的胜利，巩固我国的无产阶级专政，对加强国际革命力量的团结，反对帝国主义、社会帝国主义和现代修正主义的斗争，都做出了不可磨灭的贡献，建立了不朽的功绩，受到全党全军全国人民的衷心爱戴和尊敬。

　　周恩来同志的一生，是为共产主义事业光辉战斗的一生，是坚持继续革命的一生。

　　周恩来同志逝世的消息，将在我国人民的心中引起深切的悲痛。我们要化悲痛为力量。全党全军全国人民都要学习周恩来同志的无产阶级革命精神和高尚革命品质，在毛主席为首的党中央领导下，团结一致，以阶级斗争为纲，坚持党的基本路线，坚持无产阶级专政下的继续革命，坚持无产阶级国际主义，巩固和发展无产阶级文化大革命的胜利成果，为巩固无产阶级专政，反修防修，为把我国建设成为社会主义的现代化强国，为共产主义事业的胜利而奋斗。

　　中国人民伟大的无产阶级革命家、杰出的共产主义战士周恩来同志永垂不朽！

中国共产党中央委员会、中华人民共和国全国人民代表大会常务委员会、国务院
一九七六年一月八日

二、悼词

(一)悼词的概念

悼词是指向死者表示哀悼、缅怀与敬意的悼念性文章,有广义和狭义之分。广义的悼词指向死者表示哀悼、缅怀与敬意的一切形式的悼念性文章,狭义的悼词专指在追悼大会上对死者表示敬意与哀思的宣读式的专用哀悼的文体。

(二)悼词的分类

按悼词的用途分类,分为宣读式悼词和艺术散文类悼词。

(1)宣读式悼词。这种悼词专用于追悼大会,由一定身份的人进行宣读。它是对在场参加追悼的同志讲话,而不是对死者讲话。悼词应表达出全体出席者对死者的敬意与哀思。

(2)艺术散文类悼词。这类悼词内容广泛,包括所有的向死者表示哀悼、缅怀与敬意的情文并茂的文章,这类文章大都发表在报纸杂志上。

按表现手法分类,可分为记叙类悼词、议论类悼词和抒情类悼词。

(1)记叙类悼词。记叙类悼词以记叙死者的生平业绩为主,并适当地结合抒情或议论。如朱自清的《哀韦杰三君》。

(2)议论类悼词。这类悼词以议论为主,抒情、叙事为辅的悼词。如恩格斯的《在马克思墓前的讲话》。

(3)抒情类悼词。这类悼词以抒发对死者的悼念之情为主,并适当地结合叙事或议论。如郭沫若的《罗曼·罗兰悼词》。

(三)悼词的结构与写法

悼词一般由标题、正文、结尾三部分组成。

1. 标题

标题的组成方式有两种情况。一种是直接由文种名称承担标题。一种由死者姓名和文种名称共同构成。如"在宋庆龄同志追悼会上的悼词"。

2. 正文

悼词的正文通常由开头、中段、结尾三部分构成。

(1)开头。以沉痛的心情说明召开或参加此次追悼会的目的,对死者作概括评价,通常以"我们怀着沉痛的心情,悼念……"开头。在死者的姓名前要冠以死者的职务、职称和称呼,以示尊敬,要注意这些称呼之间的先后排列顺序。接着简要地概述死者何年何月何日何时何原因与世长辞,以及所享年龄等。

(2)中段。承接开头、缅怀死者。这是悼词的主体部分。该部分主要由两方面组成。一是介绍死者的生平事迹,即对死者的籍贯、学历以及生平业绩进行集中介绍,应突出死者对人民、对社会的贡献。二是对死者的思想、精神、作风、品质、修养等给予综合的评价,介绍其对他人和社会产生的积极影响。

（3）结尾。主要写明生者对死者的悼念及如何向死者学习、继承其未竟的事业、化悲痛为力量，为国家、为社会做出更大的贡献等内容。最后要写上"永垂不朽"、"精神长存"或"安息吧"之类的词语。

3. 落款

落款要署名并标出成文的日期。

（四）注意事项

(1) 要根据事实，给予合理的评价。

(2) 语言要简朴、严肃、概括性强。

【范例1】

罗曼·罗兰悼词

罗曼·罗兰先生，你是一位人生的成功者，你现在虽然休息了，可你是永远存在着的。你不仅是法兰西民族的夸耀，欧罗巴的夸耀，而是全世界、全人类的夸耀。你的一生，在精神生产上的多方面的努力，对于人类的贡献非常的宏大，人类是会永远纪念着你的。你将和历史上各个民族各个时代的伟大的灵魂们，像太空中的星群一样，永远在我们人类的头上照耀。罗曼·罗兰先生，在二十年前你的杰作《约翰·克利斯朵夫》初次介绍到中国来的时候，你曾经向我们中国作家说过这样的话："我不认识欧洲和亚洲，我只知道世界上有两种民族——一种是上升，一种是下降。上升的民族是忍耐、热烈、恒久而勇敢地趋向光明的人们——趋向一切的光明：学问、美、人类爱、公众进步；而在另一方面的下降的民族是压迫的势力，是黑暗、愚昧、懒惰、迷信和野蛮。"你说，只有上升的民族是你的朋友，你的同志，你的弟兄。你说，你的祖国是自由的人类。这些话对于我们中国的文艺工作者是给予了多么正确的指示，多么有力的鼓励呀！在今天的世界，正是这两种民族斗争着生死存亡的时候。你所说的上升的民族就是我们代表正义、人道的民主阵线，你所说的下降的民族就是构成轴心势力的法西斯蒂。一边是赴汤蹈火，视死如归，牺牲自己的一切以解救人类的困厄；另一边是奴役，饥饿，活埋，杀人工场，毒气车，庞大的集中营，一个鬼哭神号的活地狱。但今天，上升的不断地上升，下降的不断地下降，光明终竟快要把黑暗征服了。我们要使全人类都不断地上升，全世界成为自由人类的共同祖国。罗曼·罗兰先生，你伟大的法兰西民族的儿子，当你看到法兰西民族又恢复了她的光荣的自由，而你自己在这时候终结了你七十九年的人生旅程，在你那肃穆的容颜上，必然表露出了一抹更加肃穆的微笑的吧？但当你想到你的朋友，你的同志，你的兄弟的好些民族，依然还呻吟在法西斯蒂的控制下边没有得到自由，在和死亡、饥饿、奴役、恐怖作决死的斗争，在你那肃穆的容颜上，怕也必然表露出了一抹更加肃穆的悲愤的吧？但是，罗曼·罗兰先生，伟大的人类爱的使徒，你请安息吧。上升的要不断地自求上升，下降的要不断地使它下降，我们要以一切为了人类解放而英勇地战斗着的民族为模范，我们要不躲避任何的艰险、凶暴的压迫势力、法西斯蒂、现世界的魔鬼，搏斗！我们中国是绝对不会灭亡的，人类是必然要得到解放的，法西斯魔鬼们是必然要消灭的!罗曼·罗兰先生,你请安息吧。我们中国的文艺工作者们,更要以你为模范,要像你一样,把"背后的桥梁"完全斩断,不断地前进,决不回头;要像你一样,始终走着民主的大道,把自己的根须深深插进黑土里面去,从人民大众吸收充分的营养,再从黑土里面生长出来。我们一定要依照你的宝贵指示:"每天早上,我们都得把新的工作担当起来,把前一天开始的斗争继续下去。……对于错误,对于不公正,对于死,我们必须不断地力争,为着更大的胜利。"

郭沫若
1954年3月21日

【范例2】

悼　词

同志们、朋友们:

　　今天,我们怀着十分沉痛的心情深切悼念离休干部×××同志。×××同志因患肝癌病医治无效,于2006年6月15日晚9时15分在××市人民医院与世长辞,享年91岁。×××同志1925年4月生于广东省××县,1947年5月参加革命工作。1949年12月加入中国共产党。解放前夕担任东江纵队联络员。解放后,任××县粮食局科长、副局长、××公社副书记、书记。后任××市财政局副局长、××集团公司党委书记兼董事长。1985年5月离休。在几十年的革命工作生涯中,×××同志忠于共产党,热爱祖国,热爱人民。在错误路线干扰下,受到极不公正待遇,蒙冤10多年仍坚真无悔坚持革命信念,其高尚的品格堪为后人楷模。×××同志一生勤勤恳恳,任劳任怨。他无论是在行政管理岗位,还是在企业管理岗位,他总是一心扑在工作上,敬业爱岗,廉洁自律。×××同志为人正直、谦虚谨慎;生活节俭、家庭和睦;他对子女从严管教,严格要求。×××同志的逝世,使我们失去了一位好同志。他虽离我们而去,但他那种勤政廉政和无私奉献精神,仍值得我们学习和记取。我们要化悲痛为力量,以×××同志榜样,勤奋学习和努力工作,再创佳绩。以慰×××同志在天之灵。×××同志安息吧!

×××
2006年6月15日

三、唁电

（一）唁电的概念

　　唁电是单位或个人向死者的家属及有关组织表示吊唁和安慰的电文。在不能亲自参加吊唁活动的情况下,就可以通过唁电表示对死者的悼念和对家属的安慰、抚恤。

（二）唁电的分类

　　唁电分个人唁电、单位唁电、国与国之间拍发的唁电三类。

1. 个人唁电

　　唁电的发出者同逝者生前往往是志同道合的朋友,曾经有过密切交往或深受其教诲、关怀、帮助。在惊闻噩耗后，以唁电的形式表示悼念之情。

2. 单位唁电

唁电的发出者是领导机关或单位团体。这种唁电的致哀对象多是原机关或单位团体的重要领导人或在革命和建设中曾做出过较大贡献的人物。

3. 国与国之间拍发的唁电

唁电一般发给对方的国家政府机关或其他相应的重要国家政府机关。逝世者一般为重要的国家领导人或曾经为两国之间的和睦关系、经济发展做出过巨大贡献的重要人物。这样，一方发去唁电以表示对逝者方的哀悼。

（三）唁电的结构与写法

唁电一般由标题、称谓、正文和落款组成。

1. 标题

标题通常由文种构成，即"唁电"，也可以加上逝者的名字，如"致×××的唁电"。

2. 称谓

另起一行顶格写收唁电的单位或逝者家属的称呼。如果收唁电者是家属，应在姓名后加上称呼，如"同志"、"夫人"等，称呼后加冒号。

3. 正文

正文另起一行，空两格写起，内容可分段也可不分段。首先直抒噩耗传来后的悲恸之情，两三句即可；然后以沉痛的心情简述逝世者生前的品德、功绩及激起人们的缅怀、思念之情，表达致哀者继承逝世者遗志的决心，并向丧家表示亲切的问候、安慰。

4. 落款

最后另起一行，在右下方写发唁电的单位，署名下边写成文的具体时间。

（四）注意事项

(1) 用词要深沉、质朴、自然，并能体现吊唁者的悲痛悼念之情。忌油腔滑调，滥用修饰词语。

(2) 对死者生前的品德、情操和功绩的叙述，要实事求是，恰如其分，突出本质。忌本末倒置。

(3) 语言要精练、概括、朴实。忌篇幅过长。

(4) 唁电要写得及时，否则将失去原有意义。

【范例1】

唁　电

李子良教授家属：

　　惊闻李子良教授因病逝世，我们深感悲痛，谨表最深切的哀悼！并向李教授家属表示诚挚的慰问！李子良教授一生在眼科领域精勤不倦、奋斗不息、桃李满天、著述如林，为中国眼科事业倾注了毕生心血，做出了巨大贡献。李教授还曾在 1956 年至 1957 年间在我省大同工作，后来也曾多次来我院访问讲学，极大地推动了山西眼科的进步和发展。李教授的逝世使我们失去了一位好的导师和引路人，令人扼腕。李教授的精神和风骨、奉献与成就，将永远激励着我们在打造过硬的眼科团队，赶超国际一流水平的征途中不断创新、励精图治。

李子良教授千古！

山西省眼科医院院长：×××
2012 年 5 月 10 日

【范例2】

致朱一玄先生的唁电

南开大学文学院朱一玄先生治丧委员会：

惊闻一玄先生辞世，不胜哀恸。就在去年，门生故旧尚济济一堂为先生百岁寿，不料一载，先生竟驾鹤西游，能不让人叹息而流泪？先生是山东桓台人，也是我齐鲁乡贤，更是学界泰斗和小说史料学宗师，道德学问为海内外景仰。我们将永远铭记先生教诲，将先生的严谨治学精神和高尚人品继承发扬光大。谨代表个人向太先生的家属表示诚挚的慰问。

再传弟子：张振国鞠躬
2011 年 10 月 16 日晚于安徽黄山学院

第六节　联帖类

一、楹联的概念

又称对联或对子，是写在纸、布上或刻在竹子、木头、柱子上的对偶语句，言简意深，对仗工整，平仄协调，是一字一音的中文语言独特的艺术形式。

二、楹联的种类

（一）节令联

节令联是指有特定的应时性或纪念性、内容多为一般的咏物、抒情、议论、祝愿的对联。严格来看，可将其区分为节日联和时令联，但二者往往合一。一般可直接将节令联划分为春联、元旦联、国庆联等若干类。节令联中，最主要的是春联。所谓春联，就是用于春节的节令联。大多数春联可以通用。

（二）喜庆联

喜庆联又称贺联，是指除节日庆祝以外的，内容上带有某种特定祝贺性质的对联。按其内容和对象，可划分为婚联、寿联、新居联（乔迁联）等。喜庆联的特征是带有特定的喜庆、祝贺性质,其内容必须是表示良好祝愿、喜庆吉祥的。喜庆联有通用的,也有专用的,要视具体情况而定,不可简单地照搬照抄,以免出现张冠李戴的笑话。

(三)挽联

挽联是用于吊唁亡人的对联。其内容限于对亡人的吊唁、缅怀、评价、祝愿,其风格一般是哀痛、肃穆、深沉、庄严的。挽联可从多种角度来划分,如挽老年人联、挽中年人联、挽青少年人联等,或者挽长辈联、挽同辈联、挽晚辈联等。另外,还可分出挽名人联、自挽联等,还可将祭祀联作为挽联的一个分支。

(四)名胜联

名胜联是指张贴、悬挂、雕刻于风景名胜处的对联。其内容大多为题写该名胜景观或者与它密切相关的人、事等。这类对联往往成为名胜景观甚至历史文化的重要组成部分。名胜联的内容可分为山水园林、寺庵庙观、殿阁亭台、院舍堂馆、碑塔墓窟等。

(五)行业联

行业联是针对某一行业、部门或领域所写的对联。由于时代的变迁,对联在行业上的运用虽已不如以前,但仍然有不少行业现在依然在使用行业联。

(六)题赠联

题赠联是指题赠给他人的对联。虽然许多对联都带有某种题赠性质,但这里所说的题赠联,仅限于人际关系交往(或向往)的题赠之作,不包括挽联与贺联之类。其内容一般带有某种赞颂、祝愿、劝勉性质。根据题赠对象的不同,题赠联一般可分为题长辈联、题同辈联、题晚辈联等若干子类。

(七)杂感联

杂感联是指没有特定对象,而内容包罗比较广泛的对联。这种对联往往带有比较单纯的文学创作特色,如哲理言志联、咏物抒情联、劝喻讽刺联等。

(八)学术联

学术联是指带有某种学术性质的对联。其内容往往比较专业,带有某种学科或宗教特色,如科普联、佛教联、道教联等。

(九)趣味联

趣味联是指突出趣味或技巧而不注重内容的对联。如各种谐趣联、技巧联等。

三、楹联的写法和要求

1.上下联要求字数相等

除有意空出某字的位置以达到某种效果外,上下联字数必须相同,不多不少。

2. 上下联要求词类相对

词类应包括词性,如名词、动词、形容词、副词等相对;包括词所指的事物,如时间方位类、自然景物类、知识学习类、车马交通类等相对;还包括虚实相对。

3. 上下联要求结构相同

结构主要指语法结构,如主谓、动宾、偏正等,上联下联应相对。

4. 上下联要求平仄相对

平仄相调是为了音韵和谐,错落起伏,悦耳动听,铿锵有力。对联平仄口诀是"平对仄,仄对平,平仄要分清;一三五不论,二四六分明"。传统习惯是"仄起平落",即上联末句尾字用仄声,下联末句尾字用平声。

5. 内容相关

上下联内容要相关,相反相成或相辅相成,或山水景物,或军事战争,或商贾贸易,或求学应考,或怀古咏史等。

四、范例

(一)一字联

墨(对)泉:这是最经典的一字联,其中,'墨'字上部为'黑'字;而'泉'字上半部为'白'字。各属于颜色的一种,且词义相反。两个字的下半部分别为'土'和'水'又同属于五行之一。

(二)二字联

春花(对)秋月　　汉赋(对)楚辞
书山(对)学海　　红玉(对)丹瑶

(三)三字联

水底月(对)镜中花　　孙行者(对)祖冲之
水帘洞(对)花果山　　飞鸟尽(对)良弓藏

(四)四字联

青山不老(对)绿水长流　　山清水秀(对)人杰地灵
东南西北(对)春夏秋冬　　百花齐放(对)百家争鸣

(五)五字联

翱翔一万里(对)来去几千年　　半浸中华岸(对)旁通异域船

(六)六字联

云无心以出岫(对)鸟倦飞而知还
岂能尽如人意(对)但求无愧我心

竹雨松风琴韵(对)茶烟梧月书声
行止无愧天地(对)褒贬自有春秋

(七)七字联

既闻山石无假色(对)亦知草木有真香
卜邻喜近清凉宅(对)与客同参文字禅
万里秋风吹锦水(对)九重春色醉仙桃
千秋笔墨惊天地(对)万里云山入画图
松叶竹叶叶叶翠(对)秋声雁声声声寒

(八)八字联

山水有灵亦惊知己(对)性情所得未能忘言
门有古松庭无乱石(对)秋宜明月春则和风
丝竹同清当天合曲(对) 山水齐朗映日生文

本章练习题

一、改错

1. 请假条

张老师:您好!

今日我因贵体欠安,故请假一天,望老师批准。

2003 年 5 月 20 日
请假人:李明

2. 借 条

今借到人民币 50 元,作主题班会之用,日后凭单据报销。

此据

班长:李爱兵
2006 年 10 月 6 日

二、情景模拟

1. 我婆婆在这两年内曾多次借款给某位朋友,而这位麦某某这两年内只是还过一小部分的钱,在还没还清旧债的时候又再多次向我婆婆借款,到现在还有三万二千元没有还清。而麦某某一直用多种理由不想还款,现在想让她写一条借条,我们要求他 6 个月内还清,但想到要求他一次还清比较困难,我们想让他在六个月内的前五个月每月分还 5 000 元,第六个月还 2 000 元。

请你为这位女士写一个规范的借条。

2. 被我××大学录取的新生前来报到,面对即将在校园生活四年的新同学,作为学长的你将如何表达对他们的欢迎。请写一份规范的欢迎词。

3. 根据以下材料,以许磊家长许华发的名义给外国语学校写一封感谢信。

据4月28日《南京日报》报道:南京外国语学校学生许磊不久前被确诊患了白血病,急需治疗费20多万元,许磊家长焦急万分。得知这一消息以后,外国语学校从领导到广大师生纷纷主动捐款,连一些外籍教师也慷慨解囊。近日,在《爱的奉献》歌曲中,外国语学校的领导将全校捐资3万元交给了许磊的家长许华发。许华发万分感激。

要求:

①写明对方帮助的原因、事实及意义。

②语言要符合双方的身份,感情要真诚,表达谢意的行为要切实可行。

③格式要正确,文字要精练,正文不少于200字。

第八章

Chapter 8

新闻类文体

第一节 新闻类文体概述

一、新闻的概念

新闻有广义和狭义之分：广义的新闻是指报纸刊载，电台、电视台播放的宣传报道文章，包括消息、通讯、特写、新闻评论（社论、短评、编者按等）、读者来信、报告文学等纪实文体；狭义的新闻即所谓的"新闻报道"，实际上就是指"消息"而言。我们这里讲的新闻是指广义的新闻。

新闻写作固然首先是新闻工作者的职责，但新闻也并非完全是由新闻工作者所写，其中很大部分往往都是由国家的各级公务人员所写；这是因为这些人员跟历史的脚步跟得较紧，对时代的脉搏反应较快，就是说他们在各个局部宣传党的方针、政策的贯彻执行情况，报道社会的动态，传递新消息都更迅速、更及时一些。

二、新闻的特点

1. 内容的真实性

真实是新闻的生命，是新闻最根本的特点。这是由新闻的特性所决定的，也是无产阶级新闻学所历来坚持的新闻标准。新闻就是对新近发生或发现的有重要社会意义的事实所作的报道或评述，那么，离开了事实，又何来新闻呢？有了事实却不真实，这新闻当然也没什么价值。所以，无产阶级新闻学坚持事实第一、新闻第二的原则，即事实在先、新闻在后；没有真实的事实,也就没有新闻存在的必要了。

这就要求我们在写作新闻时,要特别注意材料的真实可靠,要认真进行选择与核对,使报道的内容(包括人名、地名、时间、情节、原因、数字、引语等)完全与事实相符,即准确无误,不允许有任何差错,不能夸大与虚构;对事实的解释也符合客观事物的本来面目,而不能有任何曲解,更不容许有意歪曲。

2. 写作的及时性

俗话说:新闻,新闻,"新"为其魂。"新"的确是新闻的主要特点。这是由新闻的写作要求所决定的。没有了"新"(或内容不新鲜,或主旨不新颖)也就自然失去了吸引力,更别说给人以鼓舞和教育了。

采写新闻一定要迅速、及时,有些重要消息甚至要争分夺秒地抢时间,争取当天见报,即使是通讯和特写等文种,也要讲求时效,写以前的旧事是不会起到鼓舞和教育作用的。首先,我们必须耳聪目明,时刻注意捕捉生活中出现的新人新事新风貌,将他们作为新闻写作的材料;其次,对于已有的材料,必须从新的角度去反映,在事物的矛盾中揭示事物的本质,在人物的活动中发掘人物的思想。

3. 主旨的倾向性

新鲜的事情是不是都可以成为新闻?不是的。能够成为新闻的事情还必须是重要的事情。而"重要"的标准是什么?这就不能不涉及到阶级的政治倾向性了。所以,主旨的倾向性也是新闻的一个重要特点。这是由新闻的写作目的所决定的。

第二节 消息写作

一、消息的概念

消息是简要而迅速地报道国内外新近发生的重要事实的一种新闻体裁,即人们常说的"新闻报道"。

消息是最广泛、最经常使用的一种新闻传播类文体。

二、消息的特点

消息写作的第一个特点是:在表达方式上以叙述为主,用事实说话。在这一点上,它既不同于一般记叙文,又有别于科学论文。

消息同一般记叙文的区别:消息所要报道的就是事实,而要想准确无误地写出客观存在的事实,当然要写出事物的情状、色彩、声音、动态等;但消息写事物的这些情形时却不是像一般记叙文那样多用描写和抒情,更不能乱用修辞格去写自己对事物的主观感受,而只是纯客观地叙述。

消息与科学论文的区别:消息报道事实确实是纯客观地叙述,但它又不像科学论文那样只用抽象的方法概括出事物的内在本质规律,而必须具体地写出事物的情状、色彩、声音、动态等,即把事物写得具体可感,而不只是抽象的概念。

消息写作的第二个特点是:结构比较固定。但在这一点上它又不同于公文和日常应用文。消息由于其表达方式基本是叙述事实,所以长期以来就形成了一些比较固定的格式,如"倒金字塔结构"和"一般逻辑结构"等,但它并不像公文那样程式化,即在大的结构方面比较固定,而具体到每一篇消息时又有很多不同,完全可以根据具体内容进行取舍,灵活性仍然很强。

三、消息的具体写作要求

消息的分类,根据不同标准划分,可以有很多种,但不论哪种消息,其结构和写法都大致一样。因此,我们先来讲消息的基本类型,然后再讲结构和写法。

(一)消息的基本类型

消息按内容性质来分,有政治消息、经济消息、军事消息、工业消息、农业消息、文教消息、体育消息,等等;按报道的对象和角度来分,又可分为以下三种基本类型:一般消息、综合消息、典型报道。

1. 一般消息

一般消息即简明扼要地反映国内外的重大事件以及现实生活中的新事物和新动向的报道,也称"动态消息"。

一般消息虽然篇幅短小,却能反映重大事件或表达重要主题,引起人们的注意。

一般消息由于所要报道的是动态事件,所以必须抓得快,写得快,迅速及时,不失时机;又由于要快写快发,所以一般都是一事一报,而且只反映基本情况即可,不求反映事件的全过程,更无须详尽地叙述和描绘。

【范例1】 (一般消息)

科学探测与技术试验卫星回收成功

本报北京10月13日讯 我国于本月6日发射的科学探测与技术试验卫星,在完成各项任务后,今天中午12点30分顺利返回四川省中部预定地区。

卫星回收指挥部电告国防科工委:星上仪器完好,回收舱和试验品正在送往北京。

颗卫星本月6日发射入轨后,西安卫星测控中心进行了持续跟踪与控制。根据卫星在轨道上的运行情况,完成预定任务后,提前一天实施了回收。

我国自1975年发射、回收第一颗科学试验卫星至今,共发射这类卫星14颗,回收14颗。这标志着我国的卫星回收技术已经成熟,居于世界先进行列。

另据中国卫星发射测控系统部消息,10月6日与我国卫星同时发射后进入太空的瑞典"弗列亚"科学试验卫星,在瑞典有关测控站管理下,目前运行情况良好,各项试验正在按计划进行。

2. 综合消息

综合消息即全面概括地反映一个时期或某一事件、某一问题的全局性情况的报道,它具有范围广、声势大的特点,其作用和意义在于反映声势和气氛,以便给读者一个总的、全面的感觉和印象。

【范例2】 (综合消息)

我国开展扫盲运动五十多年 文盲人数仍在增加

中国青年报5月1日报道 一项普查显示,去年,贵州省六埔村(音译)的所有村民都能读写1 500个汉字。村干部们办了一次聚餐来庆祝胜利,并且向最后通过考试的两名成年人颁发了纪念茶杯。

不过,要问六埔畲族女子学校的校长赵华朴(音译),这里究竟有多少人能真正读书写字,他只会尴尬地笑一笑。六埔村有30%的成年人是文盲。"这是实情……很多人都不能读书写字。"赵说。他明白,普查根据的是考试,根本不能计算出有多少文盲。

尽管中国政府花了50年时间开展扫盲运动,并在2000年就宣布已基本消灭文盲,但中国的文盲却在不断增加。其原因十分复杂,包括农村教育的经费问题,以及中国城市对农民工的需求,使得很多人离开学堂到遥远的城市谋生等。

在很多情况下,比如在贵州的这个村子,很多只接受过小学教育的农民,已忘了基本的读写技能。

据中国媒体报道,2000~2005年,中国的成年文盲人数从8 700万增至1.016亿,上升了33%。媒体还指出,即便在文盲增加之前,中国文盲就已占全世界文盲的11.3%。

中国一向以重视教育的传统为荣。近年来,更是不断加大力度提高教育水平,比如立法规定每名儿童都必须接受9年义务教育。但很多农村地区根本没有学校或者学费高昂。

在中国,非文盲的定义通过考试确立。不过,即使人们通过了考试,他们通常也不再继续念书。既然平时无需读书写字,很多人也就忘了这些基本技能。这种情况在少数民族、农村妇女以及失学少年当中尤为突出。

在六埔村,很多文盲都是老年的家庭妇女。作为少数民族的畲族人有自己的语言,他们几乎没有接受过正规教育。

不过,在赵校长的努力下,情况有所好转。在最近的一个周六晚上,赵打着手电筒爬过一段岩石山路,走向一座简陋小木屋。在小木屋里,两名志愿者教师和一名年纪稍大的村干部坐着围成一圈,他们在教8名女性文盲认字,屋里还有一台开着却没有声音的电视机。

老师说,很多妇女没时间来上课。她们每天在地里劳作12个小时,早已筋疲力尽,晚上回家还要伺候一家老小的吃喝。44岁的村干部吴婉琴(音译)每周六组织妇女进行扫盲,她必须打着电筒送几个人回家,有些甚至要走半小时的路。

一位教授表示,成年人只是被教会怎么通过考试而已,"这和植树造林一样。很多人种树,但是很少有人会去用心栽培,结果是这些树都死了,森林也无从谈起。"

3. 典型报道

典型报道,即对一些具体单位或部门的典型经验和成功做法进行集中报道的消息,也叫"经验新闻"。

【范例3】 （典型报道）

上海：世博画卷的红底色

上海世博大幕已落。对世博组织者来说,还有一笔宝贵的精神财富,不能不总结:按照中央开展创先争优活动的总体部署和全市开展"世博先锋行动"的具体要求,他们紧紧围绕世博会运行的中心任务和园区工作实际,以"世博先锋一线行动"为实践主题的创先争优活动,将党的政治优势、组织优势转化为办博的管理优势、服务优势,团结带领广大办博人员为确保园区平稳有序运行全力以赴,为办好一届"成功、精彩、难忘"的世博会提供了坚强的政治和组织保障。

奉献世博打硬仗

服务世博迎挑战

在精彩世博的幕后,有上海国资系统广大党员筑起的一座座服务世博、奉献世博的坚强堡垒。一组组数字体现了国资系统广大党员积极履行"我是党员我带头,我是党员我奉献"的郑重承诺:近11万名党员参加"世博先锋行动"网上承诺;2 460家企业党组织主动联系所在社区(街道),随时待命;每天有9 000多名党员志愿者参加"保畅通"工作,每天近700名党员和职工参加轨交站点安保工作;22家企业向世博园区派出46个服务团队1.3万员工;园区内有近千名党员,50个临时党组织。市国资委党委书记、主任杨国雄在"世博先锋行动"报告会上说:在服务世博的各条战线上,国资系统广大党员立足岗位"干得好"、急难险重"冲在前"、关键时刻"顶得上",充分展现了国有企业在各项紧急险重任务中的带头作用和骨干作用,国企党组织的政治核心作用和战斗堡垒作用,广大党员的先锋模范作用。

奉献世博、服务世博,是一场场硬战。面对前所未有的挑战,面对突如其来的问题,国资系统广大党员的先进性在"急、难、险、重"任务中得到了充分的发挥,做到"任务在一线完成、力量在一线凝聚、困难在一线克服、形象在一线展示"。

在世博园区内外,千辆新能源车,是园内交通出行的关键,也是迄今为止全球最大规模一次的新能源车试运行。人们可能并不了解,从研发、制造到运行,千辆新能源车凝聚着上汽集团、久事公司等诸多上海国有企业广大党员的辛勤汗水和艰辛努力。为了提供先进可靠的新能源车,上汽各级党组织在共产党员和职工群众中广泛动员。乘用车分公司党组织组建了一支平均年龄30岁的年轻工程师项目团队,其中党员占80%,他们解决了一个又一个技术难题,攻克了一项又一项关键技术,仅用不到一年的时间就完成了国外通常需要3年才能完成的燃料电池汽车核心技术开发,并拥有了多项独立知识产权。

细节用心真良苦

监管丝毫不懈怠

有人说,一个城市的交通秩序就是城市文明的一个窗口。从某种程度上来说,世博的交通管理水平也是上海世博成功与否的一个窗口。承载着世博会7300万人次的客流量,如此巨大而繁重的客运任务让世博局交通管理部临时党委不敢有丝毫懈怠。

开园以后,为了让参观者、参展者享受到安全、舒适、有序的交通环境,临时党委多次实地察看交通运行,反复征求游客意见,召开各片区、场馆、条线的座谈会听取意见和建议,对交通运行作出调整和完善。一串数字体现了临时党委的良苦用心:园区公交线路由原来的5条增加到9条,站点由原来的27个增加到50多个;世博大道超级电容车从36辆增加到58辆,观光车从100辆增加到230辆,4条公交线配车由142辆增加到181辆;新增环卫工人、媒体记者、演职人员、世博村参展方通勤班车;在马当路站进园提前20分钟开车以满足观看热门场馆。

交通管理部临时党委结合园区交通特点,制定了开展文明创建的实施意见,明确提出"情系世博、心系游客、竭诚服务、文明创建"的主题,在世博园区公共交通站点开展"争创文明服务示范站点"和在全体服务人员中开展"争当文明服务示范明星"的"双争"活动。每日客流量超过135万多人次,动用车辆1 200多辆,客渡船580航班,轨道交通运输310列次。如此繁重的客运任务,临时党委的成员们用行动证明了他们的战斗力。世博园区的正常运行,离不开最基本的水、电、气的供应,环境卫生、设备维护等各项保障工作。这些工作都是在10多个服务保障团队和近万名服务保障人员共同承担下完成的。许多观众反映,"展馆虽精彩,等待需漫长",尤其是一些热门场馆,游客需排上几小时的队。炎炎夏日,紧急添置遮阳棚和伞,采用喷雾降温,积极捐献"爱心小折椅"以及为热门场馆排队区送冰块,在临时党委积极组织下的一系列贴心之举,为参观者带来丝丝凉意。

同样,为提高世博监管能力,加快世博放行速度,上海检验检疫局世博办的共产党员也付出了艰苦的努力。由于世博会的开园期是每天早晨的9:00到晚上的12:00,为使园区内物资供应、场馆展品布展不影响白天精彩纷呈的世博会,世博物资的查验工作大多是在夜晚世博闭园后展开的。当世博园区的喧嚣渐渐平息,人们大多进入梦乡的时候,世博办的检验检疫人员则正处于高强度工作状态,所有的物资查验工作必须在最短时间内准确完成,不能有任何闪失。在这样的工作强度下,世博办的党员同志主动请缨在最忙、最累、最晚的时间段上岗工作,一有突发事件,立即启动相应的应急预案,有时甚至是刚刚忙完一宿,才躺下休息,就又被急促的电话铃叫起。世博办为15 000余批世博物资提供检验检疫保障服务,货值超过11亿美元。其中包括了丹麦的小美人鱼、法国和意大利的名画以及各国植物种苗、食品等重要物资。

安保用兵讲智慧
荣誉伴随艰辛来
200多座展馆、20 000多场次大型活动、每天几十万人次的游客,还有100多位各国政要和数万名中外记者……仅凭这些数字就可以想象,要完成世博安保任务,需要付出怎样的智慧和艰辛。担负神圣的世博安保使命,武警上海总队党委把强化党组织功能贯穿世博安保始终,

"一班人"科学用兵,以坚强的领导确保了世博的平安。说起党组织在完成重大任务中的地位和作用,总队政委胡汉武少将感触颇深:"当年红军艰难奋战而不溃散,'支部建在连上'是重要原因。要圆满地完成世博安保任务,强有力的党组织是关键。"总队为适应世博安保需要,新组建的所有单位都配齐配强了党组织,保证每个中队有5人以上支委会、排有党小组、班有党员、单独执勤点有1名支委,党组织成为官兵心中的"主心骨"。

新单位、新支部、新书记,党组织怎样发挥作用?总队坚持把考察帮建作为重要抓手,先后派出50多个工作组,对新组建单位重点帮建了一遍,对所有单位进行了过思想、过组织、过教育、过安全稳定的"四个过一遍",确保基层工作能自转、矛盾能自解、安全能自保、任务能完成。在十支队,记者打开支队的局域网,"网上支部"的页面一下子呈现出来,上面有法规性文件、录像辅导片、经验交流材料、难题会诊等内容,只要轻击键盘,就可以进行"键对键"问题解答。指导员黄建强就是通过网上党支部解决了战士柴睿的思想问题。战士柴睿是冲着当"世博兵"来部队的,却被分到执勤点上守油库,看着战友都到世博执勤一线,自己却每天闻着刺鼻的油味,便打起了退堂鼓。黄建强除了找他谈心也没有更好的办法。后来他在网上和大家交流时找到良方。小柴喜欢演讲,他就推荐柴睿参加演讲比赛,帮他把在部队成长的心灵历程写进演讲稿。很快,小柴转变了。在评比中夺得了好战士红星。十支队政委谢军说,他们支队有9个新组建的基层单位,党支部正、副书记大多是"半道改行",加之部队高度分散,集中培训、面对面指导难以实现。支队创造性地提出在支队局域网上建立"网上支部",以创先争优活动为抓手,指导帮建基层党支部。支队9个临时组建的党支部有3个被评为"先进党支部",总队先后评选出上千名"十佳世博卫士"、"十佳安保标兵"、"十佳执勤能手"、"十佳放心哨位"等先进工作者中,95%以上是党员。

(二)消息的结构和写法

消息的结构通常包括标题、导语、主体、背景、结尾五个部分。但并不是每条消息都要完全具备这五个部分,有时可根据情况省略其中的背景部分或结尾部分及导语部分。

1. 标题的写法

与其他文体比较,消息标题的作用往往显得更加特殊,也更加重要。

首先,消息的标题具有向导作用。在众多的报纸及新闻节目中,每天都有难以计数的各种信息不同层次地向社会发出,读者不可能每天都把各种信息的内容全部详细阅读,而往往是借助标题的引导,选择感兴趣的或所需要的信息内容。如果标题呆板平淡,是很难引起读者注意的,甚至即使是一则很有价值的新闻,也可能因为标题的平淡无奇而被淹没,与读者失之交臂。

其次,消息的标题具有提示作用。消息的标题如果能把新闻中最有价值的事实提出来,往往可以帮助读者抓住新闻的核心和纲领,进而理解其精神实质。

总之,消息的标题与其他文体的标题并不一样,它在整篇消息当中显得特别重要。因此,精心拟制标题是消息写作中的一件大事。

消息的标题在内容上灵活多变,在形式上却有一定规则,大体上有单行、双行和三行三种,其中的双行又分为"引题加正题"、"正题加副题"两种。下面分别加以介绍：

(1)单行标题，即只有正题一行的标题。

所谓"正题"，又叫母题，是主要题目——最受人注意的部分。它应概括消息中最主要的事实和思想，在写法上单独存在，字体稍大。

只有正题一行的单行标题比比皆是，不必举例。

(2)双行标题，即由"引题加正题"或由"正题加副题"组成的两行文字的标题。

所谓"引题"，又叫眉题或肩题，位于正题之前，字体稍小，是从属于正题的"先行官"，与正题搭配使用。它或者交代背景和原因，或者用以说明主题的意义和内容，或者渲染气氛，或者加强力量。所谓"副题"，又叫辅题或子题。排在正题之后，字体稍小，用以补充正题——通常用于补充交代消息的次重要事实，可起注释、印证主题的作用，能够扩大效果。

①"引题加正题"式标题。

②"正题加副题"式标题。

(3)三行标题。一般由引题、正题、副题三行文字组成，也有的由"一行正题加两行副题"组成。

①"引题、正题、副题"式标题。

②"一行正题，两行副题"式标题。

拟定消息标题总的要求是：准确、新鲜、精炼。所谓准确，就是要揭示出报道内容的本质；所谓新鲜，就是避免雷同，用别具一格的词句表现新闻的内容；所谓精炼，就是提炼精华，用尽量少的行数和字数概括尽量全面些的内容。

2. 导语的写法

导语是新闻开头部分的第一段文字或第一句话。除了"简讯"和"一句话新闻"外，其他消息一般都有导语。"导"包含引导、启发、开始的意思，就是说导语不仅要把消息中最主要的内容或最重要的事实概括出来，而且要像诱饵一样把读者紧紧吸引住，使其有兴趣读下去。因此，一篇好的消息都要在导语上多下一番功夫，要力求写得生动活泼。

常见的导语写法有如下五种：

(1)直述式导语。用叙述的手法直接概括出新闻的主要事实。如《人民日报》1992年8月15日头版头条消息《"长征'显威力'澳星"上太空》的导语："北京时间8月14日7时12分，西昌卫星发射中心传来喜讯：我国自行研制的'长征二号'捆绑式运载火箭顺利起飞，成功地把美国研制的澳大利亚'澳赛特'通讯卫星送入预定轨道。"

(2)疑问式导语。先把问题鲜明地提出来，引起读者的关注或兴趣，然后引出下文。如《人民日报》1992年5月11日消息《国家积极抢救保护三峡文物》的导语："三峡工程一旦上马，被淹地区大量的历史文物怎么办？对此，记者日前走访了国家文物局有关负责人。"

(3)引话式导语。引用一两句生动、或具有代表性的话，以增强导语的生动性或权威性。如《城市晚报》1992年5月13日消息《给慈善人提个醒，不能再上"出家人"的当》的导语："俗话说:'出家人不贪财'。可是,近年来,社会上却出现不少贪财的'出家人'。"

（4）评论式导语。先对消息的内容进行评论,或评价其做法,或指出其原因,或说明其意义。如《人民日报》1992年8月14日头条消息《无锡市加快物资流通体制综合改革》的导语:"今年以来,无锡市近300家生产企业的厂长不再为原料紧缺而发愁,一个多渠道、多形式的物资配送格局正在逐步形成。这是无锡市物资局加速物资流通体制综合改革之后出现的新气象。"

（5）描写式导语。先对报道的事实简要描写一番,以渲染气氛,吸引读者。如《人民日报》1992年8月15日头条《中国国际民间艺术节在京开幕》的导语:"在100多名山西农民敲响的雷鸣般的锣鼓声中,第二届中国国际民间艺术节在北京拉开了帷幕。16个参加国的国旗在首都体育馆交相辉映,构成了一幅友谊和平的彩图。"

以上只是常见的几种导语方式。导语的方式当然还有好多,而且这些方式也不是固定不变的公式,我们完全可以根据表达内容具体确定使用哪种方式,并有所创新。

写导语还应注意两点:一是繁简适当,既不要把许多具体材料都不分主次地塞进导语,失去导语的意义,也不要过于简单,使人看不出主要的、新鲜的事实,担不起导语的责任;二是尽量不要重复标题的内容,使人看了乏味。

3. 主体的写法

主体是新闻中最主要的部分。它承接导语,具体说明导语所揭示的主题或回答导语中提出的问题,对新闻事实细致地叙述和展开。

主体的结构方法常见的有三种:

（1）时序结构。按照事情的发生、发展、结局的时间顺序从先到后、从头到尾地一路写来。这种写法常用于体育报道方面,但有些以时间变化为标志的消息也采用,如《人民日报》1992年8月27日头条消息《五年新建码头泊位330多个》的例子。

（2）逻辑结构。按照事物发展变化的内在联系分几个方面一一写来。这种方法便于揭示事物的本质和意义,具有较强的说服力,所以更为常用。其逻辑关系又有很多种,主要有"因果关系"、"点面关系"、"并列关系"、"主次关系"。其中"因果关系"是先说原因后说结果或先说结果后说原因;"点面关系"是先说"面"（概括）后说"点"（典型事例）。

（3）时序结构与逻辑结构结合。即时序结构与逻辑结构交叉使用的手法——或在时序结构中包含着逻辑结构,或在逻辑结构中包含着时序结构。这种写法适合容量较大的消息主体,所以一般不大常用,这里就不再举例。

写消息的主体应做到两点:一是以叙述为主,用事实说话;二是层次分明,详略得当。

4. 背景的写法

背景是消息的附属成分,是对消息事实产生、发展的历史、环境、条件、原因等情况的说明或注释。其作用在于:说明事情发生的具体条件和独特原因,帮助读者全面、完整地理解消息事实;通过对比、衬托,进而突出主题、深化主题;还能使消息内容更加充实饱满,生动活泼,增强知识性和趣味性。

消息背景大体可分以下四类：

（1）对比性背景。对报道事物的过去和现在、正面和反面，甲地和乙地等方面进行对比，突出报道事物的重要意义。

（2）说明性背景。对消息事实的政治背景、历史演变、地理环境等进行说明，以强调事物产生的原因、环境、条件等。

（3）注释性背景。对消息事实的有关问题进行解释，以增强消息的知识性和趣味性。

（4）充实性背景。对消息事实的有关问题进行补充，以帮助读者更全面、更完整地理解消息事实。

当然，以上对背景的分类只是为了讲解的方便所做的大致区分，实际上有很多消息背景所起的作用往往并不只局限在一个方面，即不是能截然分开的。

另外，背景只是消息的附属成分，并不是每条消息都要有背景的，与事实的主题无关的材料都不能充当背景；即使非写背景不可时，也要写得言简意赅，恰到好处，绝不能喧宾夺主。至于背景究竟写在消息中的何处，是否独立成段，不能强求一律，而要根据需要灵活安排。

5. 结尾的写法

一般说来，较短的消息，主体写完了，全文也就结束了，不需要再来结尾；但稍长一些的消息往往也有结尾，有的结尾单独成段，有的结尾则只是主体的最后一句话。结尾的目的和写法是一致的：或总结全文，或阐明意义，或加深读者印象，或指明前景，或几方面结合在一起。

写结尾要根据导语和主体的表述情况来考虑如何安排，如果事实展开部分已写得始末清楚，首尾圆妥，便可立即收笔，不要再加什么"结尾"，宁可无尾，也不能赘述。

从以上介绍和举例可以看出，消息的写作虽然并不很难，但它确实有其独特的地方，即要做到"准"、"新"、"短"、"快"。"准"就是所报道的事实一定要准确，不仅是确实存在的，而且是准确无误的；"新"就是所反映的内容一定要新鲜，不仅是新发生的事，而且是新颖生动的重要的事；"短"就是消息的篇幅要尽量短小，要用最少的文字反映最丰富的内容；"快"就是报道的速度要快，迅速发现题材，迅速写作，迅速发稿见报。而要想达到这样的要求，就必须讲究表达手段。这手段当然主要是指前面讲的"结构和写法"，但语言也应引起重视。

第三节 通讯写作

一、通讯的含义

通讯是一种比消息详细和生动地报道客观事物或典型人物的新闻体裁。可以用叙述、描写、议论、抒情等表达方式写人叙事，给读者以教育和启迪，所以好的通讯在社会上能产生广泛而又强烈的反响。如《谁是最可爱的人》《县委书记的榜样——焦裕禄》等通讯发表后在社会上引起的轰动是无法比拟的,通讯所体现出的时代精神至今还闪烁着耀眼的光芒。

有的新闻只单独使用通讯一种形式,有的新闻则在发表消息之后,还刊登通讯,作为对消息新闻的补充。如发生的一些比较重大的事情,在来不及进行详细报道的时候,先用消息的形式发表,然后隔一段时间再用通讯的形式具体、生动地报道同样的内容,这既符合新闻发布的规律,又符合读者阅读的心理要求。

同属于新闻范畴的消息和通讯是有联系的,二者在写作上都要求内容生动、真实、具体,反应及时、迅速,用事实说话。但它们又有明显的区别,从题材内容看:消息侧重于记事,通常作概括、简要的说明;通讯既可记事、又可写人,特别要求典型,写作一般作具体、详细、生动的报道。从表现方法看,消息常常采取前详后略的"倒金字塔"结构,并以叙述为主,也用描写,但很少议论和抒情;通讯却因写作内容不同而采取灵活多样的表现形式。在写作时,只要内容需要,叙述、描写、议论、抒情等表达方式都可运用。从写作时效看,消息要争分夺秒,争取抢先发表,成为独家新闻;通讯也要求快,但不要求那么严格,早一点晚一点都行。

二、通讯的特点

(一)真实性

通讯是一种新闻文体,在报道新闻内容时必须完全真实。这个真实是生活的真实、事实的真实,一人一物、一情一景、一言一行都有根有据,确实可信,完全符合客观事物的本来面目。通讯不能进行所谓的艺术加工,或移花接木、张冠李戴、任意夸大或缩小。如1991年12月27日《人民日报》刊登的获第二届中国新闻奖通讯二等奖的独家新闻《红场易旗纪实》之所以引起读者的注目和推崇,首先就在于它所反映的事件完全真实。下面是通讯全文:

【范例1】　(通讯)

红场易旗纪实

本报莫斯科12月25日电　公元1991年12月25日晚7时许。莫斯科。隆冬中的红场。

由于莫斯科电视台头天就预报了戈尔巴乔夫将在今晚7时发表辞职演说,许多人便预料克里姆林宫顶上将要更换旗帜。莫斯科市民,还有许多外地人冒着凛冽的寒风赶来观看这一历史性场面。一些人带着半导体收音机来到红场,一面等,一面收听戈氏的辞职讲话;电视和摄影记者在选择拍摄角度;人们在谈论着自己的看法,并不时抬起头来,眺望着在暮色中飘动着的苏维埃社会主义共和国联盟国旗。人群中,有的举着苏联国旗,有的举着过去加盟共和国的国旗。

看得出来,此时此刻,人们的感情是十分复杂的,对联盟的解体态度也很不一致。有人在高声呼喊口号:"苏联万岁!"一对来自乌克兰的老年夫妇说:"怎么能没有联盟呢?苏联分裂成15个国家,就不再是一个大国了。"一位来自雅罗斯拉夫尔的工人说:"这标志着俄罗斯又复兴了,现在就看叶利钦有没有办法防止饥民造反啦!"几名女青年说:"换旗是自然的,因为苏联已经不存在了。"来自格鲁吉亚的一个俄罗斯人反对易旗,这时,人群中开始争论起来。

他们的观点各异,有的甚至截然对立,对戈尔巴乔夫和叶利钦的评价也不尽一致。有一位中年妇女插进来无可奈何地说:"挂什么旗都可以,只要让人们有吃的就行,因为我有六个孩子。"一位来自萨拉托夫的青年工人说:"这么大的事件应当举行一个仪式,现在的做法未免太简单了。要知道我们几代人生活在这面旗帜下,我从小就知道我是苏联人,没想到这么突然就改变了祖国"。另一个人说:"举行不举行仪式无所谓,重要的是不能再像过去那样只说空话不干实事。"

7时25分,戈尔巴乔夫电视讲话结束了,苏联总统府的屋顶上出现了一个身影。人们屏住了呼吸。7时32分,那面为几代苏联人熟睹的镰刀锤子旗开始徐徐下落、下落……7时45分,一面3色的俄罗斯联邦国旗取而代之,升上了克里姆林宫上空。此时此刻,广场上的人们意识到,克里姆林宫已成为俄罗斯的总统府,苏联从地图上消失了。

莫斯科的夜空开始飘起雪花,气温明显下降。但仍有不少人陆续来到红场。人们还在红旗落地的地方发表自己的看法,还在那里争论……

(原载《人民日报》1991年12月27日第六版)

这篇通讯记叙的是一个有着70年光辉历史的伟大的社会主义国家,转眼间红旗落地、联盟解体、发生震惊世界变化的历史场面。写作时,以时间为线索,把不同阶层的人对红场易旗的心态表现得淋漓尽致,读者读后印象非常深刻。

(二)时效性

通讯虽不如消息来得快,但还是要讲时效的。它要求作者深入细致地调查了解后马上撰写,及时与读者见面。

(三)形象性

通讯是一种具有多种表现方法的新闻文体,它的表现方法灵活多样,不拘一格,不管是写人还是写物,都要求形象、生动,以此来感染读者。

为了做到形象、生动,通讯在写作时除了叙述外,还采用描写、抒情、议论等表达方式和渲染、烘托、类比、映衬等文学手法,有声有色对反映感人肺腑的真人真事。

三、通讯的分类和写作

通讯根据不同标准来分,也有很多种,其写作要求都是一样的。所以,我们先来讲通讯的常用类型,然后再讲写作要求。

(一)通讯的常见类型

通讯从内容性质上分,有人物通讯、事件通讯、概貌通讯、问题通讯等;从内容范围上分,有专题通讯、综述通讯等;从篇幅长短上分,有长篇通讯、短篇通讯和通讯小故事等。但常用的类型有以下几种:人物通讯、事件通讯、工作通讯、概貌通讯和通讯小故事。

1. 人物通讯

人物通讯是报道新闻人物的事迹或成长过程的通讯,是通讯中出现最多也最受读者欢迎的类型。

人物通讯当然以写人为主,主要是介绍人物的先进事迹和先进思想,着重表现人物的语言和行动,从不同角度揭示人物的思想境界,树立榜样,教育群众。写人物通讯最重要的是写出人物的先进思想,即挖掘出人物思想中具有社会精神和时代意义的部分来。但又不能合理想象,一定要实事求是地把先进人物放在生活中和群众中来写,而不要"神化"。

【范例2】 (人物通讯)

心血滋沃土　桃李更芬芳
——记哈尔滨第三中学校长　赵文祥

(本刊2010年5月记者陈秋雷)　在中国北方著名的冰城哈尔滨,假如你随便在街头问一位市民"黑龙江省最好的高中是哪所学校?"他会毫不犹豫地回答"哈三中"。正像说的那样,哈三中在哈尔滨市民的心中的地位就相当于清华、北大在全国人民心目中的地位,哈三中是每一个哈尔滨人在青年时代梦寐以求的殿堂,能在青年时代到哈三中读书已成为每个学子一辈子的光荣和骄傲。

哈三中之所以能保持领先的排头兵地位,就在于能够与时俱进,不断创新。一个学校想长期独领风骚很难,昔日的辉煌不能说明今天的业绩,今天的成就不能代表明天的成功。哈三中有86年的悠久历史,巩固基业而且还要超过前人,不是一件容易的事。基于这一缘由,自2000年起,校长赵文祥拿出了自己的治校"法宝"。

提高教师素质,打造名师"队伍"

哈尔滨市第三中学素以教育教学质量高,培养的学生能力强,学校办学特色明显,而在国内外享有较高的知名度。作为一所名校的校长,随时随刻都面临着巨大的压力,教师的整体素质是学校的灵魂,此时的赵文祥校长陷入了沉思,上任后的第一件事情就是"抓师资队伍,努力塑造学高身正的教师群体形象。"

三中的师资队伍,也是大家争先学习的对象,每年来自全省乃至全国的同类高中来学习的老师络绎不绝,但是面对着社会转型的巨大变革,赵校长还是结合本校的情况,提出了"构建教师队伍建设的总体框架。"即提高"三个素质"和"一个水平"(政治素质、文化素质、业务素质和师德水平),加强一个重点(青年教师为重点),开展"三心"(事业心、责任心、进取心)、"三爱"(爱事业、爱岗位、爱学生)、"三比"(比水平、比业绩、比贡献)活动。

青年教师是学校的主力军,他们观念新,知识结构新,有活力,但是教学经验相对薄弱一些,面对此情况,赵校长定期开展关于青年教师成长的一系列活动。组织青年教师基本功大赛,青年教师研讨课,青年教师汇报课等,针对青年教师的发展提出了"一、三、五、十"培养目标,即"一年打基础,三年基本胜任,五年能胜任,十年挑大梁成骨干。"三中有一个光荣的传统就是"师傅带徒弟",在三中工作的每一位老教师都有培养年轻教师的责任,作为校长的赵文祥也义不容辞,虽然每天面对着繁琐的行政工作,但是赵校长也带徒弟,面对着年轻教师,赵校长也是听课、评课、讨论,和青年教师一起探寻教学方法,教学改革,这样很多年轻的青年教师就迅速成长起来了,都成为了三中的骨干力量,对教学质量有了更大的保障。

面对社会的巨大转型,赵校长及其强调对"师德师风"的建设。在全体教职工中开展了"爱好你的每一个学生"、"铸师魂、树形象"、"选择了教师就选择了奉献"等优秀教师师德演讲,以及在教师建设中提出了"尊重老教师,依靠骨干教师,培养青年教师,树立优秀教师"的二十三字方针,为各层次教师的健康成长搭建了舞台。

针对教师的知识逐渐老化,就如何培养教师的终身学习能力,在教师培养中提出要达到"两个同步更新,三个同步提高"的目标,即"教师的教育观念与教师的课堂教学方法同步更新"、"教师的专业素质、师德水平与教师的课改能力同步提高。"把培养学生创新精神落到实处,为教师搭建教学风格个性化发展的平台。

创新德育模式,培养新型"人才"

哈三中已有86年的发展历史。有着优良的光荣传统,独特的管理方式,优良的教师队伍,优秀的学生群体和科学民主、以人为本的校园文化。赵文祥校长明确了一个观念:我们要为国家培养的是一大批"志向高远、素质全面、基础合理、特长明显、身心健康、服务社会"的栋梁之材。

高中阶段是学生成长的重要时期,是行为养成的关键时期。三中的德育教育更是颇具特色,一切都从"小事情抓起",从"品格抓起"。

现在的学生吃完泡泡糖随地而吐的情况很突出,为了杜绝这种令人深恶痛绝的现象,赵校长亲自上马,带领大家清理校园的泡泡糖,给学生们上了精彩的一课,学生们都很吃惊,纷纷发表看法,此后校园中没有一人再扔泡泡糖,同时教育学生不要随便扔泡泡糖。

赵校长向学生提出"做人要诚信"的要求,并以优化考风为突破口,结合每次考试,进行诚信教育。并亲自参加"诚信比分数更重要"的班团会、辩论会,诚信故事会与同学们一起参加辩论,讲故事等活动。还与政教主任制定具有特色的班级诚信公约,举行诚信签名活动,创建无人监考班等,改变了以往单纯用制度压学生,或问题出来就惩罚的简单考纪教育,使学生从人格层面上理解弄虚作假的危害性,从心灵深处受到震撼。

三中的"自我管理模式"在全国都很出名。这也是赵校长亲自提出来的。构建自我教育模式,这是人追求发展和生存的基本能力,是推动德育的内化过程。通过开展"塑造自我,争做优秀三中人"、"走进三中,关爱三中"主题活动,突出班级特色和凝聚力的班旗班徽设计比赛,学生值周班,学生自创社团组织等,充分体现了教育的主体性、实践性、民主性。学生参与学校管理工作,把德育中的"看管式"转变为"引导式",把过去的老师"包办"转变为学生的自我管理、自我教育、自我评价、自我完善、主动发展。每一次活动,赵校长都亲自参加,亲自做点评。

探索办学模式,培养"两精"学生

在新一轮课程改革中,各个学校都站在同一起跑线上。赵校长带领全校教职员工主动走进新课程,创造性地实施新课程。2000~2003年在进行了科学全面的思考、规划之后,从哈三中的校情、师情、生情出发,赵校长带领全校教师确定了他们自己的独特的培养目标:基础扎实、身心健康、素质全面、个性明显,具有国际视野的拔尖创新人才。

三中作为全国知名高中,面对课程改革,赵文祥校长提出了:"课程体系的架构就是要体现利用最优的教师资源和硬件资源,为最优质的学生提供最大化服务,更好挖掘、发挥学生潜能,为不同层次,不同需求的学生提供个性化服务,体现更多的选择性。"三中的选修课丰富多彩,充分发挥基础学科的主干作用,同时又辐射到学生的兴趣爱好,举个例子让我们看看三中的选修课,生物:生命科学;物理:数字电路,物理解题方法;数学:数学史,数学解题方法;英语:英语电影看听说,英语演讲,英语写作;化学:犯罪与化学;体育:羽毛球,乒乓球,瑜伽。这些选修课不仅充分发挥了学生们学习的主动性,同时也提高了三中学生的综合素质。

为了发挥哈三中在全市乃至全省的引领和辐射作用,为了能让优质的教育资源惠及更多的百姓,2003年学校投资2亿资金建设新校区,为新课程改革的创新实施提供了有力的条件和保障。从此,三中的教育教学上了一个新台阶,新旧两个校区,以培养"两精"学生为主,老校区以培养"精英"为主。老校区的所有学生都是"中考名列前茅的统招生",对于这些学生,采取"精英"教育为主,这个校区的学生普遍具有国际化视野,90%以上都被全国著名学校甚至是世界著名学校录取,还有一部分学生在高中二年级就纷纷出国留学,新校区以培养"精品"为主,这里的教学以课程改革的核心理念为指导,以新的课程体系构建为核心,以完善的教学管理体制为保障,提高课堂教学有效性为途径,以师生共同发展为目标,学生们普遍成为素质较为全面的创新性新型人才。

2000年以后高考升学率均为100%,重点大学录取率在90%左右,均列为省、市榜首。2001~2010年每年有70多名学生考入北大、清华。哈三中已成为除北京之外,考入这两所学校学生数量最多、质量最好的学校。

赵文祥校长曾对三中全体教师说:"我一定带领大家努力把我校建设成为办学理念先进、师资队伍过硬、软硬设施优良、学生、家长向往的国内一流,国际知名的现代化学校。"

这番发自肺腑的言语透着睿智,蕴含哲思,也更加激励三中人踏着教育改革创新的步伐,向着更加美好的明天迈进。(来源于黑龙江教育2011年第五期)

2. 事件通讯

事件通讯是报道新闻事件发展过程的通讯。其"事件"多是鼓舞人心或具有社会意义的事件,如救灾抢险、高精尖产品问世、现代重点工程施工、侦破特大案件、抢救危急病人等。事件通讯当然以记事为主,要比较详尽而形象地写出事件的前因后果、来龙去脉,通过一些具体情节把事件如实地反映出来。写事当然不能不写人,但这里的"人"只是事件中的人,是为写事而写人,是"人绕事写",而不是人物通讯中的"事绕人写";另外,事件通讯中的人与事的关系大都是"一事多人",而不是人物通讯中的"一人多事"。

写事件通讯更要突出事件的新闻性和典型性,要揭示出社会生活的本质。

【范例3】 (事件通讯)

香港两千余位佛教信众悼撞船事件罹难者

10月6日,香港佛教界南丫岛撞船事故罹难者超度法会举行。香港佛教联合会会长觉光长老出席并致辞。主法和尚、相关机构代表、罹难者家属以及信众等出席法会。希望能集合四众同仁之愿力,超荐不幸罹难人士,祈愿弥陀接引死难者往生极乐,复将功德回向幸存者,使他们重拾生命的勇气;并藉法会功德祈愿各地灾难止息,世界和平,人民安乐。(中新社发任海霞摄)

108盏酥油灯,1小时齐声诵经,佛家弟子慈悲心一片。

6日,香港市民为南丫岛撞船事故罹难者一连三天哀悼的第三天,约2500位佛教信众参加超度法会,祈求"死难者往生极乐,幸存者及家属重拾勇气、克服逆境"。

法会在位于铜锣湾的佛教黄风翎中学举行,信众坐满两个礼堂及一个露天篮球场,香港佛教界多位德高望重的长老和法师主法。法会以全场默哀一分钟开始。

"10月1日晚,南丫岛对开海面发生严重海难,一瞬间,数十名乘客的生命被海浪吞噬,噩耗传来,震惊全港,闻者动容,草木同悲。"香港佛教联合会会长觉光长老致辞说。

39个曾经鲜活的生命,此刻化作灵位上的"罹难人士"。莲位前鲜花低垂,蔬果饱满,香火萦绕,108盏酥油灯轻轻摇曳。

诸山长老向罹难者莲位献花;特区政府消防处和民政事务局代表献花;罹难者家属献花;两艘肇事船所属公司——港灯和港九小轮高层也专程到场献花。

"叮……"清脆的引磬声敲响,木鱼声、诵经声充盈四周,觉光长老、永惺长老、融灵长老、智慧长老、绍根长老等多位大德长老,在礼堂台上率领四众弟子,闭眼低眉齐诵《阿弥陀经》,现场气氛肃穆、超尘。

众长老随后回到罹难者灵位前,各人拈香顶礼,将功德回向。多位代表及罹难者家属每人再次献上一支白兰花。

近两小时后,法会圆满结束。"这是我在香港参加过的最大规模的佛教法会。"周小姐双手合十说。但她直言,希望以后不会有灾难事故,也不再需要举办这样的法会。另一位佛教徒杜小姐则说,来参加法会是尽一份该尽的责任,希望当事人重拾自在,"不要再想不开心的事。"

"佛教讲:人生无常,国土危脆。但香港一方有难,八方支援。这次,不论是特区政府、市民,还是宗教界,都万众一心、应对事故。"佛联会执行副会长宽运大和尚对记者说。

觉光长老开示众人:"在悲痛之余,我们也要懂得从困难中学习,学懂加倍珍惜身边的人和事物,学懂接受和放下。只有这样,我们才能在遭受困境之后,继续前进,活得更好。"(记者贾思玉)

3. 工作通讯

工作通讯又叫"经验通讯",着重报道某个地区、部门或单位在实际工作中取得的成绩和经验。

【范例4】（工作通讯）

中国干部人事制度改革：从关门选拔到开门竞选

从十三大到十六大：建立公务员制度、探索干部选任制

1987年,党的十三大强调对"国家干部"进行合理分解,改变集中统一管理的现状,建立科学的分类管理体制,形成各具特色的管理制度。此后,建立国家公务员制度成为干部人事制度改革的重点,干部选任制度改革也进入扩大探索阶段。

在建立国家公务员制度方面：1993年4月,国务院审议通过《国家公务员暂行条例》,并从当年10月1日开始实施。到1997年底,我国公务员制度入轨工作基本完成,标志着中国特色公务员制度在全国范围内初步建立。

在推进干部选任制度改革方面：民主推荐、公开选拔领导干部的探索逐步推进。1994年9月,十四届四中全会通过提出加快党政领导干部选拔任用等重要制度的改革,强调"扩大民主,完善考核,推进交流,加强监督,逐步形成优秀人才能够脱颖而出、富有生机与活力的用人机制"。

此后,中央陆续出台了一系列有关领导干部选任工作的规范性文件。主要包括：1995年2月中央印发《党政领导干部选拔任用工作暂行条例》；1998年7月中组部等联合下发《关于党政领导机关推行竞争上岗的意见》；1999年3月中组部发出《关于进一步做好公开选拔领导干部工作的通知》；2002年7月中央印发正式的《党政领导干部选拔任用工作条例》。

在干部选任工作实践中,围绕建设高素质干部队伍,在坚持以选任制和委任制为基本形式的组织选拔这一主要路径的同时,积极探索多元化的各级各类干部选拔的具体路径。

一是继续探索和推行聘任制。《国家公务员暂行条例》规定部分职务实行聘任制。许多企、事业单位也实行了干部聘任制。无论是选聘和招聘,还都有考任制相伴随。

二是机关干部实行竞争上岗。在干部制度改革实践中,逐渐形成了机关干部竞争上岗的选人用人新机制。通过推行竞争上岗,拓宽了选人视野,优化了机关干部队伍,一大批德才兼备的优秀年轻干部脱颖而出,提高了机关干部队伍的整体素质。

三是进行公开选拔方式的探索。为适应改革开放和社会主义现代化建设的需求,各地对干部选拔任用工作进行了积极探索。如宁波、深圳、西安、广州等地采用组织推荐与群众推荐相结合、考试与考察相结合的方式公开选拔处、科级干部。随后,这种公开选拔领导干部的方式逐渐推开。

十六大以来：健全选拔任用机制、推进公开选拔

2002年,党的十六大提出"以建立健全选拔任用和管理监督机制为重点,以科学化、民主化和制度化为目标"深化干部人事制度改革,为新世纪新阶段进一步深化干部人事制度改革

指明了方向。

在这一阶段的改革实践中,各地继续探索和完善各种干部选拔方式,其中综合性的公开选拔方式已逐渐成为干部选拔的重要路径,并已形成一种制度化的干部选拔路径。这一路径真正体现了公开、民主、科学、竞争、择优等特点,可以说是一种"赛场选马"式的干部选拔路径。

4. 概貌通讯

概貌通讯也称"风貌通讯",着重反映某地区某单位的新气象、新面貌。

概貌通讯是重在反映"变化"的,但又不反映具体变化过程,而是写看得见、摸得着的实物或成就,即通过对名城异物、风土人情的概括描述,歌颂伟大的时代。因此,写作时既要放眼全局,又要写出写作对象的特点,要富有知识性和抒情性;即文字要生动活泼,明快流畅,富有感情和文采。

【范例5】 (概貌通讯)

煤博变成了个"聚宝盆"

山西晋商收藏博览会上,樟木雕塑《立马成功》吸引众人观看。

本报记者刘江摄

2011太原晋商收藏文化博览会拉开大幕

本报9月7日讯(记者 郑书成)今日上午,2011太原晋商收藏文化博览会开幕仪式在中国煤炭博物馆隆重举行。来自全国各地300余家企业,将世界各地的奇珍异宝汇聚太原,共同为市民献上一道收藏界的盛宴。

此次博览会由太原市国际贸易促进委员会、太原市会展工作办公室联合主办。进入展会现场,珠宝首饰、珍珠玛瑙、根雕岫玉、红木家具、书画奇石、沉香核雕、紫砂陶瓷、茶叶茶具,上百种收藏品在各自展厅展出。在B11展厅,2.6米长,1米宽的骏马木雕受到众多参观者围观。"30多种木雕,专门从福建运到太原来。"该展位负责人赵君介绍,骏马用料为香樟木,售价在16万左右。

本届博览会,展会横跨中秋小长假,为期5天。收藏,这个词汇如今已经与普通老百姓越来越近,山西有许多名胜古迹,历史文化沉淀雄厚,现存的明清古建筑和石雕占全国87%,很多古典家具都融有建筑的特色,非常古朴华贵。随着买家及市场的成熟,山西古典家具将可能成为古家具市场的新宠。

此次展出面积达8 000平方米,据了解,除收藏品之外,组委会还特邀知名茶企前来参展,包括云南陈年普洱、福建铁观音、武夷山大红袍等。各地茶企前来参展,一是看重山西不仅有着十分丰富的远古文化资源,同样,由晋商开辟的万里茶路更被誉为中国历史上最负盛名的国际贸易黄金通道。参展商看中的,就是山西厚重的文化背景与太原人民的购买实力。

相关负责人介绍,把博览会办成规模大、品种多、创意新、影响广的收藏界文化盛会,是此次展会的办展初衷。喜欢收藏、品茶的龙城市民可以尽情鉴赏挑选。

5. 通讯小故事

通讯小故事也叫"新闻小故事",是一种既有新闻性又有故事性的篇幅短小的通讯。

通讯小故事题材单一,往往只写一人一事或一两个生活片断,但都有较完整的情节。它能以小见大,即通过一件小的题材,较深刻地反映人物的先进思想和崇高品质,生动地反映社会新风尚。通讯小故事主要是写"事",但由于篇幅较短,人和事是无法截然分开的,所以它往往把事和人糅在一起来写。

【范例6】 (通讯小故事)

新闻故事:大火无情人有情　一人有难大家帮

大众网枣庄10月9日讯(通讯员　刘丽英)近日,田陈煤矿机电运转工区职工为工友捐助的事成为职工们津津乐道的话题,一时间传为美谈。

9月25日下午3点多,田陈煤矿运转车间职工孙志华和妻子像往常一样按时上班,谁也不曾想到,走的时候还温馨幸福的家被突然的一场大火将家中的所有物品化为灰烬,不但家中的电器、家具、生活用品被烧得一无所有,就连一件衣服,一个床板都没有剩下,面对家中的情景,夫妻两个都吓呆了,但是他们首先想到的是有困难找单位,车间领导听到这个消息,立即组织职工捐款、捐物,并积极向矿工会申请救助,一同帮这个不幸的家庭渡过难关。

为了使这个不幸的家庭渡过难关,运转车间主任翟洪亮从家里拿来了被褥,并及时送到他们的手中,并派车间安装组的职工为他们清理房屋、收拾垃圾,车间党支部书记李修东和工会主席还为他们买来大米、面条、食用油、火腿肠、鸡蛋等生活必需品,并号召广大职工献出自己的爱心,伸出援助之手,车间领导带头捐款,车间主任翟洪亮和党支部书记李修东分别捐款300元,职工也是你50元,我100元的纷纷献出爱心,全车间共捐款8 550元。

车间除自己组织捐款外,还积极向矿工会进行申请救助,工会领导听说后带着慰问品亲自到孙志华家中慰问,机电运转工区领导动员下属车间组织捐款,当车间将这些捐款送到孙志华手中时,夫妻两个感动得说不出话来,一致表示感谢矿工会和车间领导及职工对他们的关怀和帮助,在今后一定努力工作,回报矿上、回报单位,为田陈矿上的发展再做贡献。

(二)通讯的写作要求

要想真正写好通讯不是一下子可以做到的,其中应掌握的要领和注意的问题很多。这里只简要谈四个主要问题:

1. 在掌握素材上,要善于发现典型

要写新闻,就要搜集素材,掌握素材。但通讯的素材掌握并不像消息那样只掌握事实和背景材料就可以了,而是要特别注意发现典型人物和典型事件,有时甚至要捕捉一些有价值的细枝末节。

2. 在提炼主题上,要善于选择角度

一篇通讯的社会意义大小,首先在于它的主题是否深刻,而一篇通讯的耐读程度如何,往往取决于它的主题是否新颖。重大题材,意义当然深刻,也吸引人;但现实生活是广阔的,并非只有重大题材才可以写成通讯。因此,我们必须善于在事物的某一点或某一个片断上下功夫,挖掘出具有普遍意义的较为深刻的主题来。

3. 在布局谋篇上,要善于剪裁取舍

由于要具体、形象地反映新闻事实,所以通讯在安排文章结构上要比消息更讲究一些,要善于在大量的素材中选择最有意义的材料来写,这些最有意义的材料又要点面结合,详写典型事例,略写一般事例。如工作通讯例文中最能说明"赛场选马"的三个事例就是详写的,其他事例则略写,而竞争投标的一些准备工作、环节程序等一概而略。

4. 在表达方式上,要善于多种手法并用

通讯不仅要像消息那样用事实说话,而且要用形象说话,因而在表达上就不能只以叙述为主,而是要记叙、描写、议论、抒情多种手法并用。特别是一些篇幅短小的通讯,这些表现手法几乎没法分开,所以多呈现为"夹叙夹议"的方式。如事件通讯例文的写法,记叙、描写、议论、抒情都有,但又是紧密结合在一起的,几乎无法分开,写出了"参与"的准备之充分、场面之动人、意义之深远。

第四节 新闻特写

一、特写的概念及特点

特写是对某一特殊的事件、场景或片断加以集中、形象描写的新闻体裁,也有人称之为"新闻特写"或"散文特写"。

特写实际上是报告文学的一个特殊样式——短小、集中的报告文学,所以,也有人把它称作"小报告文学"。但由于它比报告文学短小、集中,写来就比较方便,运用也较灵活,因而也是新闻单位经常使用的一种文体。

特写与通讯差不多,都是写真人真事的,而且都运用形象思维方法,生动形象地报道新闻事实。但二者也有一定的区别,其最大的区别是着眼点和落墨点不同:通讯是从"面"上着眼,所报道的内容都是比较全面、完整、详细,而特写是"点"上着眼,所报道的内容都是具体的"横断面"。

从文艺性方面看,特写与散文差不多,尤其是"散文性特写"几乎就与散文一样。但二者仍有区别:一是在取材范围上,特写一般都是人、事、物,而散文则无所不包;二是在内容虚实上,特写必须是真人、真事和真物,散文则不一定非这样不可,有些甚至可以是道听途说的,是想象的。

二、新闻特写的写作

特写从内容的不同看,有人物特写、事件特写、景物特写三种;但若按写作的时间性和表达的文艺性来分,则有"新闻性特写"和"散文性特写"两种。本章节主要介绍新闻性特写。

"新闻性特写"就是对新近发生的事实迅速而集中地进行报道的特写,由于这种特写写作迅速,所以用得较多一些。

这种特写,主要是因"事"而发,所以大多都是写某个事件的主要情节或具体片断的;其中当然也有侧重写人或场景的,但这里的"景"也是由"事"而变的景,这里的"人"也是由"事"而来的人。这也就是说,构成这种特写的线索就是"事",而且这个"事"必须是新近或刚刚发生的,是有意义的(或是有历史意义的,或是有现实意义的,或是有教育意义的)。因为这种特写的写作非常迅速,所以在艺术性上相对来说就稍差一些,只要能紧紧围绕这件"事"来写,并写得生动、具体、形象,使读者产生深刻的印象,并从中受到感染、启发或教育也就可以了。

当然,由于侧重点不同,不同内容的"新闻性特写"的具体写法也有区别:侧重写人的要详写人在"事"中的条件变化、心理变化,突出其精神面貌;侧重写事的要详写事件的发展和细节,突出事件的意义;侧重写景的,要详写景物的变化过程,突出景物的形象或画面。

【范例】 (新闻性特写)

一根都不能少

近日,吉林石化丙烯腈厂清理反应器检修任务接近尾声。负责项目质量和安全工作的老党员高启明,开始清点工具。

此前清理疏通反应器的空气分布板时,车间给施工单位提供了20根钢钎,但高启明发现,现在交回的只有19根。他一把拉住施工单位的负责人:"您留步,少了一根钎子。"

"不会吧,这玩意不能吃也不能喝,谁要它干啥?"对方不以为然:"可能送工具时掉半路上了,我派人找找,不会没的。"

"如果掉半路上我还真不急了,就怕你们把它忘在反应器里了。"高启明一脸的严肃和认真。

"我们这几天一直在这儿施工,哪天捡到了这根钢钎,就马上还回来,放心吧。"

"那不行,你们必须现在找。20根钢钎一根都不能少。我就在这儿等着!"高启明斩钉截铁。

"您也太小题大做了吧?"对方虽面有不悦,也只好应允,"行,我马上派人去找。"

等了半天也没回音,高启明坐不住了,如果钢钎落在反应器里,就等于把手术刀留在了人体里,日后开车十分危险。他甩开大步,朝施工现场走去。

到达现场后,高启明做好安全防护,一头扎进反应器,拿着手电筒开始仔细检查。反应器内空间狭小,转身都十分困难,他只能匍匐前进,爬一段,检查一段。

一个多小时过去了,空气分布板上1 353个小孔全部检查完毕,没有发现钢钎。

"会不会从孔洞掉到下面去了?"高启明不顾疲劳,又钻入反应器下部锥体内查找。

又一个多小时后,高启明终于在反应器底部找到了那根"躲猫猫"的钢钎,悬在他心里的石头,终于落了地。

拿着钢钎爬出反应器,正好遇到那位施工单位的负责人。看到高启明手中的钢钎,对方的脸,一下子红了……

中工网—工人日报(北京)

本章练习题

一、病例修改

下面是刊登于 2004 年 7 月 20 日《钱江晚报》A6 版的通讯员采写的一篇消息,看看这则消息存在什么问题。试着进行修改润色。

警民合作逮劫匪

本报讯 2004 年 7 月 18 日 17 时 50 分左右,在杭州下沙开发区景园小区内通过警民合力,在广大群众的围追堵截下,抢劫嫌疑人陶某在案发现场被抓获。

当日下午 17 时 50 分左右,一名陌生的男子在杭州下沙开发区景园小区内的环宇通讯手机店门口来回徘徊,当该男子等到店内只剩女店主一人时,突然冲入店内,并从身上掏出一把水果刀,将孟某的双手和脸部刺伤,抢得营业款约两千元后逃窜。女店主孟某忍着剧痛跑出店外大喊"有人抢东西,快抓坏人",民警朱菊华闻讯赶了过来,该男子没逃出百米,就被二三十名群众和朱菊华合力抓获。

经审查,嫌疑人陶飞(男,25 岁,浙江缙云县新建镇人),交代了抢劫的事实。目前陶飞已被月雅河派出所拘留,等待他的只有法律的严惩。

二、情景模拟

1. 阅读下面的消息,然后给它拟写引题和正题。

本报讯 "我的岗位目标是什么"、"我的成才计划如何制定",这些职业青年十分关心的问题,今后将由杭州市各级共青团组织来帮助解决。昨天,团市委全面启动"职业青年导航计划",为青年设计亮丽的职业生涯。

2004 年 7 月 18 日上午"职业生涯百堂导航课"拉开序幕,团市委特聘香港光华管理学院高级讲师、美国领导力研究中心认证讲师方永飞为全市 300 余名基层干部讲授"迈好职业生涯第一步"课程,从职场认知、职业态度、人际沟通等多个方面,深入浅出地向青年人传授如何适应职场需求的知识。7 月至 10 月团市委将开课 100 堂,培训青年 1.5 万人次,以"送课上门"的形式,根据各地各单位的实际和青年需求,到机关、社区、企业、市场等开展巡回讲课。

团市委还设计了"拜师学艺、师徒结对"活动,由团组织为职业青年找一位好师傅做青年人的职业生涯辅导师,今年计划安排师徒结对 300 对。同时,团市委与中国电信杭州分公司合作,开发"青年网络社区学院系统",预计 9 月份上线运行,全市青年可以实名制方式免费加入,选择自己喜爱的课程远程视频听课,资深职业辅导师还将"把脉号症",帮助青年制定职业发展计划。

(2004年7月19日《杭州日报》)

2. 根据新闻的写作要求,为下面这则新闻补写标题和导语。

标题:＿＿＿＿＿＿＿＿＿＿

导语:＿＿＿＿＿＿＿＿＿＿＿＿＿＿＿＿＿＿＿＿＿＿＿＿＿＿

昨天下午,记者再次赶赴泗县采访。一名家长告诉记者,目前仍然有近百名曾经注射过甲肝疫苗的学生住在泗县人民医院和中医院,其中20名左右的学生症状较重。同时,记者获悉,在此起接种甲肝疫苗事件中主要责任的泗县大庄镇防保所所长、副所长以及业务员已经被刑事拘留。

有关部门向记者透露,事件发生后,从合肥、南京赶来的专家会诊后初步认为,这些症状与疫苗量有直接关系。6月1日施行的《疫苗流通和预防接种管理条例》明确要求疾病预防控制机构在购买疫苗时,应当向疫苗生产企业或疫苗批发企业索取相关声明,以审核企业生产、销售疫苗的资质。

记者了解到,泗县政府在20日组成了由公安和药监两个部门的联合调查组赴浙江调查。调查结果显示,这批在泗县大庄镇出问题的疫苗确实来自浙江一公司。

与此同时,这批疫苗的来源及转销过程也调查清楚:疫苗由浙江生产厂家生产出厂,然后销售给滁州一家没有经营二类疫苗资质的个体商贩张鹏,张鹏以每支6元的价格销给大庄镇防保所,防保所再以每支25元的价格销售给学校。

3. 下面是某都市报2004年7月14日《副刊·读者记事》中的一则署名余成勇的市民来信,请据此写成一篇消息,标题自拟。

今日,我因公出差,在杭州城火车站第四候车室候车。突然,有个老人拖着行李箱走过来,坐在我身边的一个座位上。老人约六十多岁,衣着整洁,头发花白,架着一副眼镜,俨然一个老学究。老人问我几点了,我看了看手机,告诉了他。他说自己是山东大学中文系教授,彼此简单地介绍后,便开始了聊天。谈话中,老人始终面带微笑,正印古今中外先哲明言,偶尔还插几句英文,使我对他肃然起敬。

大约半个小时后,我要上车了。老人突然向我借车费,说他丢了钱。我很迟疑,会不会是骗子呢?老人说:"我都这把年纪了,女儿从大学毕业,也像你这么大了,怎么会骗你呢?不是实在没办法,我也不会这么做!我把联系方式给你,回家后马上给你寄回车费,再送你几本书!"结果,我给了他100元钱,彼此交换了联系方式。

上车后,我拨打老人留给我的手机号,是空号,这才发现自己被"老教授"温柔地宰了一刀。

附　录

附录一

党政机关公文处理工作条例

（中办发[2012]14号）
（2012年4月16日由中共中央办公厅和国务院办公厅联合印发）

第一章　总则

第一条　为了适应中国共产党机关和国家行政机关（以下简称党政机关）工作需要，推进党政机关公文处理工作科学化、制度化、规范化，制定本条例。

第二条　本条例适用于各级党政机关公文处理工作。

第三条　党政机关公文是党政机关实施领导、履行职能、处理公务的具有特定效力和规范体式的文书，是传达贯彻党和国家的方针政策，公布法规和规章，指导、布置和商洽工作，请示和答复问题，报告和交流情况等的重要工具。

第四条　公文处理工作是指公文拟制、办理、管理等一系列相互关联、衔接有序的工作。

第五条　公文处理工作应当坚持实事求是、准确规范、精简高效、安全保密的原则。

第六条　各级党政机关应当高度重视公文处理工作，加强组织领导，强化队伍建设，设立文秘部门或者由专人负责公文处理工作。

第七条　各级党政机关办公厅（室）主管本机关的公文处理工作，对下级机关的公文处理工作进行业务指导和督促检查。

第二章　公文种类

第八条　公文种类主要有：

（一）决议。适用于会议讨论通过的重大决策事项。

（二）决定。适用于对重要事项作出决策和部署、奖惩有关单位和人员、变更或者撤销下级机关不适当的决定事项。

（三）命令（令）。适用于公布行政法规和规章、宣布施行重大强制性措施、批准授予和晋升衔级、嘉奖有关单位和人员。

（四）公报。适用于公布重要决定或者重大事项。

（五）公告。适用于向国内外宣布重要事项或者法定事项。

（六）通告。适用于在一定范围内公布应当遵守或者周知的事项。

（七）意见。适用于对重要问题提出见解和处理办法。

（八）通知。适用于发布、传达要求下级机关执行和有关单位周知或者执行的事项，批转、转发公文。

（九）通报。适用于表彰先进、批评错误、传达重要精神和告知重要情况。

（十）报告。适用于向上级机关汇报工作，反映情况，回复上级机关的询问。

（十一）请示。适用于向上级机关请求指示、批准事项。

（十二）批复。适用于答复下级机关请示事项。

（十三）议案。适用于各级人民政府按照法律程序向同级人民代表大会或者人民代表大会常务委员会提请审议事项。

（十四）函。适用于不相隶属机关之间商洽工作、询问和答复问题、请求批准和答复审批事项。

（十五）纪要。适用于记载会议主要情况和议定事项。

第三章　公文格式

第九条　公文一般由份号、密级和保密期限、紧急程度、发文机关标志、发文字号、签发人、标题、主送机关、正文、附件说明、发文机关署名、成文日期、印章、附注、附件、抄送机关、印发机关和印发日期、页码等组成。

（一）份号。公文印制份数的顺序号。涉密公文应当标注份号。

（二）密级和保密期限。公文的秘密等级和保密的期限。涉密公文应当根据涉密程度分别标注"绝密""机密""秘密"和保密期限。

（三）紧急程度。公文送达和办理的时限要求。根据紧急程度，紧急公文应当分别标注"特急"、"加急"，电报应当分别标注"特提""特急""加急""平急"。

（四）发文机关标志。由发文机关全称或者规范化简称加"文件"二字组成，也可以使用发文机关全称或者规范化简称。联合行文时，发文机关标志可以并用联合发文机关名称，也可以单独用主办机关名称。

（五）发文字号。由发文机关代字、年份、发文顺序号组成。联合行文时，使用主办机关的发文字号。

（六）签发人。上行文应当标注签发人姓名。

（七）标题。由发文机关名称、事由和文种组成。

（八）主送机关。公文的主要受理机关，应当使用机关全称、规范化简称或者同类型机关统称。

（九）正文。公文的主体，用来表述公文的内容。

（十）附件说明。公文附件的顺序号和名称。

（十一）发文机关署名。署发文机关全称或者规范化简称。

（十二）成文日期。署会议通过或者发文机关负责人签发的日期。联合行文时，署最后签发机关负责人签发的日期。

（十三）印章。公文中有发文机关署名的，应当加盖发文机关印章，并与署名机关相符。有特定发文机关标志的普发性公文和电报可以不加盖印章。

（十四）附注。公文印发传达范围等需要说明的事项。

（十五）附件。公文正文的说明、补充或者参考资料。

（十六）抄送机关。除主送机关外需要执行或者知晓公文内容的其他机关，应当使用机关全称、规范化简称或者同类型机关统称。

（十七）印发机关和印发日期。公文的送印机关和送印日期。

（十八）页码。公文页数顺序号。

第十条　公文的版式按照《党政机关公文格式》国家标准执行。

第十一条　公文使用的汉字、数字、外文字符、计量单位和标点符号，按照有关国家标准和规定执行。民族自治地方的公文，可以并用汉字和当地通用的少数民族文字。

第十二条　公文用纸幅面采用国际标准 A4 型。特殊形式的公文用纸幅面，根据实际需要确定。

第四章　行文规则

第十三条　行文应当确有必要，讲求实效，注重针对性和可操作性。

第十四条　行文关系根据隶属关系和职权范围确定。一般不得越级行文，特殊情况需要越级行文的，应当同时抄送被越过的机关。

第十五条　向上级机关行文，应当遵循以下规则：

（一）原则上主送一个上级机关，根据需要同时抄送其他相关上级机关和同级机关，不抄送下级机关。

（二）党委、政府的部门向上级主管部门请示、报告重大事项，应当经本级党委、政府同意或者授权，属于部门职权范围内的事项应直接报送上级主管部门。

（三）下级机关的请示事项，如需以本机关名义向上级机关请示，应当提出倾向性意见后上报。不得原文转报上级机关。

（四）请示应当一文一事，不得在报告等非请示性公文中夹带请示事项。

（五）除上级机关负责人直接交办事项外，不得以本机关名义向上级机关负责人报送公文，也不得以本机关负责人名义向上级机关报送公文。

（六）受双重领导的机关向一个上级机关行文，必要时应当抄送另一个上级机关。

（七）不符合行文规则的上报公文，上级机关的文秘部门可退回下级呈报机关。

第十六条　向下级机关行文，应当遵循以下规则：

（一）主送受理机关，根据需要抄送相关机关。重要行文应当同时抄送发文机关的直接上级机关。

（二）党委、政府的办公厅（室）根据本级党委、政府授权，可以向下级党委、政府行文，其他部门和单位不得向下级党委、政府发布指令性公文或者在公文中向下级党委、政府提出指令性要求。需经政府审批的具体事项，经政府同意可由政府职能部门行文，文中需注明已经政府同意。

（三）党委、政府的部门在各自职权范围内可以向下级党委、政府的相关部门行文。

（四）涉及多个部门职权范围内的事务，部门之间未协商一致的，不得向下行文；擅自行文的，上级机关应当责令其纠正或者撤销。

（五）上级机关向受双重领导的下级机关行文，必要时抄送该下级机关的另一个上级机关。

第十七条　同级党政机关、党政机关与其他同级机关必要时可以联合行文。属于党委、政府各自职权范围内的工作，不得联合行文。党委、政府的部门依据职权可以相互行文。部门内设机构除办公厅（室）外不得对外正式行文。

第五章　公文拟制

第十八条　公文拟制包括公文的起草、审核、签发等程序。

第十九条　公文起草应当做到：

（一）符合国家的法律法规和党的路线方针政策，完整准确体现发文机关意图，并同现行有关公文相衔接。

（二）一切从实际出发，分析问题实事求是，所提政策措施和办法切实可行。

（三）内容简洁，主题突出，观点鲜明，结构严谨，表述准确，文字精练。

（四）文种正确，格式规范。

（五）公文涉及其他部门职权范围事项的，起草单位必须征求相关部门意见，力求达成一致。

（六）深入调查研究，充分进行论证，广泛听取意见。

（七）机关负责人应当主持、指导重要公文起草工作。

第二十条　公文文稿签发前，应当由发文机关办公厅（室）进行审核。审核的重点是：

（一）行文理由是否充分，行文依据是否准确。

(二)内容是否符合国家法律法规和党的路线方针政策;是否完整准确体现发文机关意图;是否同现行有关公文相衔接;所提政策措施和办法是否切实可行。

(三)涉及有关地区或者部门职权范围的事项是否经过充分协商并达成一致意见。

(四)文种是否正确,格式是否规范;人名、地名、时间、数字、段落顺序、引文等是否准确;文字、数字、计量单位和标点符号等用法是否符合规定。

(五)其他内容是否符合公文起草的有关要求。

需要发文机关审议的重要公文文稿,审议前由发文机关办公厅(室)进行初核。

第二十一条 经审核不宜发文的公文文稿,应当退回起草单位并说明理由;符合发文条件但内容需作进一步研究和修改的,由起草单位修改后重新报送。

第二十二条 公文应当经本机关负责人审批签发。重要公文和上行文由机关主要负责人签发。党委、政府的办公厅(室)根据党委、政府授权制发的公文,由受权机关主要负责人签发或者按照有关规定签发。签发人签发公文,应当签署意见、姓名和完整日期;圈阅或者签名的,视为同意。联合行文由所有联署机关的负责人会签。

第六章 公文办理

第二十三条 公文办理包括收文办理、发文办理和整理归档。

第二十四条 收文办理主要程序是:

(一)签收。对收到的公文应当逐件清点,核对无误后签字或者盖章,并注明签收时间。

(二)登记。对公文的主要信息和办理情况应当详细记载。

(三)初审。对收到的公文应当进行初审。初审的重点是:是否应当由本机关办理,是否符合行文规则,文种、格式是否符合要求,涉及其他地区或者部门职权范围的事项是否已经协商、会签;是否符合公文起草的其他要求。经初审不符合规定的公文,应当及时退回来文单位并说明理由。

(四)承办。阅知性公文应当根据公文内容、要求和工作需要确定范围后分送。批办性公文应当提出拟办意见报本机关负责人批示或者转有关部门办理;需要两个以上部门办理的,应当明确主办部门。紧急公文应当明确办理时限。承办部门对交办的公文应当及时办理,有明确办理时限要求的应当在规定时限内办理完毕。

(五)传阅。根据领导批示和工作需要将公文及时送传阅对象阅知或者批示。办理公文传阅应当随时掌握公文去向,不得漏传、误传、延误。

(六)催办。及时了解掌握公文的办理进展情况,督促承办部门按期办结。紧急公文或者重要公文应当由专人负责催办。

(七)答复。公文的办理结果应当及时答复来文单位,并根据需要告知相关单位。

第二十五条 发文办理主要程序是:

(一)复核。已经发文机关负责人签批的公文,印发前应当对公文的审批手续、内容、文种、格式等进行复核；需作实质性修改的,应当报原签批人复审。

（二）登记。对复核后的公文,应当确定发文字号、分送范围和印制份数并详细记载。

（三）印制。公文印制必须确保质量和时效。涉密公文应当在符合保密要求的场所印制。

（四）核发。公文印制完毕,应当对公文的文字、格式和印刷质量进行检查后分发。

第二十六条　涉密公文应当通过机要交通、邮政机要通信、城市机要文件交换站或者收发件机关机要收发人员进行传递,通过密码电报或者符合国家保密规定的计算机信息系统进行传输。

第二十七条　需要归档的公文及有关材料,应当根据有关档案法律法规及机关档案管理规定,及时收集齐全、整理归档。两个以上机关联合办理的公文,原件由主办机关归档,相关机关保存复制件。机关负责人兼任其他机关职务的,在履行所兼职务过程中形成的公文,由其兼职机关归档。

第七章　公文管理

第二十八条　各级党政机关应当建立健全本机关公文管理制度,确保管理严格规范,充分发挥公文效用。

第二十九条　党政机关公文由文秘部门或者专人统一管理。设立党委（党组）的县级以上单位应建立机要保密室和机要阅文室,并按有关保密规定配备工作人员和必要的安全保密设施。

第三十条　公文确定密级前,应当按照拟定的密级先行采取保密措施。确定密级后,应当按照所定密级严格管理。绝密级公文应当由专人管理。公文的密级需要变更或者解除的,由原确定密级的机关或者其上级机关决定。

第三十一条　公文的印发传达范围应当按照发文机关的要求执行;需要变更的,应当经发文机关批准。涉密公文公开发布前应当履行解密程序。公开发布的时间、形式和渠道,由发文机关确定。经批准公开发布的公文,同发文机关正式制发的公文具有同等效力。

第三十二条　复制、汇编机密级、秘密级公文,应当符合有关规定并经本机关负责人批准。绝密级公文一般不得复制、汇编,确有工作需要的,应当经发文机关或者其上级机关批准。复制、汇编的公文视同原件管理。

复制件应当加盖复制机关戳记。翻印件应当注明翻印的机关名称、日期。汇编本的密级按照编入公文的最高密级标注。

第三十三条　公文的撤销和废止,由发文机关、上级机关或者权力机关根据职权范围和有关法律法规决定。公文被撤销的,视为自始无效;公文被废止的,视为自废止之日起失效。

第三十四条　涉密公文应当按照发文机关的要求和有关规定进行清退或者销毁。

第三十五条　不具备归档和保存价值的公文,经批准后可以销毁。销毁涉密公文必须严格按照有关规定履行审批登记手续,确保不丢失、不漏销。个人不得私自销毁、留存涉密公文。

第三十六条　机关合并时,全部公文应当随之合并管理;机关撤销时,需要归档的公文整理后按照有关规定移交档案管理部门。

工作人员调离岗位时,所在机关应当督促其将暂存、借用的公文按照有关规定移交、清退。

第三十七条　新设立的机关应当向党委、政府的办公厅(室)提出发文立户申请。经审查符合条件的,列为发文单位,机关合并或者撤销时,相应进行调整。

第八章　附　则

第三十八条　党政机关公文含电子公文。电子公文处理工作的具体办法另行制定。

第三十九条　法规、规章方面的公文,依照有关规定处理。外事方面的公文,依照外事主管部门的有关规定处理。

第四十条　其他机关和单位的公文处理工作,可以参照本条例执行。

第四十一条　本条例由中共中央办公厅、国务院办公厅负责解释。

第四十二条　本条例自2012年7月1日起施行。1996年5月3日中共中央办公厅印发的《中国共产党机关公文处理条例》和2000年8月24日国务院发布的《国家行政机关公文处理办法》停止执行。

附录二

国家行政机关公文格式

中华人民共和国国家标准 GB/T 9704—1999

1 范围

本标准规定了国家行政机关公文通用的纸张要求、印刷要求、公文中各要素排列顺序和标识规则。

本标准适用于国家各级行政机关制发的公文。其他机关公文可参照执行。

使用少数民族文字印制的公文,其格式可参照本标准按有关规定执行。

2 引用标准

下列标准所包含的条文,通过在本标准中引用而构成为本标准的条文。本标准出版时,所示版本均为有效。所有标准都会被修订,使用本标准的各方应探讨使用下列标准最新版本的可能性。

GB/T148-1997 印刷、书写和绘图纸幅面尺寸

3 定义

本标准采用下列定义。

3.1 字 Word

标识公文中横向距离的长度单位。一个字指一个汉字所占空间。

3.2 行 line

标识公文中纵向距离的长度单位。本标准以3号字高度加3号字高度7/8倍的距离为一基准行;公文标题以2号字高度加2号字高度7/8倍的距离为一基准行。

4 公文用纸主要技术指标

公文用纸一般使用纸张定量为 60 g/m^2 ~ 80 g/m^2 的胶版印刷纸或复印纸。纸张白度为 85% ~ 90%,横向耐折度≥15次,不透明度≥85%,pH值为7.5~9.5。

5 公文用纸幅面及版面尺寸

5.1 公文用纸幅面尺寸

公文用纸采用 GB/T 148 中规定的 A4 型纸,其成品幅面尺寸为:210mm×297mm,尺寸的允许偏差见 GB/T 148。

5.2 公文页边与版心尺寸

公文用纸天头(上白边)为:37mm±1mm

公文用纸订口(左白边)为:28mm±1mm

版心尺寸为:156mm×225mm(不含页码)

6 公文中图文的颜色
未作特殊说明公文中图文的颜色均为黑色。

7 排版规格与印制装订要求

7.1 排版规格
正文用3号仿宋体字,文中如有小标题可用3号小标宋体字或黑体字,一般每面排22行,每行排28个字。

7.2 制版要求
版面干净无底灰,字迹清楚无断划,尺寸标准,版心不斜,误差不超过1mm。

7.3 印刷要求
双面印刷,页码套正,两面误差不得超过2mm。黑色油墨应达到色谱所标BL100%,红色油墨应达到色谱所标Y80%,M80%。印品着墨实、均匀;字面不花、不白、无断划。

7.4 装订要求
公文应左侧装订,不掉页。包本公文的封面与书芯不脱落,后背平整、不空。两页页码之间误差不超过4mm。骑马订或平订的订位为两钉钉锯外订眼距书芯上下各1/4处,允许误差±4mm。平订钉锯与书脊间的距离为3mm~5mm;无坏钉、漏钉、重钉,钉脚平伏牢固;后背不可散页明订。裁切成品尺寸误差±1mm,四角成90°,无毛茬或缺损。

8 公文中各要素标识规则
本标准将组成公文的各要素划分为眉首、主体、版记三部分。置于公文首页红色反线(宽度同版心,即156mm)以上的各要素统称眉首;置于红色反线(不含)以下至主题词(不含)之间的各要素统称主体;置于主题词以下的各要素统称版记。

8.1 眉首

8.1.1 公文份数序号
公文份数序号是将同一文稿印制若干份时每份公文的顺序编号。如需标识公文份数序号,用阿拉伯数码顶格标识在版心左上角第1行。

8.1.2 秘密等级和保密期限
如需标识秘密等级,用3号黑体字,顶格标识在版心右上角第1行,两字之间空1字;如需同时标识秘密等级和保密期限,用3号黑体字,顶格标识在版心右上角第1行,秘密等级和保密期限之间用"★"隔开。

8.1.3 紧急程度
如需标识紧急程度,用3号黑体字,顶格标识在版心右上角第1行,两字之间空1字;如需同时标识秘密等级与紧急程度,秘密等级顶格标识在版心右上角第1行,紧急程度顶格标识在版心右上角第2行。

8.1.4 发文机关标识
由发文机关全称或规范化简称后面加"文件"组成;对一些特定的公文可只标识发文机关

全称或规范化简称。发文机关标识上边缘至版心上边缘为 25 mm。对于上报的公文,发文机关标识上边缘至版心上边缘为 80 mm。

发文机关标识推荐使用小标宋体字,用红色标识。字号由发文机关以醒目美观为原则酌定,但最大不能等于或大于 22 mm×15 mm。

联合行文时应使主办机关名称在前,"文件"二字置于发文机关名称右侧,上下居中排布;如联合行文机关过多,必须保证公文首页显示正文。

8.1.5 发文字号

发文字号由发文机关代字、年份和序号组成。发文机关标识下空 2 行,用 3 号仿宋体字,居中排布;年份、序号用阿拉伯数码标识;年份应标全称,用六角括号"〔〕"括入;序号不编虚位(即 1 不编为 001),不加"第"字。

发文字号之下 4 mm 处印一条与版心等宽的红色反线。

8.1.6 签发人

上报的公文需标识签发人姓名,平行排列于发文字号右侧。发文字号居左空 1 字,签发人姓名居右空 1 字;签发人用 3 号仿宋体字,签发人后标全角冒号,冒号后用 3 号楷体字标识签发人姓名。

如有多个签发人,主办单位签发人姓名置于第 1 行,其他签发人姓名从第 2 行起在主办单位签发人姓名之下按发文机关顺序依次顺排,下移红色反线,应使发文字号与最后一个签发人姓名处在同一行并使红色反线与之的距离为 4mm。

8.2 主体

8.2.1 公文标题

红色反线下空 2 行,用 2 号小标宋体字,可分一行或多行居中排布。回行时,要做到词意完整,排列对称,间距恰当。

8.2.2 主送机关

标题下空 1 行,左侧顶格用 3 号仿宋体字标识,回行时仍顶格,最后一个主送机关名称后标全角冒号。如主送机关名称过多而使公文首页不能显示正文时,应将主送机关名称移至版记中的主题词之下、抄送之上,标识方法同抄送。

8.2.3 公文正文

主送机关名称下一行,每自然段左空 2 字,回行顶格。数字、年份不能回行。

8.2.4 附件

公文如有附件,在正文下空 1 行,左空 2 字用 3 号仿宋体字标识"附件",后标全角冒号和名称。附件如有序号使用阿拉伯数码(如"附件:1.××××××"),附件名称后不加标点符号。附件应与公文正文一起装订,并在附件左上角第 1 行顶格标识"附件",有序号时标识序号。附件的序号和名称前后标识应一致。如附件与公文正文不能一起装订,应在附件左上角第 1 行顶格标识公文的发文序号并在其后标识附件(或带序号)。

8.2.5 成文时间

用汉字将年、月、日标全;"零"写为"〇";成文时间的标识位置见 8.2.6。

8.2.6 公文生效标识

8.2.6.1 单一发文印章

单一机关制发的公文在落款处不署发文机关名称,只标识成文时间。成文时间右空 4 字,加盖印章应上距正文 1 行之内,端正、居中下压成文时间,印章用红色。

当印章下弧无文字时,采用下套方式,即仅以下弧压在成文时间上。

当印章下弧有文字时,采用中套方式,即印章中心线压在成文时间上。

8.2.6.2 联合行文印章

当联合行文需加盖两个印章时,应将成文时间拉开,左右各空 7 字。主办机关印章在前,两个印章均压成文时间,印章用红色。只能采用同种加盖印章方式,以保证印章排列整齐。两印章之间不相交或相切,相距不超过 3 mm。

当联合行文需加盖 3 个以上印章时,为防止出现空白印章,应将各发文机关名称(可用简称)排在发文时间和正文之间。主办机关印章在前,每排最多排 3 个印章,两端不得超出版心;最后一排如余一个或两个印章,均居中排布;印章之间互不相交或相切,在最后一排印章之下右空 2 字标识成文时间。

8.2.6.3 特殊情况说明

当公文排版后所剩空白处不能容下印章位置时,应采取调整行距、字距的措施加以解决,务使印章与正文同处一面,不得采取标识"此页无正文"的方法解决。

8.2.7 附注

公文如有附注,用 3 号仿宋体字,居左空 2 号字加圆括号标识在成文时间下一行。

8.3 版记

8.3.1 主题词

"主题词"用 3 号黑体字,居左顶格标识,后标全角冒号词目用 3 号小标宋体字,词目之间空 1 字。

8.3.2 抄送机关

公文如有抄送,在主题词下一行,左空 1 字用 3 号仿宋体字标识"抄送",后标全角冒号,回行时与冒号后的抄送机关对齐,在最后一个抄送机关后标句号。如主送机关移至主题词之下,标识方法同抄送机关。

8.3.3 印发机关和印发日期

位于抄送机关之下(无抄送机关在主题词之下)占 1 行位置,用 3 号仿宋体字。印发机关左空 1 字,印发日期右空 1 字。印发日期以公文付印的日期为准,用阿拉伯数码标识。

8.3.4 版记中的反线

版记中各要素之下均加一条反线,宽度同版心。

8.3.5 版记的位置
版记应置于公文最后一页，版记的最后一个要素置于最后一行。

9 页码
用4号半角白体阿拉伯数码标识，置于版心下边缘之下一行，数码左右各放一条4号一字线，一字线距离版心下边缘7mm。单页码居右空1字，双页码居左空1字。空白页和空白页以后的页不标识页码。

10 公文中表格
公文如需附表，对横排A4纸型表格，应将页码放在横表的左侧，单页码置于表的左下角，双页码置于表的左上角，单页码表头在订口一边，双页码表头在切口一边。

公文如需附A3纸型表格，且当最后一页为A3纸型表格时，封三、封四（可放分送，不放页码）就为空白，将A3纸型表格贴在封三前，不应贴在文件最后一页（封四）上。

11 公文的特定格式

11.1 信函式格式
发文机关名称上边缘距上页边的距离为30 mm，推荐用小标宋体字，字号由发文机关酌定；发文机关全称下4 mm处为一条武文线（上粗下细），距下页边20 mm处为一条文武线（上细下粗），两条线长均为170 mm。每行居中排28个字。首页不显示页码。发文机关名称及双线均印红色。发文字号置于武文线下1行版心右边缘顶格标识。发文字号下空1行标识公文标题。如需标识秘密等级或紧急程度，可置于武文线下1行版心左边缘顶格标识。两线之间各要素的标识方法从本标准相应要素说明。

11.2 命令格式
命令标识由发文机关名称加"命令"或"令"组成，用红色小标宋体字，字号由发文机关酌定。命令标识上边缘距版心上边缘20 mm，下边缘空2行居中标识令号；令号下空2行标识正文；正文下空1行右空4字标识签发人签名章，签名章左空2字标识签发人职务；联合发布的命令或令的签发人职务应标识全称。在签发人签名章下一行右空2字标识成文时间。分送机关标识方法同抄送机关。其他要素从本标准相关要素说明。

11.3 会议纪要格式
会议纪要标识由"×××××会议纪要"组成。其标识位置同8.1.4，用红色小标宋体字，字号由发文机关酌定。会议纪要不加盖印章。其他要素从本标准相关要素说明。（国家质量技术监督局1999-12-27批准发布，2000-01-01实施。）

附录三

国务院公文主题词表

01 综合经济(77个)
01A 计划
  规划 统计 指标 分配
  统配 调拨
01B 经济管理
  经济 管理 调整 调控
  控制 结构 制度 所有制
  股份制 责任制 流通 产业
  行业 改革 改造 竞争
  兼并 开放 开发 协作
  资源 土地 资产 资料
  产权 物价 价格 投资
  招标 经营 生产 转产
  项目 产品 质量 承包
  租赁 合同 包干 国有
  国营 私营 集体 个体
  企业 公司 集团 合作社
  普查 工商 商标 注册
  广告 监督 增产 效益
  节约 浪费 破产 亏损
  特区 开发区 保税区 展销
  展览
  商品化 横向联系 第三产业 生产资料

02 工交、能源、邮电(69个)
02A 工业
  冶金 钢铁 地矿 机械
  汽车 电子 电器 仪器
  仪表 化工 航天 航空
  核工 船舶 兵器 军区

轻工　有色金属　盐业　食品
　　印刷　包装　手工业　纺织
　　服装　丝绸　设备原料　材料
　　加工
02B 交通
　　铁路　公路　桥梁　民航
　　机场　航线　航道　空中管制
　　飞机　港口　码头　口岸
　　车站　车辆　运输　旅客
02C 能源
　　石油　煤炭　电力　燃料
　　天然气　煤气　沼气
02D 邮电
　　通信　电信　邮政　网络
　　数据
　　民品　厂矿　空运　三线　通讯　水运　运费

03 旅游、城乡建设、环保(42个)
03A 旅游
03B 服务业
　　饮食业　宾馆
03C 城乡建设
　　城市　乡镇　基建　建设
　　建筑　建材　勘察　测绘
　　设计　市政　公用事业　监理
　　环卫　征地　工程　房地产
　　房屋　住宅　装修　设施
　　出让　转让　风景名胜　园林
　　岛屿
03D 环保
　　保护区　植物　动物　污染
　　生态　生物
　　风景　饭店　城乡　国土　沿海

04 农业、林业、水利、气象(56个)
04A 农业
  农村　农民　农民负担　农场
  农垦　粮食　棉花　油料
  生猪　蔬菜　糖料　烟草
  水产　渔业　水果　经济作物
  农副产品　副业　畜牧业　乡镇企业
  农膜　种子　化肥　农药
  饲料　灾害　以工代赈　扶贫
04B 林业
  绿化　木材　森林　草原
  防沙治沙
04C 水利
  河流　湖泊　滩涂　水库　水域
  流域　水土保持　节水　防汛
  抗旱　三峡
04D 气象
  气候　预报　预测
  烟酒　土特产　有机肥　多种经营　牧业

05 财政、金融(57个)
05A 财政
  预算　决算　核算　收支
  财务　会计　税务　税率
  审计　债务　积累　经费
  集资　收费　资金　基金
  租金　拨款　利润　补贴
  折旧费　附加费　固定资产
05B 金融
  银行　货币　黄金　白银
  存款　贷款　信贷　贴现
  通货膨胀　交易　期货　利率
  利息　贴息　外汇　外币
  汇率　债券　证券　股票

彩票　信托　保险　赔偿
信用社
现金　留成　流动资金　储蓄　费用　侨汇　折旧率

06 贸易(52 个)
06A 商业
　　商品　物资　收购　定购
　　购置　市场　集贸　酒类
　　副食品　日用品　销售　消费
　　批发　供应　零售　拍卖
　　专卖　订货　营业　仓库
　　储备　储运　货物
06B 外贸
　　对外援助　军贸　进口　出口
　　引进　海关　缉私　仲裁
　　商检　外商　外资　合资
　　合作　关贸　许可证　驻外企业
　　贸易　倒卖　外向型　议购　议售　垄断　经贸　贩运　票证　外经　交易会

07 外事(42 个)
07A 外交
　　对外政策　对外关系　领土　领空
　　领海　外交人员　建交　公约
　　大使　领事　条约　协定
　　协议　议定书　备忘录　照会
　　国际　涉外事务　抗议
07B 外事
　　国际会议　国际组织　对外宣传　出访
　　出国　出入境　签证　护照
　　邀请　来访　谈判　会谈
　　会见　接见　招待会　宴会
　　外国人　外宾　对外友协　外国专家
　　涉外

08 公安、司法、监察(46个)
08A 公安
警察　武警　警衔　治安
非法组织　安全　保卫　禁毒
消防　防火　检查　扫黄
案件　处罚　户口　证件
事件　危险品　游行　海防
边防　边界　边境

08B 司法
政法　法制　法律　法院
律师　检察　程序　公证
劳改　劳教　监狱

08C 监察
廉政建设　审查　纪检　执法
行贿　受贿　贪污　处分
侦破

09 民政、劳动人事(85个)
09A 民政
基层政权　选举　行政区划　地名
人口　双拥工作　社会保障　社团
救灾　救济　募捐　婚姻
移民　抚恤　慰问　调解
老龄问题　烈士　纠纷　残疾人
基地　殡费　社区服务

09B 机构
驻外机构　体制　职能　编制
精简　更名

09C 人事
行政人员　干部　公务员　考核
录用　职工　家属　子女
知识分子　专家　参事　院士
文史馆员　履历　聘任　任免
辞退　退职　职称　待遇

离休　退休　交流　安置
　　调配　模范　表彰　奖励
09D 劳动
　　就业　失业　招聘　合同制
　　工人　保护　劳务　第二职业
　　事故
09E 工资
　　津贴　奖金　福利　收入
　　老年　简历　劳资　人才　招工　待业　补助　拥军优属　丧葬　奖惩

10 科、教、文、卫、体(73个)
10A 科技
　　科学　技术　科普　科研
　　鉴定　标准　计量　专利
　　发明　实验　情报　计算机
　　自动化　信息　卫星　地震
　　海洋
10B 教育
　　学校　教师　招生　学生
　　培训　毕业　学位　留学
　　教材　校办企业
10C 文化
　　文字　文史　文学　语言
　　艺术　古籍　图书　宣传
　　广播　电视　电影　出版
　　版权　报刊　新闻　音像
　　文物　古迹　纪念物　电子出版物
10D 卫生
　　医院　中医　医疗　医药
　　药材　防疫　疾病　计划生育
　　妇幼保健　检验　检疫
10E 体育
　　运动员　教练员　运动会　比赛
　　馆所　院校　校舍　地方志　软科学　社科

11 国防(24个)
11A 军事
军队 国防 空军 海军
征兵 服役 转业 民兵
预备役 军衔 复员 文职
后勤 装备 战备 作战
训练 防空 军需 武器
弹药 人武
退伍

12 秘书、行政(74个)
12A 文秘工作
机关 国旗 国徽 机要
印章 信访 督察 保密
公文 档案 会议 文件
秘书 电报 提案 议案
谈话 讲话 总结 批示
汇报 建议 意见 文章
题词 章程 条例 办法
细则 规定 方案 布告
决议 命令 决定 指示
公告 通告 通知 通报
报告 请示 批复 函
会议纪要

12B 行政事务
行政 工作制度 纪念活动 庆典活动
休假 节假日 着装 参观
接待 措施 调查 视察
考察 礼品 馈赠 服务
出席 发言 转发 名单 批准 审批 信函 事务 活动 纪要 督察

13 综合党团(54个)
13A 党派团体
共产党 民主党派 共青团 团体

　　　　工会　　协会学会　　民间组织　　文联
　　　　学联　　妇女　　儿童　　基金会
13B 统战
　　　　政协　　民主人士　　爱国人士
13C 民族
　　　　民族区域自治　　民主事务
13D 宗教
　　　　寺庙
13E 侨务
　　　　外籍华人　　归侨　　侨乡
13F 港澳台
　　　　香港问题　　澳门问题　　台湾问题
13G 综合
　　　　整顿　　形势　　社会　　精神文明
　　　　法人　　发展　　其他　　试点
　　　　推广　　青年　　政治　　范围　　党派　　组织　　领导　　方针　　政策　　党风　　事业　　咨询　　中心
清除

附表

01 中国行政区域(54个)

01A 华北地区
  北京　天津　河北　山西
  内蒙古

01B 东北地区
  辽宁　吉林　黑龙江

01C 华东地区
  上海　江苏　浙江　安徽
  福建　江西　山东

01D 中南地区
  河南　湖北　湖南　广东
  广西　海南

01E 西南地区
  四川　贵州　云南　西藏
  重庆

01F 西北地区
  陕西　甘肃　青海　宁夏
  新疆

01G 台湾

01H 香港

01I 澳门

  哈尔滨　沈阳　大连　青岛　厦门　宁波　武汉　广州　深圳　海南岛　西安　单列市
 省市　自治区

02 世界行政区域(244个)

02A 亚洲
  中国　蒙古　朝鲜　韩国
  日本　越南　老挝　柬埔寨
  缅甸　泰国　马来西亚　新加坡
  文莱　菲律宾　印度尼西亚　东帝汶
  尼泊尔　锡金　不丹　孟加拉国
  印度　斯里兰卡　马尔代夫　哈萨克斯坦

吉尔吉斯斯坦　塔吉克斯坦　乌兹别克斯坦　土库曼斯坦
　　格鲁吉亚　阿塞拜疆　亚美尼亚　巴基斯坦
　　阿富汗　伊朗　科威特　沙特阿拉伯
　　巴林　卡塔尔　阿联酋　阿曼
　　也门　伊拉克　叙利亚　黎巴嫩
　　约旦　巴勒斯坦　以色列　塞浦路斯
　　土耳其

02B 欧洲
　　冰岛　法罗群岛　丹麦　挪威
　　瑞典　芬兰　爱沙尼亚　拉脱维亚
　　立陶宛　俄罗斯　白俄罗斯　乌克兰
　　摩尔多瓦　波兰　捷克　斯洛伐克
　　匈牙利　德国　奥地利　列支敦士登
　　瑞士　荷兰　比利时　卢森堡
　　英国　爱尔兰　法国　摩纳哥
　　安道尔　西班牙　葡萄牙　意大利
　　梵蒂冈　圣马力诺　马耳他　南斯拉夫
　　斯洛文尼亚　克罗地亚　波黑　马其顿
　　罗马尼亚　保加利亚　阿尔巴尼亚　希腊

02C 非洲
　　埃及　利比亚　突尼斯　阿尔及利亚
　　摩洛哥　西撒哈拉　毛里塔尼亚　塞内加尔
　　冈比亚　马里　布基纳法索　佛得角
　　几内亚比绍　几内亚　塞拉利昂　利比里亚
　　科特迪瓦　加纳　多哥　贝宁
　　尼日尔　尼日利亚　喀麦隆　赤道几内亚
　　乍得　中非　苏丹　埃塞俄比亚
　　吉布提　索马里　肯尼亚　乌干达
　　坦桑尼亚　卢旺达　布隆迪　刚果民主共和国
　　刚果　加蓬　厄立特里亚　圣多美和普林西比
　　安哥拉　赞比亚　马拉维　莫桑比克
　　科摩罗　马达加斯加　塞舌尔　毛里求斯
　　留尼汪　津巴布韦　博茨瓦纳　纳米比亚
　　南非　斯威士兰　莱索托　圣赫勒拿

02D 大洋洲

澳大利亚　新西兰　巴布亚新几内亚　所罗门群岛
瓦努阿图　新喀里多尼亚　斐济　基里巴斯　瑙鲁
密克罗尼西亚联邦　马绍尔群岛共和国　帕劳　北马里亚纳群岛自由联邦
关岛　瓦利斯群岛和富图纳群岛　图瓦卢　西萨摩亚
美属萨摩亚　纽埃　托克劳　库克群岛
汤加　法属波利尼西亚　皮特凯恩群岛

02E 美洲

格陵兰　加拿大　圣皮埃尔和密克隆　美国
百慕大　墨西哥　危地马拉　伯利兹
萨尔瓦尔　洪都拉斯　尼加拉瓜　哥斯达黎加
巴拿马　巴哈马　特克斯群岛和凯科斯群岛　古巴
开曼群岛　牙买加　海地　多米尼加
波多黎各　美属维尔京群岛　英属维尔京群岛　圣其茨和
尼维斯　安圭拉　安提瓜和巴布达　蒙特塞拉特
瓜德罗普　多米尼克　马提尼克　圣卢西亚
圣文森特和格林纳丁斯　巴巴多斯　特立尼达和多巴哥　荷属安的列斯
阿鲁巴　格林纳达　哥伦比亚　委内瑞拉
圭亚那　苏里南　法属圭亚那　厄瓜多尔
秘鲁　巴西　玻利维亚　智利
阿根廷　巴拉圭　乌拉圭
**苏联　民主德国　联邦德国　捷克斯洛伐克　扎伊尔　圣赫勒那岛和阿森林松岛等
留尼汪岛　贝劳　马绍尔群岛　北马里亚纳群岛　东萨摩亚　圣皮埃尔和密克隆群岛
百慕大群岛　多米尼加共和国　多米尼加联邦　荷属安的列斯群岛**

附录四

标点符号用法

中华人民共和国标准(GB/T 15834—1995)

1. 范围

本标准规定了标点符号的名称、形式和用法。本标准对汉语书写规范有重要的辅助作用。本标准适用于汉语书面语。外语界和科技界也参考使用。

2. 定义

采用下列定义。

句子 sentence

前后都有停顿,并带有一定的句调,表示相对完整意义的语言单位。(无主谓宾也可。如,唉!这就是独词句,一个词加上句调,表示相对完整意义的语言单位。)

陈述句(declarative sentence)用来说明事实的句子。

祈使句(imperative sentence)用来要求听话人做某件事情的句子。

疑问句(interrogative sentence)用来提出问题的句子。

感叹句(exclamatory sentence)用来抒发某种强烈感情的句子。

复句、分句(complex sentence,clause)意思上有密切联系的小句子组织在一起构成一个大句子。这样的大句子叫复句,复句中的每个小句子叫分句。

词语 expression

词和短语(词组)。词,即最小的能独立运用的语言单位。短语,即由两个或两个以上的词按一定的语法规则组成的表达一定意义的语言单位,也叫词组。

3. 基本规则

3.1 标点符号是辅助文字记录语言的符号,是书面语的有机组成部分,用来表示停顿、语气以及词语的性质和作用。

3.2 常用的标点符号有 16 种,分点号和标号两大类。

点号的作用在于点断,主要表示说话时的停顿和语气。点号又分为句末点号和句内点号。句末点号用在句末,有句号、问号、叹号 3 种,表示句末的停顿,同时表示句子的语气。句内点号用在句内,有逗号、顿号、分号、冒号 4 种,表示句内的各种不同性质的停顿。

标号的作用在于标明,主要标明语句的性质和作用。常用标号有 9 种,即:引号、括号、破折号、省略号、着重号、连接号、间隔号、书名号和专名号。

4. 用法说明

4.1 句号

4.1.1 句号的形式为"。"。句号还有一种形式,即一个小圆点".",一般在科技文献中使用。

4.1.2 陈述句末尾的停顿,用句号。例如:

a)北京是中华人民共和国的首都。

b)虚心使人进步,骄傲使人落后。

c)亚洲地域广阔,跨寒、温、热三带,又因各地地形和距离海洋远近不同,气候复杂多样。

4.1.3 语气舒缓的祈使句末尾,也用句号。例如:

请您稍等一下。

4.2 问号

4.2.1 问号的形式为"?"。

疑问句末尾的停顿,用问号。例如:

a)你见过金丝猴吗?

b)他叫什么名字?

c)去好呢,还是不去好?

4.2.2 反问句的末尾,也用问号。例如:

a)难道你还不了解我吗?

b)你怎么能这么说呢?

4.3 叹号

4.3.1 叹号的形式为"!"。

4.3.2 感叹句末尾的停顿,用叹号。例如:

a)为祖国的繁荣昌盛而奋斗!

b)我多么想看看他老人家呀!

4.3.3 语气强烈的祈使句末尾,也用叹号。例如:

a)你给我出去!

b)停止射击!

4.3.4 语气强烈的反问句末尾,也用叹号。例如:

我哪里比得上他呀!

4.4 逗号

4.4.1 逗号的形式为","。

4.4.2 句子内部主语与谓语之间如需停顿,用逗号。例如:

我们看得见的星星,绝大多数是恒星。

4.4.3 句子内部动词与宾语之间如需停顿,用逗号。例如:

应该看到,科学需要一个人贡献出毕生的精力。

4.4.4 句子内部状语后边如需停顿,用逗号。例如:

对于这个城市,他并不陌生。

4.4.5 复句内各分句之间的停顿,除了有时要用分号外,都要用逗号。

例如:据说苏州园林有一百多处,我到过的不过十多处。

4.5 顿号

4.5.1 顿号的形式为"、"。

4.5.2 句子内部并列词语之间的停顿,用顿号。例如:

a)亚马逊河、尼罗河、密西西比河和长江是世界四大河流。

b)正方形是四边相等、四角均为直角的四边形。

4.6 分号

4.6.1 分号的形式为";"。

4.6.2 复句内部并列分句之间的停顿,用分号。例如:

a)语言,人们用来抒情达意;文字,人们用来记言记事。

b)在长江上游,瞿塘峡像一道闸门,峡口险阻;巫峡像一条迂回曲折的画廊,每一曲,每一折,都像一幅绝好的风景画,神奇而秀美;西陵峡水势险恶,处处是急流,处处是险滩。

4.6.3 非并列关系(如转折关系、因果关系等)的多重复句,第一层的前后两部分之间,也用分号。例如:

我国年满十八周岁的公民,不分民族、种族、性别、职业、家庭出身、宗教信仰、教育程度、财产状况、居住期限,都有选举权和被选举权;但是依照法律被剥夺政治权利的人除外。

4.6.4 分行列举的各项之间,也可用分号。例如:

中华人民共和国的行政区域划分如下:

(一)全国分为省、自治区、直辖市;

(二)省、自治区分为自治州、县、自治县、市;

(三)县、自治县分为乡、民族乡、镇。

4.7 冒号

4.7.1 冒号的形式为":"。

4.7.2 用在称呼语后边,表示提起下文。例如:

同志们,朋友们:现在开会了。……

4.7.3 用在"说、想、是、证明、宣布、指出、透露、例如、如下"等词语后边,表示提起下文。例如:

他十分惊讶地说:"啊,原来是你!"

4.7.4 用在总括性话语的后边,表示引起下文的分说。例如:

北京紫禁城有四座城门:午门、神武门、东华门和西华门。

4.7.5 用在需要解释的词语后边,表示引出解释或说明。例如:

外文图书展销会

日期:10月20日至11月10日

时间:上午8时至下午4时
地点:北京朝阳区工体东路16号
主办单位:中国图书进出口总公司

4.7.6 总括性话语的前边,也可以用冒号,以总结上文。例如:

张华考上了北京大学,在化学系学习;李萍进了中等技术学校,读机械制造专业;我在百货公司当售货员:我们都有光明的前途。

4.8 引号

4.8.1 引号的形式为双引号""""和单引号"''"。

4.8.2 行文中直接引用的话,用引号标示。例如:

a)爱因斯坦说:"想象力比知识更重要,因为知识是有限的,而想象力概括着世界上的一切,推动着进步,并且是知识进化的源泉。"

b)"满招损,谦受益"这句格言,流传到今天至少有两千年了。

c)现代画家徐悲鸿笔下的马,正如有的评论家所说的那样,"神形兼备,充满生机"。

4.8.3 需要着重论述的对象,用引号标示。例如:

古人对于写文章有个基本要求,叫做"有物有序"。"有物"就是要有内容,"有序"就是要有条理。

4.8.4 具有特殊含意的词语,也用引号标示。例如:

a)从山脚向上望,只见火把排成许多"之"字形,一直连到天上,跟星光接起来,分不出是火把还是星星。

b)这样的"聪明人"还是少一点好。

4.8.5 引号里面还要用引号时,外面一层用双引号,里面一层用单引号。例如:

他站起来问:"老师,'有条不紊'的'紊'是什么意思?"

4.9 括号

4.9.1 括号常用的形式是圆括号"( )"。此外还有方括号"[ ]"、六角括号"〔 〕"和方头括号"【 】"。

4.9.2 行文中注释性的文字,用括号标明。注释句子里某些词语的括注紧贴在被注释词语之后;注释整个句子的,括注放在句末标点之后。例如:

a)中国猿人(全名为"中国猿人北京种",或简称"北京人")在我国的发现,是对古人类学的一个重大贡献。

b)写研究性文章跟文学创作不同,不能摊开稿纸搞"即兴"。(其实文学创作也要有素养才能有"即兴"。)

4.10 破折号

4.10.1 破折号的形式为"——"。

4.10.2 行文中解释说明的语句,用破折号标明。例如:

a) 迈进金黄色的大门，穿过宽阔的风门厅和衣帽厅，就到了大会堂建筑的枢纽部分——中央大厅。

b) 为了全国人民——当然也包括自己在内——的幸福，我们每一个人都要兢兢业业，努力工作。

4.10.3 话题突然转变，用破折号标明。例如：

"今天好热啊！——你什么时候去上海？"张强对刚刚进门的小王说。

4.10.4 声音延长，象声词后用破折号。例如：

"呜——"火车开动了。

4.10.5 事项列举分项，各项之前用破折号。例如：

根据研究对象的不同，环境物理学分为以下五个分支学科：

——环境声学；

——环境光学；

——环境热学；

——环境电磁学；

——环境空气动力学。

4.11 省略号

4.11.1 省略号的形式为"……"，六个小圆点，占两个字的位置。如果是整段文章或诗行的省略，可以使用十二个小圆点来表示。

4.11.2 引文的省略，用省略号标明。例如：

她轻轻地哼起了《摇篮曲》："月儿明，风儿静，树叶儿遮窗棂啊……"

4.11.3 列举的省略，用省略号标明。例如：

在广州的花市上，牡丹、吊钟、水仙、梅花、菊花、山茶、墨兰……春秋冬三季的鲜花都挤到一起啦！

4.11.4 说话断断续续，可以用省略号标示。例如：

"我……对不起……大家，我……没有……完成……任务。"

4.12 着重号

4.12.1 着重号的形式为"．"。

4.12.2 要求读者特别注意的字、词、句，用着重号标明。例如：

事业是干出来的，不是吹出来的。

4.13 连接号

4.13.1 连接号的形式为"-"，占一个字的位置。连接号还有另外三种形式，即长横"——"（占两个字的位置）、半字线"-"（占半个字的位置）和浪纹"～"（占一个字的位置）。

4.13.2 两个相关的名词构成一个意义单位，中间用连接号。例如：

a) 我国秦岭-淮河以北地区属于温带季风气候区，夏季高温多雨，冬季寒冷干燥。

b）复方氯化钠注射液，也称任-洛二氏溶液（Ringer-locke solu-tion），用于医疗和哺乳动物生理学实验。

4.13.3 相关的时间、地点或数目之间连接号，表示起止。例如：

a）鲁迅（1881-1936）中国现代伟大的文学家、思想家和革命家。原名周树人，字豫才，浙江绍兴人。

b）"北京——广州"直达快车。

c）梨园乡种植的巨峰葡萄今年已经进入了丰产期，亩产 1000 公斤~1500 公斤。

4.13.4 相关的字母、阿拉伯数字等之间，用连接号，表示产品型号。例如：

在太平洋地区，除了已建成投入使用的 HAW—4 和 TPC—3 海底光缆之外，又有 TPC—4 海底光缆投入运营。

4.13.5 几个相关的项目表示递进式发展，中间用连接号。例如：

人类的发展可以分为古猿—猿人—古人—新人这四个阶段。

4.14 间隔号

4.14.1 间隔号的形式为"·"。

4.14.2 外国人和某些少数民族人名内各部分的分界，用间隔号标示。例如：

列奥纳多·达·芬奇

爱新觉罗·努尔哈赤

4.14.3 书名与篇（章、卷）名之间的分界，用间隔号标示。例如：

《中国大百科全书·物理学》

《三国志·蜀志·诸葛亮传》

4.15 书名号

4.15.1 书名号的形式为双书名号"《》"和单书名号"〈〉"。

4.15.2 歌曲名、书名、篇名、报纸名、刊物名等，用书名号标示。例如：

a）《红楼梦》的作者是曹雪芹。

b）你读过鲁迅的《孔乙己》吗？

c）他的文章在《人民日报》上发表了。

d）桌上放着一本《中国语文》。

e）广播里响起了《义勇军进行曲》。

4.15.3 书名号里边还要用书名号时，外面一层用双书名号，里边一层用单书名号。例如：

《〈中国工人〉发刊词》发表于 1940 年 2 月 7 日。

注意：书名号与书名号之间不需要任何标点符号。例如：

《家》《春》《秋》是巴金的激流三部曲。

4.16 专名号

4.16.1 专名号的形式为"＿＿"。

285

4.16.2 人名、地名、朝代名等专名下面,用专名号标示。

例如:司马相如者,汉蜀郡成都人也,字长卿。

4.16.3 专名号只用在古籍或某些文史著作里面。为了跟专名号配合,这类著作里的书名号可以用浪线"～～～"。例如:

屈原放逐,乃赋离骚,左丘失明,厥有国语。

5. 标点符号的位置

5.1 句号、问号、叹号、逗号、顿号、分号和冒号一般占一个字的位置,居左偏下,不出现在一行之首。

5.2 引号、括号、书名号的前一半不出现在一行之末,后一半不出现在一行之首。

5.3 破折号和省略号都占两个字的位置,中间不能断开。连接号和间隔号一般占一个字的位置。这四种符号上下居中。

5.4 着重号、专名号和浪线式书名号标在字的下边,可以随字移行。

6. 直行文稿和横行文稿使用标点符号的不同

6.1 句号、问号、叹号、逗号、顿号、分号和冒号放在字下偏右。

6.2 破折号、省略号、连接号和间隔号放在字下居中。

6.3 引号改用双引号"『 』"和单引号"「 」",而且应该先使用单引号,再使用双引号。

6.4 着重号标在字的右侧,专名号和浪线式书名号标的字的左侧。

附录五

校对符号及其用法

中华人民共和国国家标准（GB/T 14706—93）
Proofreader's marks and their application
中华人民共和国新闻出版署 1994-02-26 批准　1994-07-01 实施

1. 主题内容与适用范围
本标准规定了校对各种排版校样的专用符号及其用法。
本标准适用于中文（包括少数民族文字）各类校样的校对工作。

2. 引用标准
GB 9851　印刷技术术语

3. 术语
3.1 校对符号（proofreader's mark）
以特定图形为主要特征的、表达校对要求的符号。

4. 校对符号及其用法示例

常用校对符号一览表

符号作用	符号形态	示例	符号在文中和页边用法示例	说明
改正	⌒	擅高出版物质量	提高出版物质量	改正的字符较多，圈起来有困难时，可用线在页边画清改过的范围；必须更换的损、坏、污字也用改正符号画出
删除	～	提高出版物物质量	提高出版物质量	

符号作用	符号形态	示　例	符号在文中和页边用法示例	说　明
增补		必须搞好校　工作　　对	必须搞好校对工作	增补的字符较多，圈起来有困难时，可用线在页边画清增补的范围
换损		坏字和模糊字要调换	坏字和模糊字要调换	
改正上下角		$16=4^2$ H_2SO_4 尼古拉·费帝 $0.25+0.25=0.5$	$16=4^2$ H_2SO_4 尼古拉·费帝 $0.25+0.25=0.5$	
转正		你的做法真不对	你的做法真不对	
对调		认真经验总结。 认真验结经总。	认真总结经验	用于相邻的字词 用于隔开的字词
转移		校对工作，提高出版物质量要重视。	要重视校对工作，提高出版物质量	
接排		要重视校对工作， 提高出版物质量。	要重视校对工作，提高出版物质量	
另起段		完成了任务。明年……	完成了任务。 　明年……	
上下移		序号　名　称　数量 01　　+ + +　　5	序号　名称　数量 01　　+++　　5	字符上移到缺口左右水平线处，字符下移到箭头所指的短线处

符号作用	符号形态	示例	符号在文中和页边用法示例	说明
左右移	⊢┘ 或 └┤	⊢— 要重视校对工作，提高出版物 质 量。	要重视校对工作，提高出版物质量	字符左移到箭头所指的短线处，字符左移到缺口上下垂直线处
排齐	‖	必须提高印刷‖ 质量，缩短印制周‖ 期。	必须提高印刷质量，缩短印制周期	
排阶梯型	⌐_	RH₂	RH₂	
正图	↑	（图）	（图）	符号横线表示水平位置，竖线表示垂直位置，箭头表示上方
加大空距	∨ ＞	一、校 ∨对∨程∨序 校对胶印读物、影印书刊的注意事项：	一、校 对 程 序 校对胶印读物、影印书刊的注意事项	表示适当加大空距
减小空距	∧ ＜	一、校对程∧序 校对胶印读物、影印书刊的注意事项：	一、校 对 程 序 校对胶印读物、影印书刊的注意事项	表示适当减少空距，横式文字画在字头和行头之间
空1字距 空1/2字距 空1/3字距 空1/4字距	♯ ♯ ♯ ♯	♯ 第一章校对职责和方法	第一章 校对职责和方法	多个空距相同的，可用引线连出，只标一个符号

289

符号作用	符号形态	示 例	符号在文中和页边用法示例	说 明
分开	Y	Good morning	Good morning	用于外文
保留	△	认真搞好校对工作	认真搞好校对工作	除在原删除的字符下画"△"外，并在原删除符号上画两竖线
代替	○=	机器由许多另件组成，有的另件是铸出来的，有的另件是锻出来的，有的另件是…… ○=零	机器由许多零件组成，有的零件是铸出来的，有的零件是锻出来的，有的零件是……	同页内，要改正许多相同的字符，用此代号，要在页边注明：○ = 零
说明	⌒...	改黑体 第一章 校对的职责	第一章 校对的职责	说明或指令性文字不要圈起来，在其字下画圈，表示不作为改正的文字

附 录 A
校对符号应用实例
（参考件）

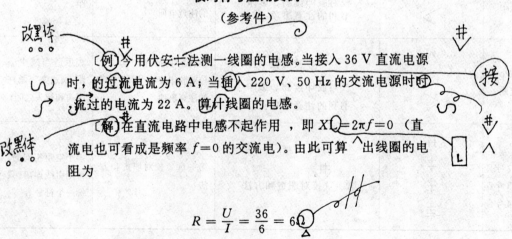

5.使用要求

5.1 校对校样,必须用色笔(黑水笔、圆珠笔等)书写校对符号和示意改正的字符,但是不能用灰色铅笔书写。

5.2 校样上改正的字符要书写清楚。校对外文,要用印刷体。

5.3 校样中的校对引线要从行间画出。墨色相同的校对引线不可交叉。

本标准从 1994 年 7 月 1 日起实施

参考文献

[1] 段轩如,高玲.应用文写作教程[M].北京:中国人民大学出版社,2010.
[2] 郝立新.应用文写作教程[M].北京:商务印书馆,2009.
[3] 张芹玲.应用文写作教程[M].北京:高等教育出版社,2009.
[4] 夏晓鸣.应用文写作[M].上海:复旦大学出版社,2011.
[5] 赵玉柱.现代通用应用文写作[M].北京:首都经济贸易大学出版社,2009.
[6] 高雅洁.应用文写作[M].北京:清华大学出版社,2011.
[7] 金振邦.应用文写作教程[M].北京:人民教育出版社,2006.
[8] 王建庄.应用文写作[M].郑州:河南教育出版社,2006.
[9] 徐顽强.应用文写作[M].武汉:华中科技大学出版社,2006.
[10] 金燕.应用文写作实训教程[M].上海:上海交通大学出版社,2007.
[11] 蒋刘妹,李余璧.职场应用文写作教程[M].合肥:安徽大学出版社,2010.
[12] 邓玉萍.应用文书写作[M].北京:中国人民大学出版社,2008.
[13] 李振辉.应用文写作实训教程[M].北京:机械工业出版社,2006.
[14] 王治生,张劲松.应用文写作情景化实训教程[M].北京:北京理工大学出版社,2011.
[15] 蒙继承.应用文写作实用教程[M].天津:天津大学出版社,2011.
[16] 邓艳华.应用文写作实务[M].北京:人民邮电出版社,2011.
[17] 石秋仙.大学应用文写作教程[M].杭州:浙江大学出版社,2009.
[18] 孟庆荣,任小平.应用文写作[M].广州:暨南大学出版社,2009.
[19] 徐思生.财经应用文写作教程[M].济南:山东人民出版社,2011.
[20] 李光.应用文写作实用教程[M].北京:科学出版社,2010.